SIDEWALK 人行道王国

〔美〕米切尔·邓奈尔 著 〔美〕奥维·卡特 摄影 马景超 王一凡 刘冉 译

华东师范大学出版社
·上海·

图书在版编目（CIP）数据

人行道王国 /（美）米切尔·邓奈尔著；马景超，
刘冉，王一凡译. —上海：华东师范大学出版社，2019
ISBN 978-7-5675-8667-3

Ⅰ.①人… Ⅱ.①米… ②马… ③刘… ④王… Ⅲ.
①社会生活—概况—美国 Ⅳ.①D771.28

中国版本图书馆 CIP 数据核字（2019）第 022405 号

SIDEWALK
by Mitchell Duneier
Copyright © 1999 by Mitchell Duneier
Simplified Chinese translation copyright © 2019
by East China Normal University Press Ltd.
through Bardon-Chinese Media Agency
All rights reserved including the rights of reproduction in whole or in part in any form.

上海市版权局著作权合同登记 图字：09-2016-358

人行道王国

著　　者	米切尔·邓奈尔
摄　　影	奥维·卡特
译　　者	马景超　刘　冉　王一凡
策划编辑	顾晓清
项目编辑	夏文彦
封面设计	周伟伟

出版发行	华东师范大学出版社
社　　址	上海市中山北路 3663 号　邮编 200062
网　　址	www.ecnupress.com.cn
网　　店	http://hdsdcbs.tmall.com/
邮购电话	021-62869887
印 刷 者	苏州工业园区美柯乐制版印务有限公司
开　　本	890×1240　32 开
印　　张	15.5
字　　数	311 千字
版　　次	2019 年 3 月第 1 版
印　　次	2021 年 11 月第 6 次
书　　号	ISBN 978-7-5675-8667-3/C.263
定　　价	79.80 元
出 版 人	王　焰

（如发现本版图书有印订质量问题，请寄回本社客服中心调换或电话 021-62865537 联系）

目录

人行道示意图

引　言　　　　　　　　　　　　　　　　　　　001

第一章　人行道的非正式生活　　　　　　　　017
　　书贩　　　　　　　　　　　　　　　　　　019
　　杂志摊贩　　　　　　　　　　　　　　　　051
　　没有银行账户的人　　　　　　　　　　　　099

第二章　人行道的新用途　　　　　　　　　　139
　　第六大道如何变成维生的常居地　　　　　　141

第三章　非正式社会控制的局限　　　　　　　191
　　露宿街头　　　　　　　　　　　　　　　　193
　　内急之时　　　　　　　　　　　　　　　　212
　　纠缠女性　　　　　　　　　　　　　　　　231
　　指责：地下交易？　　　　　　　　　　　　268

第四章　管理街头人　　　　　　　　　　　　283
　　空间战争：争夺合法性　　　　　　　　　　285
　　第六大道上的圣诞节　　　　　　　　　　　312

第五章 **建构得体生活**	359
简街一瞥	361
结论	384

后　记	392
附　录　研究方法陈述	406
注　释	451
致　谢	479

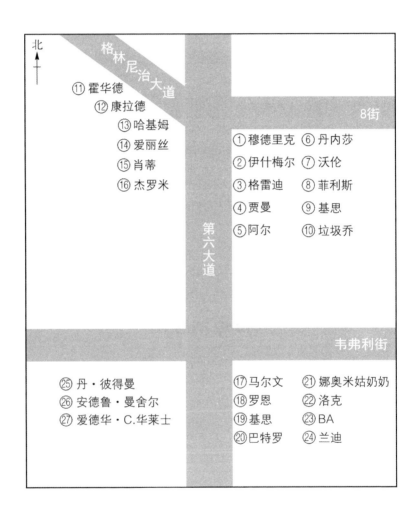

人行道上的角色

① 穆德里克三年级时退学，当时尚未识字。他说他认不出自己的地址，因为他没有地址。
② 伊什梅尔认识穆德里克和其他一些人很久了，他们曾经一起住在宾州车站。
③ 格雷迪曾经是乞讨者。现在他是杂志摊贩。靠自己戒掉了霹雳可卡因、海洛因和酒瘾。
④ 贾曼是精油和熏香小贩，格雷迪的导师，并为他保管钱。曾做过马尔文的导师。
⑤ 阿尔是小贩，他在街头待的时间比谁都长。
⑥ 丹内莎是穆德里克的外孙女，三岁。她住在布鲁克林，有时会来街头拜访她的外公。
⑦ 沃伦是乞讨者。后来他成为了"看摊人"。现在是杂志摊贩。
⑧ 菲利斯是格雷迪的女朋友。她于1999年1月3日去世。
⑨ 基思是杂志摊贩，格雷迪的搭档。
⑩ 垃圾乔是乞讨者，在银行门外工作。当他无法在银行门口工作时，他会以拾荒和"摆破烂儿"谋生。
⑪ 霍华德是漫画书贩，谁的人情也不欠。
⑫ 康拉德是杂志摊贩，戒掉了霹雳可卡因。开始为其他摊贩担任"搬运工"。
⑬ 哈基姆是书贩，多年来，在第六大道上受人敬仰。
⑭ 爱丽丝是书贩，曾断断续续与哈基姆合作。詹妮佛是她的女儿。
⑮ 肖蒂是杂志摊贩，有时与他的外甥一起工作。
⑯ 杰罗米是在维他命商店工作。九年级时退学。有时会来到哈基姆的书摊前谈论书籍。
⑰ 马尔文是杂志摊贩，参加过匿名戒酒者互助协会。
⑱ 罗恩是杂志摊贩，与马尔文合作紧密。
⑲ 基思是乞讨者，有时在银行门口工作。他喜欢跟婴儿和狗说话。
⑳ 巴特罗是乞讨者。常常住在地铁的"地窖"里。
㉑ 娜奥米姑奶奶是罗恩的姑奶奶。住在哈莱姆区，曾经让罗恩睡在她的沙发上；现在给了他一张床。

㉒ 洛克是"看摊人"。
㉓ BA 是其他摊贩的"占位人"。
㉔ 兰迪是"搬运工"。
㉕ 丹·彼得曼曾经负责管理中央车站合作计划,一个商业改善区。
㉖ 安德鲁·曼舍尔曾是中央车站合作计划的法律顾问,该计划利用其影响力削减了摊贩们的空间。
㉗ 爱德华·C. 华莱士起草了当地相关法律,令摆摊成为可能。现在,他认为这条法律弊大于利,他为中央车站合作计划做了一些法律工作,再次修订相关法律。

引 言

哈基姆·哈桑在8街、格林尼治大道和美国大道（又称第六大道）繁忙的交汇处摆摊卖书，同时，他也是一名街头知识分子。他是非裔美国人，今年42岁，身高1.7米，体格健壮敦实。冬天，他会脚踏添柏岚靴子，身穿牛仔裤、连帽运动衫和羽绒背心，头戴香蕉共和国的棒球帽。

1996年2月的一个星期四，一个30多岁的非裔美国人走到哈基姆的书摊前，问他有没有艾丽斯·沃克的书《再次踏入同一条河流》（*The Same River Twice*），那本书讲的是她的小说《紫色》被拍成电影的经历。书已售罄，但哈基姆说他可以很快进货。

"到的时候告诉我一声。"那人说道。他是个杂货店的送货员。

"没问题。"

"我跟你说，可不止是我想看，"那人说，"我还有一个热爱读书的朋友。"

"男的还是女的？"哈基姆问道。

"女的。她是这么一个姑娘：只要她把一本书捧在手里，一个小时就能读完。换句话说吧，如果是我，我大概会读上……五章，然后就把书放下，因为我有事要做，也许之后我还会回来继续读。但她呢，一旦开始，一口气就能读完整本书。'砰'，就读完了。等她把书放回书架上，书还是崭新的呢。在她生日之类的日子，我会买书送她，因为那是她喜欢的东西。我买了本平装的《待到梦醒时分》(Waiting to Exhale)，你知道吧？听我说，我拿着那本书去找她的时候，电影正在上映，结果她说：'你来晚啦！我已经读过这本书了！'"

哈基姆笑了："我觉得她说得有道理。"

"我说，'聊胜于无'。我希望在看电影之前读完原作。对了，告诉我，哈基姆，平装和精装书里的内容是一样的吗"？

"是的，只是装订不同而已。"

"只是装订不同？好吧。那么，当你拿到艾丽斯·沃克那本书的时候，告诉我一声。"

那人似乎准备离开，但又继续说了下去。

"因为，你看，现在的情况是有很多女性……作家正在努力发声。这个趋势比以往的黑人作家更明显。就连艾丽斯·沃克也谈到了这一点。这很深刻，哥们。"

"是啊，我会读一读艾丽斯·沃克那本书。"哈基姆说，"今天就读。"

"噢，你今天就读？"那人笑了。

"我上周末刚读完两本书。我每周至少读一本书。"哈基姆说。

"我尝试告诉我儿子，"送货员说，"要是你一周能读完一本书，伙计，那你能获得多少知识啊。"

哈基姆并不只是会报书名而已。他对内容也一清二楚。我曾见识过他的博学多识足以令学者们惊讶，也目睹过他对没有接受过许多教育的顾客有多耐心：他们缺乏基本的概念，对书籍也了解不多。有时，他坐上几个钟头也见不着一个顾客；有时，他的摊点则会成为一个社交中心，男男女女在这里聚集讨论，直至入夜。

两年来，我就住在哈基姆摆摊的街角。只要有时间，我几乎每天都会走到这个街口，在他的摊点前驻足，听会儿人们在这里的对话。

一开始，哈基姆只卖他所说的"黑人书籍"（black book），也就是完全由黑人作者写就或是关于黑人的书。后来，他与一个叫爱丽丝的菲律宾女书贩陷入了恋情；爱丽丝卖的是二手平装经典书籍和《纽约时报》榜单上的畅销书。他们先是将两个摊点合二为一，后来又分开了，现在是紧挨着的两个摊位。在第六大道上的摊贩中，爱丽丝是唯一一个每天都出来工作的女性，而且在这里养大了她的女儿和外孙女们。不过相比之下，爱丽丝依然更像是在"做生意"；而哈基姆的摊点前则有许多当地居民、工人和游客在谈论从当下热点到长期以来争论不休的各种话题。

* * *

我们相遇之后不久，我问哈基姆他如何看待自己的角色。

"我是一个公共人物。"他说。

"什么？"我问。

"你读过简·雅各布斯的《美国大城市的死与生》吗？"他问，"在那里面你会读到的。"

我觉得自己很熟悉那本书：那是一本出版于1961年的关于现代城市生活的经典研究，建基于作者对自己居住的格林尼治村街区的观察之上。但我回忆不起其中有关于"公共人物"的讨论，我也没有意识到哈基姆的洞见将会深深影响我对这一街区人行道生活的理解。我回家之后翻看了一下：

> 人行道生活的社会结构某种程度上依赖于一些自我任命的公共人物。公共人物需要与一个广泛的圈子里的人们保持频繁的联系，同时有足够的兴趣成为公共人物。公共人物并不需要有特殊的才能或智慧来满足这一功能——虽然他们通常还是拥有如此品质。他们只需要出场，同时还要有足够的对象在场。他们的主要资质就是他们是"公共的"：他们会与各色各样的人们交谈。如此一来，与人行道息息相关的消息就会传播开来。[1]

对雅各布斯来说，公共人物这一概念的原型是她和她在格林尼治村的邻居们能够托付备用钥匙的本地商店店主。这些人会让她知道她的孩子是不是又在街上闯了祸，也会在有可疑人物在附近晃悠太久时报警。"店主和其他小生意人通常是和平和秩序的重要支持者。"雅各布斯解释道，"他们痛恨破窗和拦路抢劫。"[2] 同时，她也将像自己一样的人视为这一概念的原型：她会在附近街区的商店中散发关于当地政治议题的请愿，并在这一过程中传播当地新闻。

任何人倘若住过靠步行生活的都市街区，就不难理解这一概念；不过，雅各布斯并没有定义这一概念，而只是说："公共人物……对自己成为公共人物有足够的兴趣。"我们也可以进一步思考她一开始提到的观察：社会结构"某种程度上依赖于"这些公众人物。雅各布斯的意思是，人行道的社会情境由于公共人物的存在而呈现出特殊的模式：他或她的行动能够让街道生活更安全、稳定和可预测。她进一步解释道，这是因为公共人物能成为"街上的眼睛"。

继雅各布斯之后，都市理论学家们强调着生活在格林尼治村之类行人街区的都市居民们早已知道的事实：人行道生活至关重要，因为人行道能够让**陌生人之间**产生互助的感觉；如果陌生人想共同生活，这是必不可少的。在美国大部分地方，人们出门必须靠汽车；格林尼治村则不同，绝大部分生活所需的任务都可以靠步行完成。这种街区的人行道生活对居民和游客来说至关重要。雅各布斯强调，人行道的社交必须发生在互相尊重彼此的社交与亲密底线的情境中。这会产生互动愉悦，累积而成为"一种几乎下意识的确信，相信出事的时候，这个街区会帮助你"。[3]用雅各布斯的名言来说，格林尼治村"街上的眼睛"，意味着居民和陌生人是安全的，并因此生产着安全。

* * *

现在与四十年前简·雅各布斯写下那本经典著作时很不同，如今大部分建筑保留下来，人们也依然过着雅各布斯所描述的生活；但街道上出现了另外一个边缘化的群体，那就是在格林尼治村人行道上谋生的贫穷黑人男性。过去，种族隔离和警力充足的贫民区将这些边缘人群隔绝在视线之外；但今天，这些人

的存在意味着行人们需要在当时当下处理他们的社会群体边界。

在本书中，我将提供一个框架，用于理解过去四十年来人行道上发生的变化。为了探讨这一富裕街区的人行道生活**为什么**会发生变化，我提供了这一研究的情境及出发点。这些变化是因为当贫穷往高度贫困的地区集中时，产生了哪怕最极端的社会控制和排除手段也无法隔绝的社会问题。许多在第六大道上居住和/或生活的人们正是来自于这些街区。有些人是第一代瘾君子，因此在毒品战争①中深受影响，而监狱也没能帮助他们在获释后重新开始生活。有些人在新的福利规定下失去了原有的待遇，因为他们拒绝作为"市长的奴隶"去工作。

为了探讨当今的人行道生活**如何**运作，我的出发点是观察在这个中上阶级街区工作和/或生活的贫穷黑人男性（以他们为主）。哈基姆在新泽西有一间公寓，其他人则不然。像伊什梅尔·沃克这样的杂志摊贩们无家可归；当他们离开街区放松一下时，警察会将他们的商品、摊点、衣服和家庭相片扔到垃圾车里。穆德里克·海耶斯和垃圾乔靠把从垃圾桶里翻来的货物摆在地上贩卖赚取基本生活所需。基思·约翰逊则坐着轮椅在自动取款机旁边乞讨。

这些人在怎样的道德秩序中生活？面对基于种族和阶级的污名与排挤，他们如何富有独创性地生活？他们的做法如何冒犯了工人阶级和中产阶级？他们的行为如何与城市公共空间的管理机制产生交集？

---

① 指美国联邦政府对毒品生产、贩卖和消费做出的一系列行动，最早由尼克松政府发起。——译注

这些在第六大道上谋生的人们互相依靠以取得社会支持。对那些不依赖宗教组织或社会服务机构的人来说，这种组织生活是他们赖以生存的关键。对其中一些人来说，非正式的经济生活取代了非法的贩毒行为。对另一些人来说，非正式的互助组织让他们能够做到大部分市民通过工作来完成的事情：为家人、社区成员以及自己提供支持。对其他人来说，非正式的经济生活提供了一个平台，让他们能够互相提供建议、鼓励和指导，帮助彼此依照道德价值来生活。

但是，这些人行道成员的故事并不能用来满足一种社会学的浪漫，以赞美街头的人们如何"抗拒"更广泛的社会结构。从看似混乱的状态中，他们用彼此的关系建立起了社会秩序。这种秩序本身及其影响都十分强大，但它仍然无法控制许多冒犯到当地居民和行人的行为。我们该如何理解露宿街头、随地小便、贩卖赃物以及强行搭讪行人这类行为？哪些因素促成和维系了这些行为？许多人将做出这些行为的人们视为"不体面的"，我们该如何理解这一过程？这种"不体面"如何从量和质上将他们与普通的行人区分开来？

第一手观察最重要的优势之一也正是其最大的缺陷。通过谨慎地进入人们的生活，我们能够了解他们的世界如何运作，以及他们如何理解这个世界。但细节也可能误导我们，因为一些细节可能让我们看不到观察对象身上那些不太显眼但却影响和维系着他们行为的推动力。[4] 经济、文化和政治因素如何将这些街区塑造为一个栖息地，让穷人们能够共同将互补的要素编织起来，自我组织以生存？这些推动力又如何从一开始令这些人来到人行道上？

我从所有这些方面来审视人行道生活，背景是政府对福利的削减已造成切肤之痛，而社会对有钱有势的大企业也已普遍认可。虽然政府理应对这些人的生活负有一定的责任，但它所做的是试图将他们从街道上根除，或是纠正他们的行为。这些"社会控制"的手段包括缩小能够用来摆摊的空间，或是将摊贩的个人物品扔到垃圾车里等等；这正是在越轨和犯罪领域影响最深远的一个当代理论有意或无意造成的后果，那就是"破窗理论"，即认为哪怕表面上最微小的秩序破坏也可能导致严重的罪行。这一理论及其假设带来了一系列社会控制手段，它们共同造成了哪些后果？

为了理解人行道生活，我在大约三个街区的范围内做了这项研究。在这里，我们能看到许多作用力的影响：有些是全球性的（去工业化），有些是全国性的（种族、阶级与性别的分层），有些则是本地的（针对街头小贩的限制和惩罚政策）。在这里，我们也可以在简·雅各布斯早年解释的启发下，继续研究，包括已成为城市"生活质量"危机典型代表的各种社会问题。我曾到访纽约其他街区[5]和其他美国城市，也发现在行人密集的区域同样因不平等和文化差异而存在着紧张气氛。放眼全国，自由主义者曾投票选出温和的、重视"法律与秩序"的市长，其中有些是共和党成员。在西雅图、亚特兰大、辛辛那提、达拉斯、华盛顿特区、旧金山、圣巴巴拉、长滩、费城、纽黑文、罗利和巴尔的摩等城市，维持秩序的法律原本是足够的，后来却又通过了反行乞法案。

不过,纽约和格林尼治村在许多方面是独特的。我当然不奢望去为大部分地方的生活提供解释,因为很多地方在行人密集区域也并不存在人行道的紧张关系;但就连大部分**存在**这种紧张关系的地方也与格林尼治村不同。⁶我也并不期望能展现低收入街区的人行道是如何运作的;在那些地方,人行道互动紧张的绝大部分都发生在同一阶级或种族群体之间。最后,我得让读者们用自己的观察检测我的观察,并希望我基于这一街区提出的概念在其他地方也能适用。

* * *

1992年,我来到哈基姆的书摊前浏览翻阅,并成为了他的顾客;从这里出发,我进入了这个街区的世界。在与哈基姆的交往过程中,我逐渐认识了这一区域的其他人。他把我介绍给当时或曾经的无家可归者,他们在街头贩卖捡来的废品;他也介绍我认识了其他摊贩,他们会与他争夺人行道上的空间和顾客。我通过这些关系又认识了一些乞讨者,其中有些人也会偶尔拾荒和摆摊。

进入这个网络之后,我与其他人的相识和接触发生在各种各样的领域。最后,我成了助手——小贩出去办事的时候帮他们看摊,他们不在的时候帮他们进货,他们在垃圾桶和回收桶里翻找废品时帮个忙,以及一起"喝咖啡"。1996年夏天,1997年夏天里每周三天,以及1997年秋天的部分时间里,我成为全职的杂志摊贩和废品回收者。我还在1998年夏天每天到访这些街区,每次停留数小时。1999年3月,随着我的研究临近尾声,我再次作为全职小贩工作了两周时间。

尽管从种族、阶级和社会地位上来看，我与笔下的这些人都有着天壤之别，但最后，他们也把我视为了街道生活的一员。他们偶尔会用我的职业来称呼我为"学者"或"教授"。我的昵称是"米奇"。这个名字似乎有一系列不同的含义，包括：一个天真的白人男子，你可以问他"借"点零钱；一个犹太人，他将会靠这些在街头工作的人们的故事赚一大笔钱；一个白人作家，他正在尝试"讲述这里真实的故事"。在接下来的几页里，我还会谈到这些以及更多人们对我的印象。

我坚持以小贩的身份待在街上，这让我有机会观察在人行道上工作和/或生活的人们，也包括他们与行人的互动。这让我能够基于自己在人行道的亲眼所见得出结论，而不是仅仅通过访谈来获得信息。我在参与观察时经常只是提问。

有时，当我想理解当地政治系统如何塑造了这些街区，我也会访问商业改善区办公室的工作人员、政客以及有影响力的律师。我也访问了警察、行人、当地居民等等。我在这些人中做了20多次的访谈，并明确要求他们讲述他们的"故事"。这些访谈在街角、咖啡店、地铁月台等地方进行，持续两小时到六小时。访问结束后，我会付给受访者50美元，补偿他们本可以用来卖东西或乞讨的时间。在本书中，当我引用受访者的话时，我会尽量指明情境。

我在街头做了四年研究之后，一位名叫奥维·卡特（Ovie Carter）的非裔美国摄影记者答应通过照片来体现我所书写的一切；他有超过三十年在内城贫民区摄影的经验。他花了一整年待在这些街区中,并与书中的人物建立起了亲密的关系。奥维的照片帮助我看到了我所未曾注意到的东西,因此,我的研究也受到了他的影响。

研究的前三年过去之后,我相信自己已经对街道上的典型事件和对话一清二楚。接下来的两年里,我的田野方法有所进化,开始十分频繁地使用录音机。我在这些街区时经常全天开着录音机;我把它放在我的摊位下面的一个牛奶筐里。在人行道上工作和/或生活的人们习惯了录音机的存在;几个星期之后,他们谈话的方式与之前我所听到的已经没有什么不同。由于我把录音机放在一个公共街道上,如果它不小心录到了那些我没能及时通知到的人们的只言片语,我希望我没有因此冒犯任何人的隐私。对于那些在不知情的情况下被录音的人们,如果我要引用他们的言论,我也已经获得了几乎所有人的许可。文中出现的名字都是真名,我已经获得了相关人员的同意。在为数不多的几个例子里,取得许可是不可能的(例如有些事件中卷入了警察,他们在不知情的情况下被我身上的麦克风录了话);这时我要么不提及姓名,要么明确使用假名。

我坚信第六大道上的人们的声音应当被听到。为了实现这一点,我的目标是让读者们相信引号之间的文字都是对现场真实言论相当可靠的记录(为了简练,有些引述经过了轻微的编辑)。当我只能依赖自己的记忆和笔记时,我就不会使用引号。我相信,当学者在书写与自己的种族和阶级地位相差甚远的群体时,这种做法是格外必要的;因为对这些群体而言,如果不能忠实记录他们所特有的语言,那么这些话语中蕴含的意义与逻辑就很容易遭到误解。此外，现在很流行创造复合人物，或是将相隔数月乃至数年的事件和引语摆到一起；本书将不会使用这些方法。本书中没有复合人物，也没有打乱事件顺序。

街头有些人会自愿来"管理"录音机：当我不在或者出城的时候，他们会将打开的录音机放在自己的口袋里或摊位上。这些行为显示，书中的人物也想问出自己的问题，让自己的话题得到重视；同时，这也让我在自己不在场的时候仍然能够听到一些正在发生的事情。有时他们会用录音机来互相采访，并把录音带给我。（在接下来的部分里，如果存在这种情况，我将会予以说明。）考虑到哈基姆熟悉简·雅各布斯的研究（是他启发了我去重读她的书）和人行道上的生活，我请他来对本书做出回应。他在每天摆摊的时间里抽空为我写了后记。

小摊贩、拾荒者和乞讨者还以另外一种方式与我合作：我邀请其中一些人到我在圣巴巴拉和威斯康辛的课堂上来给学生上课。本书完成后，我请他们所有人来评判我对当地情景的"理论"，但我也总是表明，虽然我尊重他们的诠释，但我并不会被他们束缚。在本书中，是我选择了所要呈现的材料，我也对相关材料的阐释负责。对于书中描写的街头最主要的 21 个人物，我已承诺将分享本书可能带来的预付金、版税和任何其他收入。

就像其他观察者一样，我也有自己的主观性。我知道，即使小心谨慎地遵守研究方法的规则，也不意味着一定能得到客观真理。我相信最重要的是帮助读者认识折射现实的镜头。本书最后，我写了一段关于方法的声明，并在全书中竭力解释我选择数据的程序、我自己的偏见以及推论的不确定性。

田野调查往往预设能够得到信任。但关于"完全的"信任究竟有那些指标,我们并没有共识,因此也就永远无法确知自己是否获得了信任。因此我想,既然人们愿意向我提供信息,带我进入一些场景,并让我参与最亲密的活动,这本身就体现了一定程度的信任。他们有时会让我看到非法的活动或行为,如果其他人知道这些,也许会招致暴力报复。

然而,我也将解释,有时我以为自己已经获得信任,但那不过是一种假象:信任的表面之下涌动着深深的疑虑。有些情况下,这一事实无法改变。当然,要想跨越复杂的历史所导致的不信任,只有良好的意愿是不够的。尽管参与式观察者经常宣称自己与笔下人物建立起了亲密关系,但我们最好还是对此保持谦卑,因为你永远也无法得知事实究竟如何。

米切尔·邓奈尔,1999 年 3 月

第一章

人行道的非正式生活

The Informal Life of the Sidewalk

书　贩

　　我们不难理解哈基姆·哈桑为何认为自己是个公共人物。哈基姆的书摊位于第六大道拐角不远处的格林尼治大道上。7月初的一个早晨，一位送货员把卡车停在书摊后的马路旁，抱着一大箱鲜花走向他。

　　"花店开门之前，你能帮我看着这些东西吗？"送货员问道。

　　"没问题。"哈基姆一边继续把书摆在桌子上，一边回答道，"放在那边就行了。"

　　花店开门之后，他把箱子搬进去，交给了店主。

　　"为什么送货员能放心把花交给你？"后来我问道。

　　"像我这样的人是这条街的眼睛和耳朵。"他的解释再一次回应着简·雅各布斯的说法，"没错，我可以把这些花据为己有，卖上几百美元。但那个送货员每天都会在这里看见我。我像任何一个商店店主一样可靠。"

　　几天之后，一位年迈的黑人在午后散步时走向书摊。"我能坐在这儿吗？"他问哈基姆。哈基姆给了他一把椅子。

　　老人气喘吁吁、满身大汗，于是哈基姆走向街角的公用电话，打了911。

　　他们等待救护人员的时候，老人说他打算去搭地铁。

　　"太热了，对你不好。"哈基姆回答道，"你就待在这儿等救护车!"

很快,救护车来了,医务人员把老人带走了。他们发现,他的哮喘发作了。

有一天,我正待在书摊前,一名交警路过,给违章停车的车辆贴罚款单。

"这里面有你的车吗?"她问哈基姆。

"有,那辆,还有那辆。"哈基姆指着说。

"这是怎么回事?"我问。

"我认识她的那天,我们吵了一架。"他解释道,"她正准备给街对面那家伙贴罚款单,我说,'你不能这么干!'她说,'为什么不行?'我说,'因为我正准备塞进去25美分呢。'她说,'你不能这么干。'我猜,正因为我这么争论了,她才没贴那张罚款单。而且从那以后,我们就成了朋友。每次她来到这个街区,看到任何一辆违章停靠的车子,她都会问我,'这是你的车吗?'意思是,'这是你认识的人的车吗?'然后,我的回答决定了他们会不会拿到罚款单。"

有一次,一群挂着尼康相机的德国游客路过了书摊。尽管格林尼治村商业改善区联盟的信息亭就在对面的街心小岛上,他们还是走向了哈基姆。

"请问怎么才能到格林尼治村?"一个人问道。

"这里**就是**格林尼治村。"哈基姆解释道。

"这些都是你作为小贩的工作内容吗?"我问过他一次。

"我这么跟你解释吧,米奇,"他回答道,"在我看来,我在人行道上的所谓工作可远不止卖书谋生那么简单。有时候,卖书反而是其次了。随着时间流逝,当人们在人行道上看到你时,一种信任会油然而生。他们总是能看到你,所以他们会走向你。有时候,我得让人把西班牙语翻译成法语来给什么人指路才行!"

在我看来,哈基姆不仅仅是给人指路和提供帮助。他还会告诉人们很多关于书的事,以至于他有一回告诉我,他在考虑向那些待在他书摊的人们收学费。

我想他是半开玩笑半认真的。事实上,哈基姆似乎认为自己在街道上举足轻重,不仅仅是个公共人物,还是某种街道知识分子。他的自我形象有时会被他的顾客们强化。9月的一个下午,一名中年男子来到书摊前,问:"有《中途航道》(*The Middle Passage*)吗?"

"查尔斯·约翰逊的?"哈基姆问,"是小说吗?"

"不,是汤姆·费林斯(Tom Feelings)的。"

"噢,是那本尺寸超大的黑人书,里面有很漂亮的插图!我这儿没有。没错,我知道那本书。要 40 美元呢。"

"我就知道,如果有什么人知道的话,那肯定是你。"

"这么说吧,我是可能知道这本书的人之一。这里有好多人知道呢。我试着做了功课而已。我晚上通宵达旦地读杂志、报纸,各种东西,想要搞清楚最近出版了些什么。"

书贩遍布格林尼治村和整个纽约,哈基姆正是其中之一。这些书贩大部分都专门贩卖以下书籍中的一种或多种:昂贵的艺术和摄影书籍;字典;《纽约时报》畅销书;"黑人书籍";各种崭新的大众市场平装书和普通平装书;二手书和绝版书;漫画；色情书；被丢弃的杂志等。

在第六大道上卖新书的书贩中，你也许会遇到穆罕默德和他的家人。穆罕默德在第六大道和8街的交叉处卖"黑人书籍"和一种被称为"成功甜香"的熏香。沿街多走几步，一位年迈的白人会在周末摆摊卖畅销书和高级精装书。在第六大道和格林尼治大道（路对面），你会看到霍华德，他也是白人，卖的是漫画；还有爱丽丝，她是个菲律宾女人（哈基姆曾经的生意伙伴），卖的是二手简装书和时下畅销书。

这些书贩每天的收入从五十美元到数百美元不等。通过在街道上贩卖打折书籍（我在之后的章节里会讨论这些书是如何来到街道上的），他们在顾客的生活中扮演着重要的角色。其实，如果他们只是用比书店更低的价格出售书籍，这已经足以解释他们为何能够在街道上讨生活。但要想理解哈基姆**如何扮**演一名公共人物，我想我应该更详细地了解书摊在摊贩和顾客心目中意味着什么。

不用说，要想更多地了解某人，一个好办法就是去面对面地认识他们。但这说起来容易，做起来难。当我开始这项研究时，我知道如果我想搞清楚人行道上在发生什么，就必须弥合我自己和我想要理解的人们之间的若干鸿沟。这意味着要认真思考他们是谁、我是谁。

我感到不安。

美国社会里最臭名昭著的鸿沟之一就是种族差异，围绕这一充满火药味的话题有一整套话语体系。尽管我们之间也有社会阶层差异（我成长于中产阶级郊区，而他们大部分都成长于下层阶级和工人阶级的城市街区),宗教差异(我是犹太人,而他们大部分都是穆斯林或基督徒),教育程度差异(我是一名社会学博士,还读了两年法学院,而他们中有些人没能高中毕业),还有职业差异(我是一名大学社会学老师,而他们是街道小贩),但这些差别似乎都没有种族那么重要。事实上,很可能是种族与阶级差异之间的互动令我不安,但我当时并未察觉。

  当我站在哈基姆的书摊前,我感到身为一名白人男性有些格格不入。在我的意识里,我不属于这个书摊,因为他卖的是所谓的黑人书籍。我以为他的商品划出了某种边界,形成了一个排他性的黑人区域,非裔美国人在这里是受欢迎的,白人则不然。

  我的这种感受很有意思。非裔美国人每天都从白人店主的商店里买东西,有时还需要到其他街区去购买生活所需。他们必须在白人中间购物,也经常谈及他们如何忍受那些店主的怠慢和羞辱。[1]我自己几乎从来不必去非白人为主的街区买东西或接受服务。这些书贩中从来没有人羞辱、冒犯或威胁过我。从来没有人说过我在这个书摊是不受欢迎的。从来没有人发表过反白人或反犹太人的言论。但我仍然感到不受欢迎,而我在之前需要接触非裔美国人的研究中从来没有过这种感受。这是因为我听到的许多对话是关于黑人书籍的,因为参与这些对话的人似乎将自己定义为一个群体。(事实上,哈基姆的书摊也有白人顾客,尽管我当时并不知道。)我感到无所适从。同时,我想要获得信任;要想书写街道上的生活,这种信任是必不可少的,而种族差异似乎是获得这种信任的极大阻碍。

当我还不认识哈基姆时,我已经得出结论,认为自己待在那些书摊前并不合适。有一天,我在前往赴约时路过了哈基姆的书摊。我惊讶地发现桌上有一本《斯利姆的桌子》(*Slim's Table*),那是我的第一本书。

"你从哪里弄到这本书的?"我问道,心想可能是偷来的。

"我有自己的进货途径。"哈基姆回答道,"你对这本书有兴趣?"

"这书是我写的。"我回答。

"真的?你住在这附近?"

"没错,我住在拐角那边,就在默瑟街上。"

"你能不能给我地址和电话?我要加到罗乐德斯里。"

罗乐德斯?我心想。这个无家可归的家伙有个罗乐德斯旋转名片架?至于我为什么会认为哈基姆无家可归,这很难说。一部分是因为他工作的环境:许多在街道上卖东西的非裔美国人就住在人行道上。我很难分辨无家可归和有家可归的小贩,也从来没有仔细思考过这个问题。我给了他我的电话号码,然后就去赴约了。

几周之后,我遇到了我在纽约大学法学院第一年的同班同学,他是个非裔美国人。纯属巧合地,他告诉我他正要去见一名书贩,他过去一年里一直从这名书贩那儿购买阅读材料。那正是哈基姆。

我告诉我的同学,我很有兴趣认识哈基姆,并解释了我的担忧。他告诉我,他并不认为这有我想的那么难。在做书贩的日子里,哈基姆已经摆脱了露宿公园的诅咒,有时还会跟他的妻儿一起在我同学家里过夜。

几天后,我的同学带哈基姆到法学院的大厅里来见我。当我告诉哈基姆,我想要了解他和他书摊前的人们,他表现得很慎重,只是说他会考虑一下。几天之后,他在我的公寓留下了一张简短但意味深长的纸条,解释说他不认为那是个好主意。"我的疑虑来自于这个民族的集体记忆,这是一个世世代代以来在学术上遭到中伤的群体。"他写道,"非裔美国人现在的处境是,我们必须对那些想要讲述我们故事的人保持警惕。"

接下来的几个月里,哈基姆和我差不多每周单独见一次面。有几回,我们在百老汇大街上的舒适汤和汉堡店见面和聊天。我们似乎都决定了要多了解一下对方。

几个月后的一个清晨,我在哈基姆出摊时来到他的桌前,问道,你一开始为什么会在第六大道上工作?

他回答,我想,在公司环境里工作的黑人中,总得有几个人做出这个决定。有些人不像我这么极端。有些人选择了其他方式。

我从没想过哈基姆是从公司环境来到街道上工作的。了解这一点至关重要,因为我一直致力于理解他在街道上的生活。在我教书的大学里,我遇到过很多非裔学生,他们认为在公司里很难保持完整的人格。许多人得出这一结论,是因为听说了亲戚朋友们经历的麻烦;其他人则是在校园里感受到了种族歧视。[2]不过,哈基姆选择了在街头工作,这对我的非裔学生们来说是一个十分激进的、甚至可能完全难以理解的决定。在接下来的几周里,我们对这些问题进行了深入讨论,随后,哈基姆主动提出如果是为了书写这些故事的话,他可以让我观察他的书摊,我也就着手这么做了。

他告诉我,他于 1957 年出生于纽约布鲁克林,原名安东尼·E. 弗朗西斯。他的父母名叫哈列特·E. 弗朗西斯和艾什利·J. 弗朗西斯,他们是从美属维尔京群岛来到布鲁克林的。他还在上小学的时候,父母就分居了。高中时,他加入了伊斯兰民族组织①。后来,他进入了罗格斯大学,用面向弱势青年群体的贷款和资助支付了学费。他告诉我,他完成了课业,但并没有获得文凭,因为在大四的尾声,他欠了学校五百美元。

大学时,他为学校报纸《黑人之声》和全国发行的杂志《黑人大学生》写文章。[3]哈基姆说,离开罗格斯大学之后两年,他中断了与美国穆斯林传教会的联系,但他保留了自己之前取的穆斯林名字。用他的话说,"我无法再因循守旧;我需要找到自己的经纬度"。尽管他不再是一名穆斯林,他常说他仍对选择了这一道路的人们怀有特殊的尊敬。

他告诉我,大学毕业之后,他曾渴望进入出版业,但他申请的所有职位都被拒绝了。随后,他在法律、会计和投资银行业等多间公司担任过校对,包括毕马威会计师事务所、德崇证券和罗宾逊希尔曼律师事务所等。他说,这段时间里,他读了上百本书和杂志,将大部分自由时间花在纽约的书店里,包括哈莱姆区广为人知的非裔美国人书店——解放书店。他告诉我,1991 年,他被罗宾逊希尔曼律师事务所解雇,因为据公司某位

---

① Nation of Islam,非裔美国人的新宗教运动伊斯兰主义组织。——译注

不具名的律师评价,他不称职。⁴

他曾观察过格林尼治村里人行道上的书贩,并认为他们发现了一种方法,不靠"公司—雇员思维"就能在纽约谋生。他认为,通过成为一名贩卖黑人书籍的书贩,他能够获得一种有意义的工作,在经济和智识上都能维持生活。他为其中一名书贩工作了几天,然后从前室友那里借钱开了自己的书摊。

当哈基姆和他的顾客使用"黑人书籍"一词时,他说,他们是在用缩略语来指代一系列相关主题和领域的书籍。这些书籍也许旨在帮助非裔理解自己的身份,记录非裔获得的成就,揭示非裔美国人的历史和白人的种族主义历史,或是帮助非裔美国人获得参与更广阔的社会生活所必需的知识与自信。

此类书籍的出版商通常会在封底左上角印上"非裔美国人研究"或是"黑人研究"的标签来招徕读者。这些标签指的是一个1960年代以来才得以成形的学术领域。⁵越战前后,为了应对来自第一批黑人大学生的压力,几所大学开始教授非裔美国人的历史、文学和社会学。尽管围绕这一学术热情的最终目标有一些争论,它还是回应了对于深入了解非洲和非裔美国人历史与文化的真实诉求。能够加强这些认识的课程得到了认可,成为一个学术领域。尽管非裔美国人研究是通过学术渠道接触到的非裔美国人大学生,但这一新兴学术领域也对大学外的非裔美国人产生了间接影响,并且这种影响仍在持续;这是通过更大范围的非裔美国人群体中的替代传播网络进行的。

几个月来,随着哈基姆和我对彼此的了解更加深入,当我来到他的书摊前,他常常会热情地跟我打招呼。站在一旁观察时,

我注意到，来到他的书摊前谈论书籍的顾客们教育水平相差很大，这种差异证实了非裔美国人研究所产生的间接影响。我也发现，书籍在街道上的存在本身就能够引发关于道德和学术问题的讨论。当然，我们也会在教堂、清真寺、棋社、咖啡馆、读书会和大学中听到这些讨论，但我不知道在这些地方，参与者的教育背景差异是否会那么大。任何一天，在哈基姆的书摊前，你都可能碰见高中辍学生、蓝领工人、电影学院学生、法学教授、爵士评论家以及穆斯林高中的老师。（这些人物中的最后一个名叫沙尔·阿布玛尼，他学习并掌握了超过五种语言。）我还发现，最开始我认为这里是一个排他性的"黑人区"，这种印象是错误的。许多白人都会驻足书摊讨论书籍，包括心理学家、退休的鞋匠、哥伦比亚大学英语系研究生以及其他许多人。我认为，这些形形色色的人已经很好地说明了一名书贩能够多么广泛地影响街道上许多人的生活。

四年里，我目睹了数百次此类对话，哈基姆建议，如果我想准确地记录它们，我最好花几周时间在他书摊下的牛奶筐里放一个录音机。

其中一次对话发生在 7 月里一个周六的早晨，一个年轻的黑人男性来到书摊前，他名叫杰罗米·米勒，22 岁（他之后告诉我的），在拐角处的维他命商店兼职仓库管理，每小时拿 6.5 美元；现在刚好是他的休息时间。他大约 1.7 米高，留着山羊胡子和鬓角，通常穿一双意大利皮革高帮鞋，黑色便装裤，蓝色系扣领衬衫，里面穿一件 T 恤衫打底。我之前曾见过他几次，但这次对话时并未在场。这次对话反映了一种我曾多次观察到的关系；我在这个街区做研究的几年里，差不多每隔几周就会观察到一次。

"你好吗？"哈基姆问，"今天休息？"

"不，我在工作。"杰罗米回答。

"也就是说，有些周六你工作，有些周六你休息。"哈基姆说。

"没错。比如上周我就没工作，但上上周的周六我在工作。"第六大道上响起一阵警笛，他们沉默了几秒。"我觉得你接下来应该读读这本书，内森·麦考（Nathan McCall）的《让我想要大声叫喊》（*Makes Me Wanna Holler*），"哈基姆告诉杰罗米，"还有，这周我想帮你找到更多信息，咱们之前谈到过，我想看看能不能把你弄进 GED① 去，让你读完高中。我敢肯定你能做到。这附近有个人我认识，我跟他提过这件事，他愿意帮你。他是个老师，对考试一清二楚。也就是说，我们能弄到更多信息，搞清楚怎么进去。等你考过了 GED，你就走上正轨啦。"

"我正想这么干。"杰罗米回答。

"昨天的《纽约时报》有篇文章，"哈基姆继续说道，"你看昨天的报纸了吗？"

"没有。"杰罗米说。

"你应该读读《纽约时报》的，周日的时报上信息很丰富。厚厚一叠，只要 2.5 美元。说起来，你周六什么时候走？"

"大概下午六点。"

---

① GED（General Educational Development），普通教育发展文凭，在美国或加拿大相当于高中学力。——编注

"你回家前一天晚上,在这里拐角的报刊亭就能买到。因为他们会在前一天晚上卖早发版。在商业版面上,会有一篇关于工作的文章,还会告诉你申请这些工作需要做什么准备。我觉得,如果你能得到合适的培训,肯定会过得更好。你现在就得努力进入 GED,然后可能得读一个专科。"

"问题是,我高中的时候上过专科,但什么也没学到。都是狗屎。所以我九年级就退学了。"

"你爸妈有什么反应?"

"无所谓。那时候没人能告诉我任何东西。后来我卖了一阵子毒品,然后决定洗手不干了。"

"你现在多大?"

"22 岁。"

"那么,如果你不去计划从零开始创立自己的生意,你觉得自己靠九年级的教育水平还能过活多久?"

杰罗米站着没说话。

"并不是说你蠢什么的,"哈基姆继续说,"如果你能读懂我上周给你的那本书,《白人制度中的黑人》,[6] 以你的智力肯定足以完成正经的学校功课。而且你确实读了,也确实读懂了。我觉得你以前的问题可能在于你选的课让你动力不足。"

"我想知道一些事情,需要有人教我。"杰罗米回答。

"你想知道什么?"哈基姆问。

"我是说,教我一些有意思的东西。我总是说我会做的,但最后总是走偏了。你懂我意思吗?"

"你没从学校毕业,但你能做好工作,也能自己读书。你怎么解释这一点?"

"我一直读书,因为书很有意思。"

"我想说的是,你十四五岁就觉得没动力上学了,但你仍然能读书。这里有很多人九年级的时候从高中辍学,但没有你这么大的词汇量。或者说,他们的阅读理解力不足以读懂我给你的那些书。我没法把那些书推荐给他们。"

"我只是想要明白更多事情,想要明白我身边发生的事情。"杰罗米说。

"所以,你为什么不考虑一下把'想要明白'转化成坐进教室完成功课呢?"哈基姆说。

"我能做到。现在我很肯定这不是问题。还有一个原因是我有个小孩要养。"

"你有个小孩?多大了?"

"两岁。女孩,名叫吉内瓦。人总是想给自己的孩子自己从来没拥有过的东西。"

"你跟她母亲还在一起吗?"

"她现在不在这儿了。"

"她在那儿?"

"佛罗里达。"

"所以说,很明显,你的女儿跟着她。所以你不是很经常见她。"

"你懂的,一开始这很困难。但我没有逃走,因为我知道我得照顾自己的孩子。所以我工作,把钱寄过去。"

"你父亲是做什么的?"

"我上一次跟他说话是一两年前,那时候他是个木匠。我们小时候他还是照管过我们的,但后来一切都变了。我出生以后,父母就没在一起过。我母亲和我关系也不是很亲密。我是说,我们会说话,我知道她是我母亲。我能活着就很幸运了,因为我刚生下来一天她就抛弃了我。至于我父亲,我根本不了解他。我们需要来一次父子谈话。我希望跟我的女儿亲近一点,希望能跟她聊天。我不想让我们的关系像我跟我父亲一样。"

"你爸妈还住在这儿吗?"

"不在。我父亲回到牙买加去了,那是他的故乡。我母亲搬去佛罗里达了。"

"哦,所以她也在佛罗里达?那你是怎么一个人跑到这儿来的?你在这儿有其他亲戚?"

"你知道黑人家庭是怎么一回事。我们不怎么待在一块儿。"

"你是这么想的?"

"没错,我是说,我的家人不怎么待在一块儿。如果他们能齐心协力,就能得到任何他们想要的东西。但要是他们不能齐心协力,就什么也做不成。我妈妈生了四个孩子,两男两女。这么说吧——他们声称在这里头我是个坏孩子或者什么的。"

"那你是吗?"

"我以前是的。我是说,我不觉得自己是个坏孩子。我没有循规蹈矩,或者说随波逐流。我一直都有点叛逆。就连再年轻一点的时候,我也总是一个人。就算我妈妈在旁边或者什么的,我都是靠自己,比如自己买衣服之类的。"

"你自己付房租?"

"没错，自己付。"

"也就是说，虽然你没从学校毕业，但你很大程度上还是负责任的。你最终想要做什么？"

"我想有自己的生意。"

"哪种生意？"

"我想开个俱乐部或者餐厅。一个娱乐场所，可以让人们聚一聚的地方。"

"很好。据我所知，你现在 22 岁，我现在给你的建议，就是考虑形成一种思维模式，让自己能够为了进入 GED 而把时间分成吃饭、工作和学习三部分。这个街区还有其他人一直问我这件事，我也帮助他们通过了考试。我会继续从我的书摊上推荐书给你读，也会帮助你让理解力更上一层楼。"

"我会回来的，我现在得回去工作了。"杰罗米说。

"好的。"哈基姆回答。

* * *

这次对话发生之后几周，我透过维他命商店的窗户看见杰罗米正在擦货架。我想起来，我应该问清楚他怎么看待自己跟哈基姆的互动，以及他认为书籍和阅读在自己的生活里扮演怎样的角色。几天之后，他休息时在格林尼治村闲逛，我向他介绍了自己，他说他认出了我是这个街区的熟面孔。我解释了自己的工作，并问他我们能不能坐下来聊聊。于是我们去了 C3 餐厅。

"以前，我在维他命商店工作的时候，经常透过窗户看他。"

他说,"有几次,他跟街对面的人在聊天,我知道,我也应该加入这些对话,但我在工作。我知道那是很深入的对话,因为那些人会站在那里二三十分钟,所以他们肯定在讨论什么很深入的问题。有一天,我路过时,他正在跟一个上了年纪的黑人谈话,那人说所有黑人小孩都是坏孩子,我想告诉他,我们并不都是一样的——也许十个孩子里只有两个是坏的。哈基姆不想掺和进来,因为他知道那人有点无知自大。我意识到哈基姆卖的是黑人书籍,而我对黑人书籍非常感兴趣。我看到了一本我很喜欢的书,就拿了起来。我们开始谈论当今黑人青年如何成长,基本上一切就是这样开始的。"

"黑人书籍是什么?"

"它能教你理解自己,以及白人如何看待你。它能教你白人教不了你的东西。我并不真的了解关于自己的任何事情,因为学校里基本上完全不会教这种事。你懂我的意思吗?哈基姆并不只是卖黑人书籍。他也卖白人小说之类的。为了付账单,他总得赚钱吧。"

"他的书摊上你感兴趣的是哪本书?"

"哈基·马德胡布蒂的《黑人男性:年轻、危险、惨遭淘汰》(*Black Men: Young, Dangerous, and Obsolete*),大概是这个名字吧。我只是喜欢这个题目还有封面,上面画着一个男人和一个小女孩。所以我拿起了它,问他怎么看这本书。因为他的评价,我决定把书买下来。因为哈基姆具有自我认知,而人生中的这个时候,你会需要自我认知。于是我把它买回了家,开始读。书里有很多东西让我深有感触。另外它还提供了其他延伸读物。"

"你在光顾他的书摊之前就一直读很多书吗？"

"也没有。我想那可能是我读的第一本书。我能跟哈基姆讨论书籍。因为书店里那些人都很傲慢。他们有博士学位或者什么别的头衔，都以某种形式表现得傲慢。但在哈基姆的书摊上，我们能讨论书。"

"你跟一个街头书贩待在一起，比在书店里舒服？"

"你能跟书贩聊天，因为他就坐在那儿，看着周围的一切。人们跟他聊得更多，也更能互相理解。很多人都不会去书店的，因为对他们来说，跟街头书贩聊天、看他对书怎么评价，这样要容易得多。这就是为什么比起书店，我更愿意从街头书贩手里买书。"

"你到现在读了多少书？"

"我在遇到哈基姆之后才开始读书。他对我有点影响。他告诉我重新回到学校去。他知道自己在说什么。他自己经历过这些。所以我跟他能互相理解，因为他自己经历过许多东西。我的理解是，年轻一代经历的，也正是老一代经历过的。这就是你跟他们学习的方式，因为他们自己经历过。"

"花钱买书对你来说困难吗？"

"不难。相比起买衣服，我更愿意买书。因为我能获得知识。我渴望阅读。我以前从来没有过这种渴望。当我看到街头那些书时，才产生了这种渴望。因为我虽然懂得自己，但却并不真正理解自我。通过读书，我能看到其他人在讨论什么。"

"你什么时间读书？"

"在地铁上,因为那时候除了去工作和回家之外也没什么好做。所以我在地铁上读书。"

"你跟这城市里其他书贩聊天吗?"

"布朗克斯区我常去的地铁站附近有一个穆斯林在摆摊,就在 5 号线代里大道站旁边。对,我们聊过一次。我从他那儿买了一本《马尔科姆演讲录》(*Malcolm Speaks*)。"

"你从哈基姆那里买的第二本书是什么?"

"他从自己的书摊上给我推荐了另外一本书,叫《白人制度中的黑人》,是关于内城的孩子如何进入预备学校并毕业的。说实话,在我的街区,很多孩子虽然挺坏的,但如果你给他们上进的机会,他们都会上进的。这就是我和哈基姆经常讨论的东西。他对事物的理解跟我一样。不管他说什么我都会试着去听。我父母会想告诉我该做什么,但我从来不听他们的,所以我现在陷入了困境。所以我试着去听他想说的话。"

"你接下来又读了什么?"

"《失窃的遗产》(*Stolen Legacy*)。一直追溯到亚里士多德和那个时代的人。很有意思的是,黑人的成就几乎从来没出现过。就好像我们从来没给世界带来过任何东西。这是不对的。我们跟其他人做出的贡献是一样的。我们早于许多人先到的美国,而我们得到的对待是不公平的。这本书会告诉你,人们如何从非洲偷走了埃及。因为现在人们认为埃及不再是非洲的一部分了。它**是**非洲的一部分。就像你从橘子里拿走一颗种子,然后你说它不再是橘子的一部分了。但它确实是非洲的一部分。

"它教会了你如何看待自己。比如你从哪里来,你的故乡。

它告诉你，你自己是有价值的。一旦你开始读黑人书籍，你就能对自己了解更多，而不是人云亦云。如果你听信社会上的说法，那身为黑人简直就是地球之罪，哥们。"

"除了哈基姆，你还跟谁讨论书？"

"我有个室友，名叫特洛伊。我跟他住在布朗克斯的一个地下室里。他在伍尔沃思工作。我会把书带给他读，他也说他会读。我不知道，但他可能不太感兴趣。不过我还有一个朋友，他刚刚出狱，我们会经常讨论书。他告诉我，他正在给他儿子读这本书。然后我们就开始讨论书了。我去他家时会带上我所有的书。然后他说他也有很多书。因为他坐牢的时候，除了读书没什么事好做。然后他就打开壁橱给我看了他的书。我从他那里拿到了这本 J. A. 罗杰斯的《从超人到凡人》。[7] 我还从他那儿拿了一本《捕火》，讲的是鲍勃·马利和雷鬼音乐。[8] 那之后我们就开始讨论书。因为他说，他得教会他儿子如何看待自己。毕竟，我们黑人的孩子里有好多对自己一无所知。"

* * *

在跟杰罗米的对话之后，我离开了纽约几个月。再次回到纽约时，我向哈基姆打听杰罗米怎么样了，并借这番对话试图搞清楚他如何看待自己跟这个年轻人的关系。

"杰罗米今天还来过。他从维他命商店短休的时候过来了一下。从我们第一次对话开始，我们之间就建立了一种信任关系。我跟很多黑人青年之间都是这样建立关系的。我开始问他一些问题，关于他的生活，他想要在生活中获得什么，他也开始反思这些事情，并且敞开心扉，向我倾诉自我。我想，他之所以对我很重要，是因为我发现他在谈论自己的时候非常真诚，这令我敬佩。除此之外，他似乎很乐于工作。很多年轻人说，种族主义是一道彻底难以逾越的障碍，因此他们无法进步；他不必向我提起这一点。还有，他很乐意听从我的意见。"

"你们谈论的主要是他买的书吗？"

"不是的。跟他聊过一阵子之后，我决定尽一切可能帮他。周五时，我们在讨论如果他遇到警察该怎么做。我向他解释，就算你认为自己是对的，你也应该尊敬警察，并且保持冷静。有时候你会意识到，自己之所以受到非难，是因为自己是黑人。但我告诉他，请愿和口号并不能让你起死回生。有时候我需要教授这些常识。"

"黑人书籍是什么？它们对杰罗米这种人的学识发展来说有多重要？"

"这些书会传播一种所谓的黑人经验。对杰罗米来说，我认为这些非常重要。有一天，他买了一本《超越奴役》。[9]对杰罗米来说，这些书代表的是一种如何在社会中生存发展的历史。我就是这么看待这些书的。发生了什么，那些人在那些情境中如何反应，谁是受害者，谁被征服。不管这些书实际上是什么和谈论什么，基本上它们对许多人来说就代表着这些东西，也就是黑人在白人社会中该如何生存发展，无论是在历史、经济还是什么领域。杰罗米买的第一本书是哈基·马德胡布蒂的《黑人男性》。我认为这就是书对他的意义：每天早晨醒来，我该如何进步，其他人又是如何做到的？我认为，对我书摊的许多年轻顾客来说，这些书都代表着这个意思。"

"如果一个孩子对历史没有很好的把握，你认为这些书会不会在某种程度上事与愿违，或者说十分危险？"

"这很复杂，我认为这个国家有着史诗般的种族历史，所以这取决于每一个个体如何与这段历史自处。很多黑人求助于这些书，希望从中找到一种积极的黑人自我，很多时候甚至是神话般的自我。我相信，如果严肃的阅读能够促使人们认清事实和宣传，那就相当不一般了。杰罗米还没有到达这一步。他还在最基础的水平，试图认清自己。从我们的对话来看，很明显他还没读过非裔美国人文学或思想界的许多经典著作。但这没关系。因为人们得从自己的起点出发。

"我开始插手时能对他说，'好吧，听着，这没问题，但现在你得开始看看这本、这本、还有这本书。'所以你在跟人打交道时必须非常谨慎和负责，特别是在我的领域。我完全可以来到这里，放声痛骂，胡言乱语，说什么'听着，这些书就是人类开始用笔在纸上写字以来产生的最伟大的著作'。比如，有些人可能会买其中一些书，然后说，'我们都是国王和王后的后代。'我可能就会打断他，问，'你的意思是我们所有人都是？还是只有一部分人？一小部分人？'这能带来一定程度的批判性思考，批判性的演变观，这样，我们才不会仅仅为了对抗历史中黑人的滑稽形象，或是学术研究中的边角料地位，而去创造一种神话性的黑人历史。

"像杰罗米这样的人光顾我的书摊，是为了寻找某种东西来确信他们所感受到的'自我'，或是曾经的自我。所以你得跟他们合作。我告诉杰罗米，'你要尽可能广泛地阅读，最重要的是，你需要学会如何思考，如何提问，如何向自己提出批判性的问题，这样才能从得到的信息和你所阅读的书中得出结论，而不是简单地接受。'我不知道的东西太多了。我之所以知道自己知道什么，是因为这条街上曾有人对我非常耐心，会告诉我，'你得读读这本书'或者'你得看看这个'或者'你得好好研究或者重新研究一下这本书'。"

"GED怎么样了？他有没有听从你的建议，拿到相当于高中文凭的资质？"

"周六时，我们又一次谈到了GED。我说，'我不想搞得像是纠缠不休似的，但我这儿有个人的〔电话〕号码，他是教这些课的，能帮你准备考试。'我想，当杰罗米想要迈出这一步的时候，他会迈出去的。我想，如果我过于想把自己的想法强加于他，可能会事与愿违。所以我跟他谈过了，也催过他了。我还告诉他，我知道这很难。你从中赚不到什么钱。但如果你能进入这个项目，那么当你需要买书之类的时候，我会帮你买的。"

"他看起来不太情愿做这件事。"

"很多时候，人们会发现自己的生活陷入了某种困境，并认为没有出路。没什么你能做的。也许没人告诉过他，'没错，你22岁了，但你仍然**能**做到，隧道的尽头仍有光亮。'我跟他说过，'听着，我知道你跟你的家人有过一些痛苦的经历，但你仍然有时间做很多事情。你还很年轻。你比我年轻得多。说实话，我认为你足够聪明，可以做到。果真如此的话，你就能读完

GED，考上专科，谁知道你下一步会走多远呢？'但站在我的立场上，我也很注意不要推得太猛。因为我不想让他认为自己每次去书摊的时候都要被人说教。"

"你是怎么让年轻人对你敞开心扉的？"

"你懂的，有些日子里这更容易做到。也许是一个微笑，或者是声音里的某种变化。或者是你回答问题的方式。又或者，说实话，是你开启对话的方式。随着我跟像杰罗米这样的年轻人建立起关系，他们开始向我谈论他们的父母以及他们之间的分歧。而且我懂，因为在我成长的过程中，我的父母没能待在一起，是我母亲养大了我们。因此，我能非常、非常、非常深刻地理解他。"

* * *

当哈基姆试图让杰罗米知道，"你22岁了，但你仍然**能做到**"，他为杰罗米提供了一种个人支持和鼓励，而在杰罗米的家庭关系和所处制度中，这种程度的支持与鼓励非常少，甚至从未存在。与此同时，由于哈基姆反抗某种社会规范，又在正式的经济制度之外工作，他原本可以对像杰罗米这样的黑人青年产生更深远的影响：如果他成为一名学校老师，也许能够影响更多孩子的生活。但哈基姆认为自己无法在这些制度中工作。无论如何，他对像杰罗米一样的青年提供了他们所需的支持，从而为社会凝聚力做出了贡献。

杰罗米是一个"高危青年"，美国的社会制度无法满足他的需求。对没能从高中毕业的黑人青年男性来说，前途十分渺茫（不到60%的人才能在正式经济中找到工作），[10]入狱或处于假释和缓刑中的比例也很高（对18到24岁之间的男性来说超过40%）。[11]

成长于单亲家庭的青年风险格外高，这本身是一个政治上的敏感议题，因为许多学者对"男性在孩子健康成长的过程中必不可少"这一观点感到不安。[12]莎拉·麦克拉纳汉和加里·桑德佛在《成长于单亲家庭》一书中提到，低收入是造成父亲在儿童成长过程中缺席这一社会问题的最重要因素，这为女权主义学者也提供了支持。[13]他们还指出，这种成长环境带来的其他劣势来自于"父母指引和注意力的不足"。[14]这可能仅仅是父母对子女养育不足（这一发现与那些希望反思家庭的人并无冲突）。他们注意到的许多影响来自于这一事实：单亲家庭"减弱了孩子与社区中其他成年人和社会制度的联系；如果孩子能够维持与父亲的关系，他们本应获得这些社会联系。正因如此，单亲家庭减少了孩子接触家庭之外的社会资本的可能"。[15]

这种成长发展中的风险并不现在才有，基于此，在非裔美国人社区中，成年人和孩子以及青年之间的非正式关系一直都非常重要，而父亲与孩子之间的正式关系一直都较为薄弱。这并非是非裔美国人的独特传统，不过在非裔美国人社区中，这种非正式的导师被称为"元老"（old heads）。伊莱亚·安德森在关于费城非裔美国人居住区的一手研究《街头智慧》一书中解释道，"男性元老的角色是教授、支持、鼓励以及因此社会化青年男性，让他们能够承担起工作伦理、家庭生活、法律和礼仪方面的责任"，这也适用于社会化青年女性。[16]在格林尼治村的人行道上，通过告诉杰罗米不要放弃，哈基姆承担起了这一受人认可的元老角色。

尽管社会学家很久之前就提到过榜样、元老和教导之类的词，但他们为这些关系提供的证据都是古老的故事和回忆。通过对当今社区的这一记录，我们能更好地理解元老与青年之间的关系。这并不一定是某种权威或支配关系：没有人下命令，也没有人期待服从。我们可以通过德国社会学家马克斯·韦伯所称的"对其他人施加'影响'的实践"，更好地理解这种关系的特殊本质。[17]就算青年听从元老的建议，也是自愿如此。他的决定可能是基于有利于自己人生的理性计算，但并不是因为如果不服从，元老会有权力令他不好过。哈基姆扮演元老角色时，会在青年没能达到他的高标准时坦然加以斥责；他也有勇气基于自己的人生智慧或知识来给出建议。对杰罗米来说，哈基姆恰恰代表着要实现理想自我所必须的价值。

随着这种"影响力"在人行道上发展壮大，它的一个特性是，这种通过多次造访书摊所形成的关系无需通过听从建议来得以维系。哈基姆与杰罗米之间关于 GED 的反复讨论并没有让杰罗米去考试。相比起来，对青年来说更重要的可能是与愿意倾听自己的元老之间针对自己的人生展开对话，而不是元老的具体建议。同样地，尽管哈基姆希望看到杰罗米通过考试提升自己人生的物质条件，但看到杰罗米愿意倾听和倾诉，他也感到心满意足。根据哈基姆的证言，在这里许多青年并不愿意听他的话，而两人的关系则满足了这一重要目的。

事实上，对于哈基姆与人行道上许多青年之间的稳定关系来说，其标志是对于继续进行讨论的期待而不是对权威命令的服从。给出建议通常比听从建议要容易；为了让这种关系保持稳定，哈基姆也许必须在自己的建议没人听从时表现出一定程度的宽容大度。除此之外，就算杰罗米最后听从了哈基姆的建议，在任何可见的行动之前，也可能有长时间的沉寂。如果杰罗米想要听从哈基姆的建议进入 GED，他必须先更改自己的工作时间表，而他的老板可能不接受这一点。就算哈基姆能帮他提供一部分开销，GED 也可能带来其他花费。

哈基姆的影响力来自何方？这位元老的知识来自于经验，也可以称为智慧。杰罗米谈到哈基姆时说："他知道自己在说什么。他有过这种经历。"这说明他愿意听元老的话，是因为哈基姆能基于自己最根本的人生经验来正当化其世界观。但这种经验本身并不总是正当性的最终来源。反而在许多情况下，元老都会给出能用理性来正当化的论点。比如，当哈基姆让杰罗米去读《纽约时报》时，他并不仅仅是基于自己的经验给出一个普遍的结论。他继续解释某篇文章如何提供与青年的生活息息相关的劳动市场信息，从而正当化这一结论。事实上，这些建议表明哈基姆并不仅仅是依赖自己或其世代对劳动市场的经验，而是基于当代美国社会结构相关的最佳数据。

最后，哈基姆的影响力似乎也来自于这一事实：用杰罗米的话来说，他"有自我认知"。青年基于自己与哈基姆关于"黑人书籍"的对话得出了这一结论。他相信哈基姆将非裔美国人的进步本身视为一种价值。

在写《街头智慧》一书时，安德森发现，"随着都市贫民窟的经济和社会条件发生了改变,传统元老作为榜样的威望和信誉开始下降。"这是因为元老们是在制造业经济中学到的人生经验,但当制造业经济开始衰退,街头经济成为更具吸引力的选择时,元老们很难将自己的经验正当化为权威,现在,青年们不再拥有他们曾经拥有的选择。对青年们来说,当满足元老经验的制度化道路受到侵蚀,他们也很难再相信这些经验。安德森曾引用一位青年对元老的评论:"他们并不理解世界实际上是怎样的。"

近年来,其他分析者已经仔细描写过了以下事实:随着安德森书中写到的这类工人阶级和中产阶级元老搬出贫困区,诸如教堂和基督教青年会之类的社区机构已经衰落了。在颇具影响力的研究《当工作消失之时》(*When Work Disappears*)中,社会学家威廉姆·朱利叶斯·威尔逊描写了他和同事在高贫困街区发现的这些制度性基础设施的衰败;杰罗米所在的布朗克斯区正是这样一个街区。当这些机构消失,与父亲缺席相关的成长障碍无疑变本加厉了。威尔逊强调,如果要解决这些问题,就必须实现经济与政治秩序中的重大结构转型。

安德森报告称,在当今的真空情境之中,年轻人能够求助的对象是他所谓的"新元老"——这些人的正当性来源于"毒品文化的泛滥","新兴的元老更年轻,也许是街头帮派的产物,他们赚钱很快,对法律和传统价值嗤之以鼻。"[18]

随着都市的社会变化,发生了从正式经济的旧元老到地下经济的新元老之间的转变,这一图景引发了一个问题:工业经济的衰落和"新都市穷人"的兴起为元老与青年之间的教导关系带来了哪些变化？在哈基姆对人行道生活的贡献中，他刚好是身处新都市经济中的旧元老，为来自高贫困地区的青年传授人生经验，这些经验对他们来说有着直接的意义和应用。尽管哈基姆生活的确切意义并不一定十分清晰，但他的存在告诉我们，帮派头目和毒贩并不是传统元老之外唯二的选择。认识到这一点之后，我问哈基姆，作为一名街头摊贩，他认为自己能教给像杰罗米这样在正式经济中工作的年轻人哪些东西。

"我不确定我的生活对他来说算不算榜样，这取决于他认为自己需要做什么。我是自己选择来到了人行道，而不是被迫来的。打个比方，如果我是个黑人律师，在纽约高薪律师事务所工作，那么当我漠不关心地走在街头时，你也可以问同样的问题：这个律师如何能成为杰罗米的榜样？他也许没办法理解那个律师的生活。因此我想，我在人行道上这一事实并不能成为榜样。榜样在于我试图向他解释的那些事。有时，在通用汽车公司或是工厂工作的人也许能成为好的榜样。但那些工厂的工作也消失了。因此，你应该教给年轻人，他们需要有多样的技能，懂得随机应变。我自己的经验是，如果不去申请所谓的'工作'，那么要想搞清楚如何谋生是非常痛苦的。我想对这些年轻人来说，一部分答案也正在于此。他们需要生产创造性的想法，并想办法为这些想法提供资金，通过自己创业建立小小的独立产业，从而获得某种经济上的未来。"

"但杰罗米如何才能相信你的建议呢？即使他不听从你的建议去读完高中，他仍然可以做你所做的——在人行道上工作。"

"我曾享受过这种奢侈——如果你想称之为奢侈的话——在

正式经济中工作。我曾经在某些公司工作，他们要求一定程度的培训，无论多么基础；他们也要求一定程度的教育水平。如果我现在想要离开人行道，穿上西装，去跟那些办公楼里在正式经济中工作的人们对话，我仍然做得到。我想向杰罗米解释的是，你对自己的人生作出选择，但同时，尽管存在某些挫折，你仍然应该为下一步作好准备，无论这看起来多么困难。我告诉他，就算你曾经是个坐在人行道上的瘾君子，你的生活仍然存在可能性。我并不一定能衡量出这些可能性，但事实是，只要你愿意去发挥，你就拥有一定的潜力。

"有时我会想到十分成功的黑人，其中有些人是十分重要的学者、银行家、律师和记者。许多时候，这些人仅仅是试着保持地位、完成职责就已经忙得不可开交了，他们没有时间来教导我这种人，也会遗忘还有杰罗米这样的人。我很不喜欢榜样这个概念，因为榜样一般来说意味着知名度很高的人，至少媒体的定义是这样的；但事实是，那些真正激励了许多成功人士的小人物往往无人提起，甚至没能在历史中留下印记。"

当提到那些"小人物"的影响力时，哈基姆不可能没想到自己对像杰罗米这样的年轻人有多重要。他也知道，此处描写的发生在人行道上的这种接触无法取代更高层面的转型以及对家庭、机构和邻里街区的重建。[19]但正如没有什么能取代整体的制度结构一样，也没有什么能取代非正式的社会关系的力量，正是这种力量构成了完整的人行道生活与社会。没错，承认哈基姆这种公共人物的非正式活动有多么重要，这本身也是十分重要的。正如简·雅各布斯在《美国大城市的死与生》中所说的:"成功的城市生活中最基础的第一课……〔是〕人们必须对彼此承担起一点点公共责任,哪怕他们之间并无干系……这种责任的本质是,哪怕没有雇佣关系,你也会去承担它。"

杂志摊贩

简·雅各布斯认为，公共人物的存在也许能够让人行道对行人来说更安全和有活力。但在哈基姆被视为公共人物的每一条街道上，都有其他一些人令许多行人感到街道**不安全**和**不够有活力**，而这些人同样是穷人和黑人。这里有无家可归者会（借用他们的术语）"摆破烂儿"（lay shit out）—— 将各种各样的东西摆在瓦楞纸板上，或是直接摆在人行道上。他们可能会试着贩卖任何东西，包括（某个晚上就有如下物品）用过的网球鞋、电源延长线、皮手套、电灯泡、一些蜡烛、没有标志的VCR录像带、录像机、草帽以及几件衬衫 —— 都是从附近的垃圾桶捡来的。有一天晚上，我看到他们在人行道上摆出色情图片并尝试售卖。还有其他一些人在乞讨，站在自动取款机的门外向来来往往的人们晃动手里的杯子。

在这种情境中，我一开始听说任何在第六大道上工作的人将自己定义为公共人物时，都会感到很惊讶。但在这些街道上度过了五年时光之后，我会指出，公共人物的角色并不需要由传统中德高望重的人物来承担。这些摊贩和拾荒者往往无家可归，却能遵守规范和准则；不仅如此，他们在街头的存在还能加强社会秩序。他们会观察街头的一切，而人行道生活的结构也鼓励他们互相支持。此外，许多市民都因街头摊贩的存在而受惠。

想想杂志摊贩的情况吧。当你在 8 街和韦弗利街之间的第六大道上踱步，会发现路旁书摊上经常能看到《建筑学文摘》《艺术论坛》《好色客》《城镇与乡村》《阁楼》《访问》《传播艺术》《国家地理杂志》《福布斯》《名利场》《巴黎时尚》《嘉人》《时代周刊》《GQ》《时尚先生》《连线》和《花花公子》，以及来自 L. L. Bean、Land's End、维多利亚的秘密、佳士得和苏富比拍卖行等商家的目录，还有二手书。这些东西都是由马尔文、罗恩和其他六七个贩卖出版物的摊贩从回收垃圾桶中捡来的。

所有这些杂志摊贩都是黑人男性。他们大部分曾在 1980 年代的第一波滥用毒品潮中犯罪而入狱。他们的年龄从 35 岁到将近 60 岁。其中大约三分之一是越战老兵。有几个人说他们是艾滋病毒阳性携带者，其他人说他们宁愿不知道。只有一个人从来都没有染上毒瘾；至少六个人在这个街区工作时戒毒成功。

他们中大约一半人每天都工作，其他人每周工作几天。三个人承认目前正在接受公共援助和老年人医疗保险援助。就像许多福利领受者一样，他们也不仅仅依靠福利生活；[1] 通过贩卖拾荒得来的出版物，他们得以应付额外的开支，包括毒品等非必需品（福利援助一般都不足以支付这一部分开支）。尽管只有三个人说他们目前在领受福利，但还是有七个人提到他们过去五年里在这些街区工作的同时曾经接受福利援助。两个人给我看了一些文件，上面说他们因为没能参加一个劳动福利计划而

失去了公共援助和医疗援助（但并没有失去食物券）；其他人也提到了此类经历。²

1995年圣诞节之前几天，哈基姆将我介绍给了马尔文·马丁，并建议说如果想要跟回收和贩卖出版物的摊贩聊一聊，那么他应该是一个不错的人选。马尔文在人行道上工作了十二年，而且他将这门生意传授给了那里的许多人。

"我是所有二手杂志和书籍摊贩的监督者。"当我问马尔文他能否向我介绍一下杂志摊贩的世界时，他开玩笑般地告诉我。"在这里，我会好好保护你的。"我们保持了联系；在之后一年时间里，我断断续续地为马尔文工作，其中包括两个夏天，每次三个月——第一个夏天时我从未缺勤；我由此认识了这些街区里所有的杂志摊贩，其中包括罗恩。

马尔文是一个年近五十的非裔美国人，在杂志摊贩中，他已经不再无家可归。他说，越战回来之后，他因为一桩自己没有参与的持械抢劫案而在俄亥俄州立监狱蹲了十七个月；在入狱前，他在德纳公司工作过；出狱后，他试图在汽车业找到工作，却未能如愿。为了果腹，他学着成为了一名拾砖人，也就是从拆毁的建筑中回收砖头，每块能卖10美分。后来，他从纽约搬到托莱多去帮表亲卖皮带；在那之后，他成了一个醉鬼，在街头流浪了好几年，最后进入了退伍军人管理局医疗中心的药物滥用戒除项目。通过退伍军人管理局，他进入了一个收容所，最后在戒毒和戒酒之后租到了属于自己的公寓。

七年之后的今天，他成为了退伍军人管理局的成功案例之一（据他的戒毒治疗师诺娜·林奇所说；在马尔文签了一份同意

书之后,我见到了这位治疗师)。他现在仍然每周两次参加退伍军人管理局的一小时互助小组见面会,此外每周也会参加匿名戒酒会的见面活动。因为酗酒问题,他被认证为无工作能力,因此每两周能够领到 167 美元的公众援助资金,外加 120 美元的食物券。

马尔文说他的搭档罗恩"是纽约最好的杂志和书籍摊贩之一。对于如何将书籍和杂志卖给读者,他仿佛有魔法;他也知道如何拿到好的价格。所以我总是愿意跟他合作。"

罗恩 11 岁时从牙买加来到这个国家,是他妈妈送他来的(他出生后就没见过妈妈)。不同于马尔文,罗恩现在仍然酗酒和吸毒。他确实可以表现得很有魅力,但过去有段时间,当地居民和其他在街头工作的人们都曾惧怕他,特别是在他喝醉的时候。他曾因持有毒品而入狱。还有一次,有一个流浪汉想要刁难他,结果被他划伤了脸。他因此而入狱。他是这么向我解释的:

"那家伙想跟我要钱。然后他抓住了利奥〔另一个在这个街区工作的杂志摊贩〕,把他撂倒,接着就坐在了他身上……那家伙不肯放开利奥,所以我拿出美工刀划了他。不知为什么,我没办法停手了。我划个不停。警车冲人行道开过来,差点从我身上碾过去。那次动手可真是恶意满满。说实话,我听说那家伙伤还没好呢。但他没告我。"

刚开始为马尔文工作时,我觉得罗恩很温和、敏锐、富有洞察力。不过,哈基姆、爱丽丝和其他人都曾警告我,罗恩有时候很危险。爱丽丝正因为遭到攻击和殴打而跟他对簿公堂,她还拿到了禁止令,罗恩只要靠近到她周围二十英尺内就是违法的。马尔文则认为罗恩可能会因为我在书摊上工作而感到嫉妒,认为我对他的生活造成威胁(尽管我会把所有赚到的钱都还回去)。马尔文有时会把我们俩留下来看摊,他自己则去赛马场外参与赌马(这时常发生),那时,罗恩会负责记录交易,他说收多少钱,我就收多少钱。钱自始至终都由罗恩看管。

我逐渐明白了,当罗恩清醒的时候,他可以是个有魅力且诚实的人。他喝醉的时候会变得更诚实,也就是说,他不再有魅力了。在那些时候,最好还是离他远一点,我一直都是这么做的。

我在摊前工作两周之后,罗恩逐渐开始告诉我他人生中的点点滴滴。他说,他十年级时因逃学而被布鲁克林的伊拉莫斯院高中开除;他当时害怕去学校,是因为他的同学里很多人随身带枪。[3]他的父母都是酒鬼。孩子们从学校回家时会发现母亲在家里人事不省。他说他现在 36 岁,已经在第六大道上待了七年。在那个夏天里,我认识了他的妹夫,也跟他的妹妹谈了话;她单独跟我证实了这些与他人生相关的细节。

他于 1989 年来到第六大道,他说在那之前,他在 J. A. 琼斯建筑公司担任计时员。他负责记录五百名工人的工作时间,每周领薪两次,但他吸毒时会飘飘欲仙,无法工作。"我只能回家,垂头丧气,因为我付不起房租,也买不到食物……我打电话说,'我要辞职,因为我嗑药上瘾。'我决定不回家了。于是我离开了公寓,把我的衣服、电视和一切都丢在脑后。我丢下了一切!"

"你丢下了一切?"

"我丢下了一切!"

* * *

当罗恩说他"丢下了一切",他是指他决定从此住在街头。在此,我们需要比较一下罗恩与哈基姆所说的"选择"。当哈基姆说他可以立刻穿上西装、在正式经济里工作,他给人留下的印象是,他在泾渭分明的两种生活之间做出了明确选择,有些人称之为"生活方式的选择"。他说,他在法律事务所工作的经历让他相信自己没法在美国的企业里工作,也许根本无法在主流社会里工作。不过,我并不觉得他的意思是他无法找到这样一份工作。他是说,在企业环境中感受到的制度性种族歧视会不断地引发他的心理创伤,因此当时留给他的合理选择之一就是成为一名街头小贩。他想象作为一名街头小贩,自己能够享受自由和自我引导,而此后他的生活也很大程度上符合了这种期待。

而对罗恩以及第六大道上其他无家可归者来说,"选择"一词意味着接受某种无可避免的东西。他说,一开始他待在 42 街上乞讨。"天很冷,冻死人了,我记得我当时非常沮丧,然后我去了东部贫民区那边的收容所,终于有了一张床。我那时候白天出来在第六大道这里乞讨,就在 PATH 火车站旁边;当时那里还有一个家伙,他假装自己是个瘸子,好从别人手里讨钱。他也在乞讨,还抱怨说那里是**他的**地盘,他的领地,不想让我在那儿。还有老太太会走过来问我,'他是个瘸子,你还想抢他的地盘?'有一天,那家伙过来说,'嘿,哥们儿,你想占我的地盘? 这里有一堆杂志,你拿去卖吧。'我就是这么开始的。

"我再也没有回过收容所。我当时每天能赚100美元! 从那时起,我开始睡在这儿。我刚来这儿时还有毒瘾和酒瘾,每天100美元也能花个精光。我把我的家当存在拐角那儿的银行旁边,我后来就在那儿过活,因为我得盯着自己的家当。"

"你的公寓怎么样了?"

"那段时间里我的公寓都在,我不能总是回去,但是我拒绝回去,你懂吗? 出于某种原因,我拒绝回去,因为我认为我的人生正处于艰难时刻,我在走下坡路,我面前困难重重,你懂吗? 我一直很害怕流落街头,我一直害怕有一天我走在街上会像那些流浪汉一样,他们肮脏、颓废、疯疯癫癫,你懂吗? 当时我的情况是,我告诉自己,如果这一天会到来,那不如今天就来吧。"[4]

对第六大道上的人们来说,谈论自己在成为无家可归者过程中的主动性并不算罕见。大部分人像马尔文一样,会说他们是被家人赶出来之后才流落街头的。有些人会说,他们不管做什么也无济于事;其他人则明确相信自己自始至终掌握控制权。[5]在同我交谈的人中,认为自己在流落街头的决定中具有主动性的人数比其他研究者报告的人数要多;[6]除此之外,第六大道上大部分无家可归者都没有如此声称。因此,我们无法认为罗恩的故事中的这个方面对街头无家可归者来说是典型的。同样重要的是,我们要区分以下两种情况:其一是在成为无家可归者的过程中掌握一定的主动性,其二是自愿做出这种选择。

没有证据表明罗恩对无家可归的"选择"和我们通常对"选择"这一概念的使用方式相同。在我看来,他对自己即将陷入怎样的境遇并不了解,这一点与哈基姆开始摆摊卖书时并不相同;他也从来没有对自己说过,"我想要做一个无家可归者"。无论这对他自己来说意味着什么。

当然,从第六大道上无家可归者的社会心理角度,而非从他们个人生命历程根源角度看,我确实发现罗恩的故事具有一定的代表性。在我与遇到的人们最终发生的讨论中,我发现几乎每个人都曾提到过自己从根本上自暴自弃的时刻,他们会说:"我什么也不在乎了。"就连那些被赶出家门、对自己当时的境况毫无控制力的人都曾有过这样的时刻:他们放弃了,并(用街头的语言)说,"去他妈的!"

"当我说,'去他妈的!'我什么都不在乎了。"一个名叫沃伦的杂志摊贩对我解释道,"当我被赶出家门,我向所有朋友求助,但没人愿意为我做任何事。我说,'好吧,操你妈的。去他妈的。'"对这些人来说,他们知道自己的毒瘾或酒瘾一定程度上导致了最终无家可归(许多人当时的所作所为都伤害了他们的家人,最后才被赶出家门),而他们最后说"我不在乎",这两者相结合,让他们将其描述为主动参与性。正是在这种思维模式下,他们流落街头,逐渐放弃了社会文化中预设的某些最基本的目标和谋生方式,最终进入了贩卖二手出版物的非正式经济中。

这些故事也暗示了其他一些棘手的问题。罗恩讲到自己沦落为以摆摊为生时,认为这是吸毒之后,毒品的药效注定会带来的命运。马尔文，相比之下，将自己进入非正式经济的过程归咎于无法在俄亥俄的汽车工业中找到工作。当然，要想将个案精密地投射到社会过程模型中是很困难的，所以在这里我们的推论要十分谨慎。尽管对讲述者来说这些故事可能是真实的，但若认为它们具有代表性，就要冒很大风险。

如果我们认为罗恩的人生故事具有代表性，也许会得出这一印象：吸毒者最终陷入非正式经济，是因为毒品的作用令他们无法在正式经济中找到工作。如果我们认为马尔文的故事具有代表性，也许会得出这一推论：流落街头的许多吸毒者之所以进入非正式经济，是因为他们缺少机会，而不是因为滥用毒品和酒精。这两个故事中的哪一个会有所助益呢？

在过去十年里，我们对吸毒者的了解加深了，且这些认知与之前学者与媒体的预设相悖。正如克雷格·雷纳曼及其合作者所呈现的，"最出乎意料的……不是他们滥用毒品和酒精的行为从各个方面扰乱了他们的生活，而是这种扰乱几乎总是在他们生活的限度之内……我们的大部分受访者此前都有付薪工作，也有着常规的生活和社会关系。"[7]相似地，约翰·P.摩根和琳恩·齐默总结道："许多毒品使用者只是偶尔吸毒，并不会长时间放纵自我，也不会破坏人际关系。"[8]换句话说，像罗恩这样的毒品使用者并不一定或"命中注定"会放弃正式经济中的工作。然而，目前在第六大道街头工作的人们有一半都有这样的论调。

虽然第六大道上的人们没有人"注定"会进入非正式经济，但更大的经济与社会因素可能限制了他们在正式经济中的机会。大约三分之一的人提到，就像马尔文一样，他们最终流落街头，是因为他们无法在制造业或新兴计算机科技产业中找到工作，此外还有毒品和酒精成瘾问题。这些人提到，他们因为自己的经济前景受挫而转向毒品和/或犯罪。[9]大部分案例中，由于他们无法进入正式经济，加上吸毒的问题，最终导致以下结果：（1）不再寻找工作；（2）与亲朋好友失去联系；（3）与司法犯罪系统有某种牵连——坐一段时间牢后，最终出狱，流落到人行道上。

杂志摊前的一夜

一场夏日暴雨清空了格林尼治村的人行道。下午，雨刚开始下时，在路旁摆摊卖书的小贩们已经把商品收好，或是缩到了第六大道沿街店铺的遮阳篷下。在百视达录像带租赁店门口，马尔文和罗恩坐在牛奶筐上，等待暴雨停息。

晚上八点过后不久，乌云散去，世界贸易中心的双子塔显露出朦胧的轮廓。"我就知道会停的。"罗恩说。过去几周里积起的汽油乳化剂、烟灰和尘土也被雨水一扫而空。"现在像是崭新的一天啦。"很快，格林尼治村的居民就会走出家门，购物者和游客也会随之而来。"人们会想要呼吸一下新鲜空气的。"马尔文说，"他们也会来杂志摊上瞧一瞧。"

随后，他中断了自己的思绪，转向搭档，问道："罗恩，现在问一下，咱们下次开工是什么时候？"

许多个夜晚，马尔文和罗恩都是这样结束的：马尔文会试图问清楚罗恩第二天早晨是否会酩酊大醉到无法工作。吸毒之后

第一章　人行道的非正式生活　| 063

引发的紧张、偏执，以及飘飘欲仙之后的抑郁，会让一部分吸毒者通过狂饮数瓶啤酒或麦芽酒来抑制反应。[10]如果马尔文来到街上时罗恩正酩酊大醉地冲路人大喊大叫，当众出丑，他的经验会告诉他，这一天基本会一无所获。

罗恩坐下来，安静地思考着马尔文的问题。然后他说："明天天气应该不错。7月4号之前，咱们出摊天数越多越好。"罗恩的答案通常都是这样的，只不过替换成最接近的一个假期，比如阵亡将士纪念日、劳动节、感恩节或是圣诞节。罗恩用这种方式告诉马尔文，他第二天早晨不会醉醺醺的；但直到第二天早上罗恩的确清醒之前，这都不会被当成一个明确的承诺。

罗恩打电话叫我过来，让我帮他揭开工业塑料罩，同时不让水渗到最上层的《时尚》杂志上。在我们忙着做这件事的时候，有一个叫穆德里克的无家可归者走过来跟马尔文说话。穆德里克有时候会帮助其他人。他今年57岁，身高1.94米，体重90.8公斤，以从游客那里收钱指路闻名。"跟我说话要花钱。"他说。有一次，他在自己的摊子前竖起一个标识牌，上面写着"信息：25美分。正确的信息：50美分。"当有人向他问路时，他会回答问题，然后指指牌子。无论是出于恐惧、尊敬、消遣、同情还是别的什么动机，大部分人会给他50美分或更多。

穆德里克是个酒鬼，他为格林尼治村里的许多楼道主管做木工和其他手艺活儿并收取现金。同时，他每天还为一栋楼倒垃圾，在有需要的时候也会做一些大大小小的维修。这些工作只需要花几个小时,所以他有时间在街头消磨。他也声称是自己选择了露宿街头。

以下是马尔文和穆德里克之间的对话(我几个月后在听录音时发现了这段对话,经过他们的允许在此引用),它们让我知道了这里一些人如何看待我正在做的事情,同时也涉及了我正开始观察到的马尔文和罗恩之间的关系。

"他正试着理解街头的人们。"穆德里克告诉马尔文,他指的是我;我当时正与罗恩一起揭开杂志上的塑料布。

"没人能理解咱们是怎么回事儿,"马尔文说,"他们已经对咱们没什么正面的看法了。"

"我他妈才不关心其他人想什么,"穆德里克说,"我喜欢我做的事情。我做这些是因为我喜欢。"

"问题是,我说的是其他人怎么看你,你没做错任何事。"马尔文回应道。

"我他妈不在乎其他人。"穆德里克说。

"我不是说这个,"马尔文回应道,"我是想说,其他人看待你的方式就好像你做错了什么似的。"

"去他妈的!"穆德里克说。

"你跟我这么说可就不对了!"马尔文大声说道。

"我们只不过是想赚几块钱罢了。"穆德里克说。

"没错,但你跟我这么说可就不对了!"马尔文说。

"你为什么这么说?"穆德里克问。

"因为你说你根本不在乎其他人怎么想。"马尔文说。

"我不在乎!"穆德里克说。

"也就是说,你也不在乎我怎么想?"马尔文说。

"你是'其他人'吗?"穆德里克问。

"是啊!我是'其他人'。"马尔文说。

"你叫什么名字?马尔文?"

"没错。"

"马尔文,对不对?"穆德里克说,"我说的是'其他人'。马尔文就在这儿。'其他人'不包括马尔文。"

两人都笑了起来。

"也就是说,罗恩是'其他人',因为他站在那边?"马尔文问。

"罗恩是'其他人'。"穆德里克笑着说。

马尔文跟他一起笑了。

"这不包括你,"穆德里克继续说道,"他在那边,对不对?我他妈不在乎他。他是'其他人'。我在跟你说话。你是马尔文。"

马尔文不笑了,他沉默了片刻。

"那边是我的**搭档**,"他继续说道,"你**得**在乎他!"

一个三十多岁的黑人女性路过并驻足杂志摊前。她正骑着自行车贩卖霹雳可卡因。罗恩递给马尔文五十美元,告诉马尔文,如果自己之后想把钱要回来,不要给。然后罗恩走向骑着自行车的女人,两人一起沿街走远了。这不是个好兆头,马尔文解释道。这意味着罗恩可能要去做一项"任务":购买毒品爽一下。这也意味着马尔文第二天可能没法出摊了。我问马尔文为什么他愿意牺牲自己的生活来忍受罗恩。

"他就像我一直以来渴望的弟弟一样。"马尔文解释道,"我每天都关心他，因为我相信他。就像我对另一个人产生了盲目的爱。他内心是善良的，但被毒品遮盖了。他仍然是个好人，我在试着教他如何做个好人。有很多事情他是不愿意做的。

"他仍然不相信我已经戒酒了。他说他认为我过一阵子就会重新上瘾。他做不到。我已经六年多滴酒不沾了。我大概四年前才好好认识他。我们从那之后就很亲密。他在那个公交车站的街口卖杂志。我在百视达的街口。他在那条街上跟人起了冲突，于是就到这儿来工作了。

"我说，'嘿，咱们一块儿干吧。如果你想合作的话，我唯一的要求就是诚实。'我看到了他的诚实和他对自己的正直。因为不管你信不信，诚实是我在罗恩或其他任何人身上最希望看到的特质。我可以离开杂志摊，等我回来的时候罗恩会拿着我的钱。还有他会好好打点我的东西。"

在谈论罗恩和他自己时，马尔文常常使用"康复"这一术语；我有时也会从匿名戒酒者互助会的朋友那里听到这个词。这似乎是他为罗恩、穆德里克和街道上其他人提供帮助时，得来的词。"要我说，如果人们能与更高层面的力量打交道，他们总能找到办法，"他继续说道，"我有个让自己安心的好办法，能与上帝建立联系。我知道我犯了错，现在我已经六年滴酒不沾了；我47岁，但在保持清醒的世界里，我还是个婴儿。

"我22岁退伍，24岁结婚。我以为自己已经得到了一切；我曾有一个完美的妻子和一切。但在那之后，我没有好好思考。因为我自己做了错事，一切都开始以错误的方式来打击我。压力

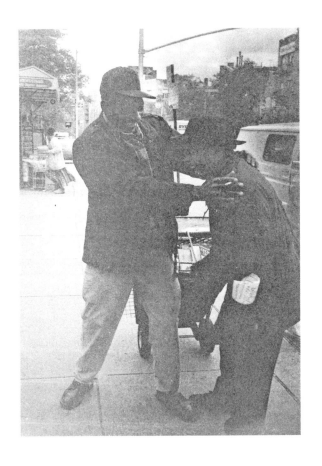

也开始打击我。那时起,我开始喝很多酒。但并不完全是我造成了一切。因为我妻子失去了一个孩子,而我又开始喝得更多。然后她得了子宫癌。然后我差不多崩溃了。"

"发生了什么?"

"癌症痊愈了,但我慢慢地越喝越多,"他解释道,"就像大便扔到了吊扇上,我惹上了大麻烦。我们深爱彼此。一切都很好,除了我的酒瘾。

"我失去了家人,失去了一切。我的酒瘾让我无路可退。十二年前我来到纽约时,我发现不管你喝酒还是做什么都没人管,于是我开始疯狂地喝酒和嗑药。在喝酒之外的时间里,我开始卖书和别的东西,尽可能地赚钱。"

"你是怎么戒酒的?"

"我去了退伍军人管理局,因为我的腿出了毛病。我每次喝醉之后都会踢自己的腿。因为这个,我的腿受伤感染了,我不得不去医院拿青霉素。

"我说,'去他妈的!'我服用青霉素的时候还在喝酒。下一次见医生的时候,我说,'医生,下一次会发生什么?'他说,'我不知道还有没有下一次。'我说,'医生,你在说什么呢?'他说,'说实话,我觉得你下次就死了。'从那时起,我看到了光。不管你信不信,就像我是罗恩的赞助人一样,贾曼〔一个卖精油和熏香的小贩,他戒酒成功,在同一街区上工作〕是我的赞助人。他让我住在他家。他总是给我好建议。他说,'马尔文,如果你需要帮助,我会一直在你身边。'

"我几乎毁掉了自己的生活。如果不是贾曼的支持和上帝,我是说，要不是我回到了上帝身边，我今天就不会在这里了。我的内心可能仍然在说，'去他妈的！'我已经不再说这句话了，因为这种心态就像在说'你活该深陷地狱'。就像在说，'一切都下地狱吧。去他妈的。'而不是说，'好吧，事情已经这样了，我得继续向前，去过我想要过的生活。'"

已经午夜了，自从九点之后，我们就一直待在第六大道上。罗恩没有回来。马尔文推测，他会彻夜饮酒和嗑药。第二天早晨，他可能会惹很多麻烦，所以出摊是不可能的。马尔文说他感到很沮丧，但他接受这一切。

我们默默地收摊装箱，走过漫长的八个街区，来到瓦利克街上的曼哈顿迷你仓。他和其他小贩在这里租用存储空间，每月支付 45 美元。收摊时，马尔文坚持自己把四个板条箱搬到平板推车上，在第六大道的车水马龙中穿行了好几次。我则待在人行道上等着。走到迷你仓后，我们站在一个铁梯子上，把箱子搬进马尔文的柜子里；这时，马尔文对接下来的安排做好了决定。"罗恩会闹腾一番的。我们后天早上八点见面吧。"

第二天早晨，我出发去找贾曼，想知道他是否认为自己是马尔文的"赞助人"，以及他对此怎么看。我曾听说贾曼帮助了第六大道上其他许多人，其中包括一个海洛因和霹雳可卡因上瘾的家伙，他名叫格雷迪，在公交车站亭附近卖杂志，常常睡在地铁车厢旁边被称为蝙蝠洞的区域。

贾曼在百老汇大街和休斯顿街的拐角处贩卖精油和熏香。"我十分相信榜样的作用，并试图做出表率。"他告诉我。他如此形容自己与马尔文的关系："他戒酒之后，我把他带回了家，这

第一章　人行道的非正式生活 | 071

种人有不少，他是其中一个。我在他们背后支持他们，我们可以坐下来谈心。格雷迪会哭个不停，让我陪着他。他总是会说，'贾曼，撑着我。'"

贾曼解释道，他们也会支持他。"我的两个孩子都是跟我在街头长大的，我得背着他们。以前我工作的时候，他们会睡在我的摊子下面。我因为做生意被逮捕的时候〔因为在不允许摆摊的区域摆摊〕，警察没收了我的精油。我说我有两个孩子在街头，我不知道他们在哪儿。能等等吗？他逮捕了我，说，'让你的两个孩子去死吧。'"贾曼被带去警察局的时候，格雷迪和马尔文会照看他的孩子。

"去他妈的！"心态

在找到一个"导师"或"赞助人"来引领街头生活之前，这些人都曾有个人精神危机的时刻。尽管很粗俗，但要想形容这一状态，最好还是使用他们自己的话语：那就是当一个人说出"去他妈的！"的那一刻。

在描述他们如何抵达这一刻时，他们不约而同地提到了抑郁，感到"处于人生低谷"，对任何事情都毫无兴趣。尽管一蹶不振是某种选择——没人强迫他们这么做——但这种选择并不是他们通过稳定的理性做出的；这并不是一个人想要做出的选择。比如，罗恩在买一瓶霹雳可卡因和把钱存下来付房租之间的选择，并不是一个健康的、社会关系良好但手头缺钱的人在买一杯咖啡和买一份报纸之间的选择。此外，一个人陷入抑郁时，哪怕本来只有50%的可能会被赶出家门，他们却可能以为是90%的可能（因为抑郁会改变人对未来生活可能的感知）。[11]同样重要的是，我们要区分一个人是选择街头生活，还是在他被赶出家门后才选择的街头生活。因为两种情况下他面前的可能性相差甚远。[12]

对罗恩和人行道上的其他人来说，服用霹雳可卡因一开始是为了感觉好一点，"从低谷中爬出来"，补充能量。中产阶级们习惯了在得抑郁症时去看心理医生，但许多像罗恩这样的贫穷黑人与他们不同，都没有途径拿到百忧解之类的药物，只能试着自助。[13]罗恩把使用霹雳可卡因说成一种自我诊疗的过程，用来治疗抑郁，短期内改善精神状态。然而如果一天没有服用霹雳可卡因，可能会导致更加严重的抑郁。他们可能会感到非常严重的抑郁，结果反而使用更多毒品来减轻戒断反应。[14]这些故事中最重要的是那些从此一蹶不振的代表性时刻，从那时起，他们放弃了社会文化中预设的目标和谋生方式。[15]

我的田野调查显示，当一个人说出"去他妈的！"或"我他妈什么也不在乎"时，这种逃避主义有至少四个特质。首先，这种心态是无处不在的，能够影响他生活的绝大部分重要方面。第二，他不再关心自己曾认为基础、必需和自然的行为，例如在床上睡觉和在厕所里排便等。第三，他为伤害了自己所爱的人而感到极度窘迫和羞愧，他们曾为他的毒品和酒花费不菲。这让他远离了亲朋好友和所爱的人，他希望他们不会看到他现在的状态。第四，当放弃了对其他人的所有责任，他从中感到自由。加起来，这些特质让这种"去他妈的"心态成为一种极端形式的逃避主义，而不是一种放弃，就像人们说"管它呢！"然后放弃节食或锻炼计划时那样。[16]这种心态让一个人放弃公寓，流落街头，睡在自己或其他人的大小便中，或是睡在地铁蝙蝠洞的老鼠群里。这往往意味着身体从根本上重新社会化。我们将会看到，这种极端的"我不在乎"心态带有一种明确的政治上的正当性，特别是当一个人相信自己的态度来自于一个冷漠的社会，而不是自己的成瘾问题或个人弱点时。

"去他妈的！"心态还有另外一个更加极端的形式，我们会观察到他们丧失对其他人的同理心，从而可能盗窃车上物品、抢劫送货员或实施身体暴力；他们做这些事情是为了弄到钱去买霹雳可卡因，用过把瘾来进行自我治疗。"他们可能会开始抢劫、偷盗，之类的事。"沃伦解释道，"这种'去他妈的'可是非常严重的！"

没错，这种最极端的街头心态通常会表现为社会学家斯坦利·科恩在另一个研究中所称的"获得性破坏，亦即为了获得金钱或财物而进行的破坏"，而不是"战术性破坏"，亦即"破坏是一种清醒的战术，目的并非获得金钱或财物"。在我研究的人们中，很少有人从事过科恩所谓的"报复性破坏"（为复仇而进行的财物破坏）以及"恶意破坏"（"不仅带有恨意，还因这种行为本身而感到享受"）。[17]

这种"去他妈的"心态是一种逃避主义，对一个人的生活带有全方面的影响；它最"严重的"情况反映了对基本标准的无动于衷，可能会对其他人造成威胁。然而，它并不是全方位逃避社会，也并没有消灭所有社会性情感。我是在一个下午看到这一点的。康拉德是在格林尼治大道上工作的一个杂志摊贩，巴特罗则是一个 42 岁的乞丐，住在第六大道地铁站的轨道旁。那天，康拉德带来了巴特罗的亲戚，他们想看望流落在人行道上的他。几天后，当我向巴特罗提到他们的来访，他打断了我，脸色和声音中流露着痛苦：

"我知道！我疯了。他带来的是我的表亲。我不想让他这么做！我不想让康拉德把他们带到这儿来，看到我现在的状况。太让人羞愧了。无法形容。康拉德本该懂的。"

"他们是你的孩子吗？"

"不是，是表亲。我们还是孩子的时候就见过〔认识〕。康拉德知道我在说什么。那伤害了我的感情。那些人是我的亲表兄弟。"

就算"去他妈的！"心态能对一个人的生活产生全面的影响，第六大道上的人们仍然"去他妈的在乎"某些事情。从他们的羞愧和窘迫中我们可以看到这一点，这些情绪稳固地植根于他们所认为的亲人对自己的眼光中。[18]

就算这些人在某一时刻逃避了，就算一开始是这种逃避心态导致了他们滥用毒品，[19]这种极端的"我不在乎"心态并不是滥用毒品所自然或自动产生的后果。它是逃避主义继发的一种特殊形式，是遭遇了特定境遇的个体的一种特征。

人行道上的康复力量

人行道作为一种社会结构，既可能鼓励逃避主义行为，也可能阻止它。在这里，一个人可能感到压力，从而继续说"去他妈的！"，或是转而去说"扭转自己的人生，永远不会嫌晚"，以及"我想过更好的生活"。如果一座城市的人行道无法为马尔文或罗恩之类的人提供任何成功机遇，那么他们也许会选择"去他妈的！"。然而如果一座城市允许拾荒、摆摊和乞讨，那么马尔文和罗恩就更可能找到机会去控制自己生活中的一小部分，并在这一过程中试着自食其力。至少他们可以像巴特罗一样通过乞讨来谋生，无需伤害他人。在其他案例中，摆摊成为一个人设计新目标并在有限的方面控制自己人生的一种方式，而通过某种一般化的过程，这又可以影响到他人生的其他方面。正如"去他妈的！"心态可以产生全方位的影响，同样的，当拾荒和摆摊等有限的经济机会带来积极的自我指引和人际关系，它们也可以让一个人的生活产生更加深远的积极转变。

我发现，许多证据证明人行道生活中存在使人康复的力量，这种力量存在于人们贩卖回收杂志和从事复杂工作时维系的自尊中，也存在于他们与顾客的互动中。在人行道生活的结构中，通过马尔文作为"导师"与罗恩、穆德里克和其他人之间建立的深入关系，以及马尔文对他们的关心，我们也能够看到这一点。如果我们将这些效应放在长久以来研究工作与个性，特别是工作条件与心理健康之间关系的传统框架中,就会发现它们就在意料之中。而本研究显示,对于心理健康中的自我指引感来说,机会的存在是十分重要的。[20]

* * *

两天之后,早晨八点,马尔文和我如约在安静的第六大道上碰面,想在百视达前面占一个好位置出摊。许多杂志摊贩和乞丐仍在人行道边的躺椅或摊平的瓦楞纸板上睡觉。

穆德里克从圣若瑟教堂的阶梯处晃悠过来,他在那里睡了一整晚。

"嘿。"马尔文对他说,"你今天不该在这儿。你应该跟丹内莎在一起〔他的孙女〕。"

"她要去伍尔沃思拍照片。"他解释道。

"就像你口袋里一直带着的那张照片一样?"

"没错,但这次放大了。"他比划出六寸照片的大小,"他妈的花了75美元。我把所有钱都给他们了。"

"那挺好的。"马尔文告诉他。

然后他把迷你仓的钥匙给了穆德里克——这很少见。穆德里克会把马尔文的四个箱子搬到这条街上来,好赚钱买几罐圣艾德斯麦芽酒。我们坐在原地等穆德里克回来,马尔文浏览着《每日赛马》,喝着加了两块糖的黑咖啡。

"一日之晨,你该做的最好的事情就是负磅赛[①]。哪匹马最

[①] handicap,赛马比赛的一种,为增加悬念,评级较高的马在参赛时会负担额外的重量。——译注

棒,哪匹马能赢比赛,你已经心里有数了。看看《每日赛马》,你就能大概预测到比赛中会发生什么。"

他正在向我普及负磅赛时,罗恩出现了。

"马尔文,你拿了我的钱吧?"

"噢,你没钱吗?"他开玩笑道,"拿着,这是你的五十美元。你今天早晨感觉怎么样?"

"还不错。"

"没错,你看起来不错。"马尔文说,然后继续研究赛马。他在押贝尔蒙赛马场比赛的时候总是运气不好,以前押水道赛马场的比赛时运气要好得多。

穆德里克把箱子运了回来,他看到了罗恩。

"你今天一起工作?"穆德里克问道。

"你知道他是我的搭档。"马尔文回答道。"你本来就该知道的,当罗恩清醒的时候,我们就会一起工作。他今天看起来不错。我喜欢他今天的样子。他现在是**罗恩**。这就是我喜欢见到的罗恩。"

"他今天早上喝了一瓶啤酒。"穆德里克说。

"那没关系。他现在足够清醒,可以工作。这才是关键,穆德里克。就连**你**看起来也足够清醒,可以工作。你看起来不错。你看起来不是病恹恹的样子。你能赚到钱放进口袋。这才是最重要的。这才是我的意思。如果你每天都这么做,你就什么都不用担心了。只要振作起来就行。"

"你还需要更多箱子吗?"穆德里克问。

"这些就够了。"马尔文告诉他。罗恩走过来,开始卸下杂志。

穆德里克从马尔文那里拿到报酬,走开去买圣艾德斯啤酒了。他把圣艾德斯啤酒称为他的咖啡或药。

控制局面

一个50岁左右、穿着花呢外套的白人男子拿起一份《GQ》,举到半空,什么也没说。

"好吧,2美元。"马尔文说。

那人一言不发地付了钱。

"谢谢你,先生。"

一个25岁左右的黑人女性翻阅了一堆杂志,挑出来几本。

"这些都是两美元一本。"马尔文解释道,"三本5美元。"

她挑出来三本杂志,递给他10美元。

"你有零钱吗?"他问。

她递过来5美元。

"谢谢。"他说。

"你有袋子吗?"

"对不起,用完了。"马尔文说。

"没关系。"

"谢谢。"

这边两块,那边五块,钱就这么赚到了。但并不是每次交易都那么简单,我开始观察到,讨价还价的过程中充斥着究竟什么才是"正确"的意识。讨价还价本身就是这些人维持自尊的一种手段。

"多少钱?"一名大约40岁的黑人女性举着一本精装书问

道,那是大卫·瑞姆尼克的《列宁的坟墓》(Lenin's Tomb)。

"五美元。"马尔文说。

"太贵了。"女人回应道,"69美分。"

"贵?"马尔文说,"你觉得我们靠什么吃饭?"

"我不知道。"女人回答。

"你不知道,哈?"马尔文说,"我知道!我们每本好书只收三四五美元。"

"二手店里这些只卖69美分。"女人说。

"那你就得去那儿买。"马尔文说。她转身走了。

杂志摊贩之间的谈话大部分都会提到定价的道德问题。如果你问任何人,他都会说卖杂志是为了赚钱;但若观察杂志摊前的小贩,你会发现在人行道上,确保一个人(顾客)对另一个人(摊贩)的尊重也是同等重要的。一名杂志摊贩伊什梅尔曾对马尔文说:"我觉得如果有人想花50美分从我这儿买到报刊亭卖5美元的杂志,那他就是在侮辱我。"

每一次交易的话语中,尊重都是必不可少的;不过,杂志摊贩同时也感到自己有义务教育顾客懂得最合适的价格。这些摊贩不会靠降价来争夺顾客;他们认为这会导致恶性竞争式的降价。

他们不希望顾客认为花不到两美元就能买到一本品相良好的国内杂志。尽管如果他们接受所有出价,可能短期内会赚到更多钱,但如果杂志的价格一路下跌,他们并不清楚这是否会对他们有利。尽管杂志的供应很充足,但卖得出去的杂志仍然有限,愿意买杂志的潜在顾客也很有限。此外,就算杂志是免费得来的，他们也要花费时间和精力从垃圾箱里把杂志挑拣出来。

"多少钱？"一名顾客举起一本当期的《巴黎时尚》问罗恩。

"4美元。"

"4美元？"

"给我3美元吧。"罗恩回答。

她递过钱来，带着杂志走了。

尽管罗恩接受了顾客的还价，但在说"**给我3美元吧**"的时候，罗恩实际上是在说，"我接受还价，但是我在控制局面。"在这些交易中，他坚持维系顾客对他的尊重，也要维系自尊。

当罗恩和马尔文开始合作时，马尔文说，他自己不知道该怎么应对讲价。罗恩有"一种专业主义，能让顾客知道这是一门生意，这门生意就是这么做的。"马尔文解释道，"你知道我有多软弱，我可能会向顾客屈服。我很容易上当受骗。罗恩教会了我'生意就是生意'。"

他从罗恩那里学到的是"良性强卖"（good hustling），也就是他们不确定自己每天能赚多少钱的时候掌握主动权。之所以说交易是"强卖"，并不是因为它合法与否（"强卖"既可以合法也可以非法），而是因为他会利用自己的"足智多谋"和"灵活多变"来维系自尊，同时参与一种"东拼西凑经济学"（ecnomics of makeshifts）。[21]

在马尔文和罗恩看来，强卖的挑战在于不知道每天会发生什么样的不确定性。"如果不管天气如何，不管你工作有多努力,你都能拿到报酬,就像朝九晚五的工作一样,你只需要**待在那儿就行了**〔重点为我所加〕,那你就不是在强卖,"马尔文解释道,"小摊贩都在强卖。他不知道每天能得到什么。"

对马尔文和罗恩来说,维系自尊和克服强卖的不确定性,其关键在于控制局面。"罗恩教会了我如何让顾客明白他们占不了便宜。"马尔文说,"**给我** 3 美元,这句话的意思是,'我接受 3 美元',不是因为我**需要**它,而是几乎像是我在帮你一个忙一样。"

罗恩教给马尔文的强卖手段中,其关键思想在于"赚"(getting over),马尔文解释道,这意味着"根据自己想要的东西做成一笔好生意"。从这一角度来看,每次交易中,不是罗恩和马尔文"赚"了顾客,就是顾客"赚"了他们。当罗恩接受一名顾客的 3 美元出价,并说"给我 3 美元",他其实是在说,"你以为你赚了,但你其实没有。"在讨价还价时,他的自我价值也面临一场或输或赢的局面。

杂志摊贩能够凭自己的意愿定价。尽管这份工作可能让他们身处美国社会阶级底层,但他们仍然有一种满足感,而这种感觉通常只有更高等级的工作才能带来。[22] 摊贩们没有上级监管,不需要日日重复同样的工作,而且能完全掌控自己的工作。他们的工作是实实在在的复杂的:寻找杂志,将它们从迷你仓存进和取出,知道该拿走哪种杂志,如何定价,以及如何要价。

对于每天回家前应该赚到多少钱,第六大道上所有摊贩都有一个基本概念。这被称为"定额"。今天的生意很稳定,马尔文和罗恩每人赚到了 120 美元，超过定额 20 美元（对每天工作 12 小时来说，80 到 100 美元的定额比较常见）。但收入并不稳定，如果天气允许，马尔文和罗恩通常一周工作四天。

与顾客的关系

第六大道的人行道生活中，另外一种阻止逃避主义行为的非正式社会结构是杂志摊贩及其顾客之间的友好关系。当我开始与马尔文和罗恩一起工作时，我还很难理解究竟什么人会在他们摊前购买杂志。作为一名居民，我知道当地公寓中存在蟑螂问题。我十分警惕地避免自己的公寓遭到蟑螂入侵，因此从超市回来之后会立刻扔掉所有纸袋和纸箱。我很难理解有人会把从垃圾桶里回收来的杂志带回家。不过，在杂志摊上工作了一阵子后，我注意到购买这些杂志的人代表着形形色色的纽约客，其中大部分是当地公寓的居民。（我还发现这些杂志通常很干净。我把他们放在自己的公寓里后从来没有引发过蟑螂问题。）

有些常客是穷人，但许多都是中上阶层人士。在摊贩与顾客们打交道时，我注意到双方都很轻松自如。马尔文和罗恩对他们的顾客有着共同的了解，这也让他们感到自己共同参与着一门事业。

"噢，杰克来了。"马尔文说，"他回来啦。"

罗恩望着马路另一头，看到一名穿黑衣的 60 岁老人。

"噢，对！"马尔文继续说，"杰克来啦。我们有佳士得的拍卖目录了。"

"噢，没错！"罗恩说，"让他瞧瞧看。"

"嘿，杰克！"马尔文说。

"嘿，杰克。最近怎么样？"罗恩问。

"不错。"杰克说。

"我们以为你走了呢。"罗恩说。

"我们因为你去度假了呢。"马尔文说。

"我**在**度假。"杰克说，"一个长假。我在度'不用去学校'假！"

"你什么时候去欧洲？"马尔文问。

"下个月三号。"杰克说。

"好吧，你会在那边待多久？"马尔文问，"两周？"

"两个月。"杰克说。

"噢，不，杰克。你会离开这么久！"马尔文说。

"两个月。"杰克重复道，"我肯定会盼着回来。"杰克说，"迫不及待地想回来！"

"我们有几本佳士得目录，"马尔文说，"坐在这个箱子上，你知道该怎么看。"

"嗯。"杰克说。

"有几本有意思的东西。"马尔文说。杰克拿起一本法贝热（Fabergé）的钟表目录。

杰克接下来十五分钟都坐在摊前，而其他顾客迅速进行着 2 美元、3 美元和 5 美元的交易。然后，杰克把八本商品目录堆在一起，递给罗恩 20 美元。罗恩把它放进口袋。两本目录卖 5 美元（为一名好顾客开出的特价），无需找零。

"咱们回头见。"罗恩说。

"没错，但你会离开两个月！"

"我会回来的！"杰克说。

"两个月啊，可是！"马尔文说，"该死的！我们得等那么久才能见到我们最喜欢的顾客！"

"回头见。"杰克说。

他转身离开，马尔文从罗恩那里拿到十美元，然后宣布："好了，我想去参加场外赛马。"

趁他还没离开，我向马尔文和罗恩问起杰克。

"他是个艺术老师。"马尔文说。

"其实是个教授。"罗恩说，"在一个大学里。"

"教授，没错。"马尔文说，"他还写过专栏。他做的事情赚了不少钱。"

我评论说他们的顾客多么有趣和多元。马尔文解释道："你能从这里每个人身上学到一点东西。还能从有些人那里得到建议。还能学到人们总体来说是怎样的。你会发现住在这附近的人形形色色、十分多元。"

两个月后，杰克从欧洲回来，答应我在附近一家星巴克接受访谈。他告诉我，过去三十年里，他在视觉艺术学院教书，那是一家私立学校。"我认识各种各样的人，我也爱各种各样的人。他们喜欢我们，因为我们是不一样的，因此我也喜欢他们。我喜欢买杂志，因为我喜欢他们。我有时会想念马尔文和罗恩。当我在自己的公寓里时〔三个街区开外〕，我会说，

'休息一会儿吧。'于是我会出门来见我的杂志伙伴。对我来说,出门很愉快,我能买到有意思的小东西用于工作,我会把它们剪开来做剪贴簿。我从他们那里买到的东西也契合我经受的教育。看看吧,他们的摊子上有那么多不可思议的、各种各样的东西!"

马尔文和罗恩与极为多元的顾客们建立起了关系。在《全球化城市》中,萨斯基亚·萨森认为,纽约、伦敦和东京这样的城市有一种独特的消费结构,这种结构来自于独特的经济和收入水平的巨大差距。[23]马尔文和罗恩的杂志摊是一个互动场所,它弱化了巨大的社会和经济不平等所造成的社会藩篱。[24]许多顾客一次就会花十到二十美元。他们有可以随意支配的收入,想要购买拍卖行目录或是当期的美术、建筑或平面艺术杂志。有些人在收集广告,会立刻翻转杂志看封底,或是翻看寻找某一特定页面。这种顾客中,许多人会拿着某一类别的清单走向杂志摊,试图找到自己收藏所需的广告。

两套广告特别吸引收藏家:"牛奶胡子"和绝对伏特加。牛奶胡子是美国牛奶商会的广告,目的在于消除关于牛奶的负面态度,内容是由安妮·莱柏维兹(Annie Leibovitz)拍摄的沾有牛奶胡子的名人肖像。我在街头的第一个夏天里见过的最有趣的广告包括电视明星詹妮佛·安妮斯顿和丽莎·库卓,电影导演斯派克·李,以及新闻主播琼·兰丹等。

牛奶胡子广告通常印在杂志内页(因此顾客需要翻看杂志去找到它们),绝对伏特加通常在杂志封底。有一次,一个男孩跟一个看起来像是他母亲的女人(穿着似乎是香奈儿的套装)

一起走到摊前，问："《连线》杂志多少钱？"

"《连线》一本 2 美元。三本 5 美元。"马尔文说。

我很惊讶一个小孩会想要买一本明显读者定位是成年人的杂志。当我向站在摊前的哈基姆提到这一点，他问了男孩几个问题，好解释究竟是怎么回事。

"你收集这些杂志是为了绝对伏特加的广告吗？"他问。

"嗯嗯。"男孩说，"就像收藏一样。像棒球卡一样。"

"所以你根本不会读这些杂志？"哈基姆问。

"有时候也会读。"

"你读《连线》？"哈基姆问。

"没错。"

"噢，你会读！你多大了？"

"11 岁。"

* * *

当我第一次看到马尔文和罗恩摆出维多利亚的秘密、Lands' End 以及 L. L. Bean 的商品目录时，我很怀疑什么人会期待别人付钱来买这些公司免费寄出、后来从垃圾堆里捡出来的商品目录。答案很简单：懂得市场的人。摊贩们通常给这些免费的商品目录定价 1 美元，他们实际上是在把这些出版物分发到那些在自己的社区中无法接触到它们的人们手中。杂志摊的一些顾客来自于哈莱姆区、纽约外围以及新泽西的某些区域，在那些地方，L. L. Bean 和 Lands' End 通常吸引不到多少生意。

最上层的顾客会花很多钱，他们在寻找来自法国、西班牙、澳大利亚、德国、意大利和英国的时尚杂志（法国的《嘉人》《巴黎时尚》和英国的《GQ》是最受欢迎的）。这些进口杂志在报刊亭能卖到一本 10 到 15 美元；如果品相良好，马尔文和罗恩能卖到 5 美元一本，买卖双方都觉得自己"赚"了。

"我在找封面上有娜奥米·坎贝尔的东西。"一名大约三十岁的非裔女性说。

"好的，我这儿有。"罗恩说。

"她不管干什么我都收集。"女人说，"你只有这么一本？"

"2 美元。"罗恩说。

女人付了钱。另一位二十五岁左右的白人女性拿起一本《巴黎时尚》。"这本多少钱？"

"给我 3 美元吧。"罗恩说。

"这本呢？"她拿起另一本《巴黎时尚》。

"总共给我 6 美元吧。"

她递过钱来，罗恩说："你是从哪儿来的？你的口音……"

"你猜。"她回答。

"意大利？"罗恩问。

"很接近。非常接近。再猜一次！"

罗恩大笑起来。

"再猜一次。"她催促道，"你得再猜一次。"

"我只能想到这一个。"罗恩说，"西班牙？"

"很接近了。地中海地区。没错。"

"我不知道。"罗恩说。

"以色列。"顾客揭晓了答案。

"以色列!"罗恩感叹道,"好吧!"

"祝你愉快!"她说。

"好的,你也是。"

通过这些看起来平平常常的互动,我知道了这些顾客是什么人,也看到了马尔文和罗恩跟他们互动时有多么轻松自在。我也开始相信,在这门生意中,马尔文和罗恩与更广阔的世界维持着联系。

社会支持和指导

如果不是马尔文的支持和宽容,罗恩可能做不到这些。我们可能看到这些人鼓励彼此去过"更好的"生活。尽管毒瘾可能会导致他们中任何人形成极端的"去他妈的!"心态,但街头友情在帮人们认清道德理想上,发挥了关键的作用;哪怕这种理想只是不去说"去他妈的!"。

圣诞期间的一次事件说明了这一点。罗恩开始较少睡在街头,而是越来越多地睡在哈莱姆一间公寓的沙发上,那是他姑奶奶的家。12月中旬的一个星期六,当我来到街区时,马尔文正试图说服穆德里克帮他看一会儿摊子。罗恩答应了他的姑奶奶会回去看看她,但他刚刚意识到自己得立刻回去,因为他忘了关炉子,而且家里没有电话,没法提醒她。我出现时,穆德里克说他没法看摊。马尔文说:"米奇,你在这儿真是太好了。我需要你帮我一个忙。罗恩得回趟家。他必须得回趟家,去看看他的姑奶奶。我需要你帮我看着其中一张桌子,直到他回来。"

"没问题。"我说。

"现在能让我走了吗?"罗恩问。

"你会离开一两个小时以上吗?"马尔文问。

"一个半小时,差不多吧。"罗恩说,"往返时间。地铁上的时间!"

"没错,但你可能会被困在那边。"马尔文说。

"我不会被困住的。因为我知道自己要干什么。我会回家看看她,确认她没事。"

罗恩决定搭地铁一路回到哈莱姆,这说明他没在说"去他妈的"。如果一个人放弃了自己的家人和责任,他会碰运气,觉得姑奶奶能自己发现点燃的炉子。他根本不会在乎。

罗恩走进地铁后,马尔文说:"看,他的姑奶奶现在一个人住。她想让他待在家里。这时候,老人们身边没有别人。"

"他的堂兄住在那儿。"穆德里克说。

"不,他不在那儿。"马尔文说,"这就是我告诉他的。我说,'不管你做什么,你的生命中仍然有人需要你,现在他妈的是时候让你好好表现了!'"

"没错,"穆德里克说,"好好表现。"

"跟你一样。"马尔文说,"当你还没有外孙女时,你会跟那些家伙混在一起,把钱花个精光。你的外孙女出生后,你知道你爱你的小外孙女,你对她负有一点点责任,你把一切都给了她。他也应该尽可能把一切都给他的姑奶奶。"

"尽可能。"穆德里克说,"这就是我对丹内莎做的。我把一切都给了她。"

"你能想象吗,如果他每次拿到报酬都回家,至少帮她把冰箱填满,每隔一段时间就给她买点东西?"马尔文说,"她会把他写进遗嘱的!他一直坐在那儿思考自己为什么不在遗嘱上。"

大约一小时后,罗恩从地铁口出来了。他坐在了牛奶筐上。

"你姑奶奶怎么样啦?"马尔文问。

"噢,我回家真是太好了。她根本不想让我走。"

"是因为她很孤独吗?"马尔文问。

"她求着我留下。"罗恩说。

"没错,我就是这么告诉米奇和穆德里克的。你把这些破事儿做好。天快冷了,你得有地方待着,你还有人想留住你。"

"噢,她在求我。"罗恩回答,然后模仿她,"拜托你别回去工作了。"

"她还会告诉你,只要你留下,她给你钱!这可没人比得上!"马尔文说。

"我今天早上忘了关炉子,锅烧过头了。"罗恩大声说,"可能把屋子整个烧掉的。幸好她发现了。我打电话给我堂兄,就是之前搬出去的那个,记得吗?我今天早上到城里时给他打了个电话,因为我不想回去。我想可能已经太晚了。可能已经着火了。我打电话给他,说,'嘿,打电话给那个有公寓钥匙的女人。她会下楼去检查的。'他说,'我才不在早晨这个时间打电话给那个女人呢。'我说,'这个是**紧急情况**。房子可能被烧毁的。又不是让你打电话给她开玩笑或是玩游戏。如果房子着火了,她总得起床的!'他说,'我才不在早晨这个时间打电话给她呢。我给**你**她的电话号码。'他给了我一个错的号码!我告诉了姑奶奶这件事。她说,'以后什么也别告诉他了。'"

"你知道为什么你的姑奶奶想让你待在那儿吗?"马尔文问,"因为你在清醒的时候很真诚。她知道你的堂兄不喝酒也不嗑药,她知道他是一摊狗屎。她知道你是个好人,但是你喝酒嗑药。振作点吧。戒掉吧,哥们儿。振作起来,你向我保证过,你会过得更好的,罗恩!"

这番讨论反映了我在街头经常观察到的马尔文和罗恩之间的互相支持。它并不会要求人们遵守某种特定的行为准则,但会鼓励罗恩负起责任,不再吸毒酗酒,不去说"去他妈的"。

马尔文和罗恩之间的对话本来可以继续下去,不过他们的一个常客路过了杂志摊。那是一个四十多岁的白人男同性恋。

"他没看见我们。"罗恩对马尔文说。

"嘿,我们进到了更多那种杂志!"罗恩喊了出来,他指的是放在桌子下面的男同性恋色情杂志。(第六大道上的摊贩们倾向于白天时不把色情杂志摆出来,他们说这是考虑到路过的儿童。)

那人似乎没听见。

"他看见那些同性恋杂志了吗?"马尔文问。

"我不知道。"

穆德里克端着一个盘子从路对面走了过来,话题又变了。

"今天教堂发什么吃的?"罗恩问。

"鸡肉。"马尔文回答。

"是吗?"罗恩说,"我自己做鸡肉。我告诉过你,我今天早上四点就做饭了。我早上四点起床,给我的姑奶奶做饭。"

"是吗?"马尔文说,"干得好,罗恩!你看,这就是我说的。一个月里有几天时间这么做,你的姑奶奶就会爱上你的。她可能会想跟你结婚!"

* * *

六个月后,当我回到纽约街头工作,罗恩看起来改变了许多。他以前总是一副好像从不刮胡子和洗澡的邋遢模样,现在却整洁体面。他解释道,他仍然跟娜奥米姑奶奶住在一起,也一直在照顾她。现在他的堂兄搬了出去,她把空下来的卧室给了他。

我和摄影师奥维·卡特一起问他,我们能不能见一见娜奥米姑奶奶。6月的一个周三早晨,罗恩邀请我们到她的公寓去。她是个92岁的虚弱老妪。奥维给罗恩和她拍了许多合影,然后离开了。我们等电梯时听见罗恩冲她喊道:"你现在想喝热牛奶吗?"

奥维又回到屋里,他们还没注意到,他就拍下了插图里这张照片:罗恩正在帮姑奶奶倒热牛奶。它可能比任何访谈都更好地显示了马尔文在街头给罗恩的支持为他带来了怎样的积极影响。

12月的一个早晨,奥维和我又来到哈莱姆,拜访了娜奥米姑奶奶的家,为她带来圣诞花束。门前有一个购物篮,里面装满了回收的书籍和杂志。我们发现罗恩在厨房里,正在炸香蕉和煮鸡蛋。桌子上已经有了一杯热巧克力,还有一片面包。

"我不想吃面包。"娜奥米姑奶奶喊道。

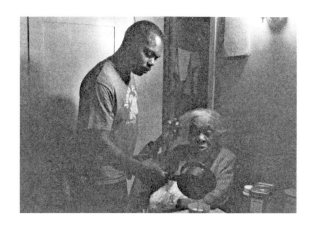

"你确定吗？"罗恩喊回去，"吃一点点面包吧。不用全吃了。"

* * *

本书开头我曾说过，我知道一丝不苟地遵守研究方法并不能带来客观事实。当然，这一方面是因为作为一名社会科学家并不意味着我们没有强烈的观点、价值和感受。但在这里，我们应该愿意公开哪些因素影响了我们的标准和结论。在维系标准这一方面，最大的阻碍之一是研究者与研究对象发展出的感情，由此引发的情感可能会导致社会（科学）不再是科学。那天早晨，当我与奥维一同搭地铁前往市区，我心中满怀对摊贩及其人行道生活的激情。但我仍然尝试置身事外，尽管在这一过程中有时成功有时失败。

在人行道上，人们能够合法地进行商业活动，而这些活动能帮助他们维系自尊和对他人的尊重。尽管在回收垃圾中挑挑拣拣和在街头摆摊看起来制造了混乱，甚至可能导致犯罪，但我几乎从未观察到这一环境中滋生的犯罪行为。我不知道如果罗恩赚不到钱，他会如何弄到钱去买毒品；贩卖杂志似乎为罗恩提供了一条避免犯罪的道路。此外，格林尼治村的许多其他居民都很乐于看到这些人在人行道上工作，这也让他们能够继续做生意。

我曾想过，马尔文从"去他妈的！"状态到今天究竟经历了怎样的改变。工作为他提供了一种社会结构，营造了压力，令他不要放弃。他和罗恩的行为都印证着他们关心社会，希望融入社会。

就像"去他妈的!"心态对一个人的生活具有全方位的渗透效果,掌控自己生活并在有限范围内赢得尊重的机会也具有同样的效果。马尔文和罗恩曾说过"去你妈的,去他妈的正确",但现在他们利用了人行道提供的机会,成为了创新者:自力更生,赢得自尊,与其他市民建立良好关系,以及彼此提供支持。对罗恩来说,从乞讨到回收和贩卖杂志,这些为他带来了一份事业和一位导师,而导师又进一步鼓励他去照顾娜奥米姑奶奶。

当曾经作为一个人生命中心的酒精和毒品不再是生活的一部分,这个康复者将会用什么去代替他们?他也许尚未准备好进入正式经济。那么,他若想成为一个自尊自爱、有生产力的社会成员,又该做些什么?在我看来,马尔文每周几天在人行道上参与的商业活动填补了这个真空。

除此之外,马尔文扮演了导师或赞助人或"元老"的角色。通过观察贾曼为他做了什么,他学会了如何扮演这一角色。他扮演罗恩和穆德里克的赞助人,没有哪个政府机构、社会服务机构、宗教组织或慈善组织能做到这一点。赞助人的任务是鼓励负责任的行为。这一努力的核心——再一次呼应简·雅各布斯——在于马尔文"无需雇佣"就愿意去做这件事。

我也在思考杰罗米的故事。作为一名九年级就退学了的年轻父亲,他与马尔文和罗恩在人行道上的生活之间也许只有一步之遥。杰罗米无疑承受了巨大的压力。幸亏他能从哈基姆和其他人那里得到鼓励。

我在思考人行道的故事。幸亏有了人行道。

没有银行账户的人

1996年之前,当地银行门前有四个人24小时轮班。他们不会从银行那里拿到工资,也没有福利。但当你进入第六大道分行上的自动取款机大厅时,他们会为你开门,并祝你过得愉快。

"你好。"乔露出灿烂的微笑,为一位中年白人女子打开门,并晃着手里的星巴克杯子。后者并没有回应他温暖的问候,看起来似乎也并不乐于见到他。乔是一名海洛因成瘾者,他举止礼貌,但因为毒品相关的轻微罪行已经进进出出监狱好几次了。当他为人们开门时,他从来没有直接开口要钱,而是留给银行顾客们自己领会:在他提供这项"服务"的时候,他是在向他们索要一点捐款。

利奥也曾入狱,他对霹雳可卡因成瘾,不过,他并没有留给顾客们领会的空间。"下午好。您今天过得怎么样?等您出来的时候,请帮帮忙吧。"他说。他炫耀着自己歌剧演员一般的嗓音,唱着情歌,一只手开门关门,另一只手端着一个蓝白相间的咖啡杯,上面印着雅典卫城图案。

基思·约翰逊也曾入狱,他表现得十分真诚。"您好,欢迎来到美华银行(现在称大通银行)。您为我捐献的零钱或是任何数额都会得到有效利用,例如啤酒、食物或衣服。谢谢您,祝您愉快。"

有些乞丐会通过故意让行人感到恐惧来获得施舍。与他们不同，这几个人通常表现得礼貌和擅于社交；作为帮你开门的回报，他们希望你会在他们的杯子里放几个子儿。

我开始将这些自动取款机大厅门前的乞讨者称为"没有银行账户的人"，虽然他们完全可以把自己每天赚到的钱存进机器里。他们每天平均能赚到 70 美元，周六和周日生意格外好，几个小时就赚到 70 美元也不奇怪。

1996 年，鲁道夫·朱利亚尼市长与十五名市议员一起通过了一份法案，禁止某些形式的乞讨，其中就包括在自动取款机旁边乞讨。这条法律生效后大约一年，我注意到乞丐又重新开始在城市中许多自动取款机旁乞讨。不过，在第六大道区域，警察执法仍然十分严格。虽然有时仍会有人站在大门旁，但现在那里风险大了不少。法律生效前曾经在门前乞讨的许多人都转而开始贩卖出版物了。

尽管有法律存在，但在格林尼治村自动取款机大厅门前或是地铁入口处乞讨仍能带来足够的钱，人们仍然会为占据好位置而激烈竞争。每个人在某个地点只能待有限的时间。有些人会将在街头的一部分时间用于为书贩和杂志摊贩充当助手。

理论上来说，只要空间足够，任何人都可以在街头设立自己的摊点。那么，没有银行账户的人与作为他们老板的杂志摊贩之间的区别是什么呢？没有银行账户的人常常会说，他们无法维持这种正常的、有规律的生活，而要想定期摆摊卖杂志，这种生活是不可避免的；他们也会说他们缺少耐心，无法一整天坐在摊前。杂志摊贩在分析区别时则没那么宽容。他们说乞丐们缺少野心，或是他们不愿意像杂志摊贩一样努力工作。

乞丐和杂志摊贩都曾告诉我，他们太过骄傲，因此不愿意涉足对方的领域。他们也都知道对方看不上自己做的事情。当利奥在美华银行门口摇晃杯子时，他看到罗恩用平板手推车推着一箱杂志路过。"罗恩不会乞讨。"他说，"你永远不会看到他拿着一个杯子。"

"为什么？"

"骄傲吧，我猜。他宁愿去卖垃圾。他觉得乞讨有辱他的尊严。"他说，"我觉得捡垃圾有辱尊严。我才不会堕落到那种程度呢。"

尽管利奥知道像罗恩一样的杂志摊贩们看不起乞讨，他自己似乎并不感到羞愧。"在街头，你得见机行事。你得找到一个赚钱的法子，不需要拿着枪，也不需要把别人揍得鼻青脸肿，或是去偷女人的钱包。"没有银行账户的人对自己所做的事情心满意足，因为他们会拿乞讨与可能把人送进监狱的谋生手段做对比。他们认为自己尚未放弃正确的事情。相比起说"去你妈的，去他妈的正确"，利奥可以说，"不管我拿钱做什么，至少我可以说这钱是我自己赚来的。我有底气抬头挺胸。"

许多乞讨者从**乞讨**的方式中获得自尊。"我从来不觉得开口索要你需要的东西是一种耻辱。"四十岁的基思·约翰逊说，"你也知道，每个人都需要吃东西。但是黄昏时，你会看到几个乞丐走到那个室外咖啡厅去找食客讨钱。如果是你，当有人走到你的餐桌前，说，'我也很饿，我想吃饭。我能不能拿走你本来打算留下来当小费的钱？'〔模仿食客说，〕'他妈的给我滚出去！

我跟我妻子和孩子在一起,你的呼吸喷到他们的食物上了。'"

"但你不这么做。"我对基思说。

"我拒绝这么做。我从没这么做过,也永远不会这么做。我不想被如此对待,我也不会这样对待别人。"

有些人认为乞讨和贩卖回收杂志之间的区别反映了主观而非客观标准。沃伦曾经跟基思一起乞讨,但现在他开始卖杂志了。"我决定前进,"他解释道,"我可不想一直摇晃杯子。但他更喜欢那么做。"

乞讨者与杂志摊贩在年龄、种族、入狱经验和毒瘾方面都很相似。乞讨者们也是在出狱后,被亲人们赶出家门后,被公寓强制迁出后或是自己选择"放弃"公寓后才来到人行道上。他们同样发现很难进入正式经济,并认为乞讨是一种诚实的谋生手段。当罗恩作为一名杂志摊贩坚持自己的要价时,我会看到一种强烈的骄傲和自尊;这在乞讨者身上很少表现出来。不过,当他们不断提到乞讨与偷盗之间的选择,我仍然看到他们认为自己选择了一门值得做的生意,而不是一文不值的行当。

"相比起自己去拿,我宁愿去讨要我需要的东西。"基思说。

"这是个选择吗?"我问。

"如果我想要,我可以自己去拿的。我是说,如果我真的想要弄脏自己的手,我就不会陷在如今的境况里了。你瞧,我也有已经埋藏多年的黑暗面,自从我还是个孩子,我就在试着埋藏它。那就是'去他妈的'那一面。"

没有银行账户的人作为出版物小贩的某种后勤人员,是一个互为补充的工作系统中的一部分。我在跟马尔文和罗恩一起工

第一章 人行道的非正式生活 | 103

作时认识了他们所有人。如果没有这些乞讨者,书贩和杂志摊贩的经济体系无疑仍然可以存续,但这些人已经在街头占据了一席之地,成为了人行道日常生活"生命线"和互动网络的一部分。他们扮演着一系列迥然不同但都得到承认的角色:占位人、看摊人、搬运工以及"摆破烂儿"的人。这些角色的范围显示,人行道上贩卖出版物的非正式经济体系为人们提供了许多谋生手段,也提供了许多方式让人们从零开始有所成就。在这一过程中,人们通过适应人行道上的独特逻辑而为自己创造了角色。这些经济角色也显示,非正式的导师体系是更大的非正式社会组织和社会控制体系的一部分;这一体系提供了一种谋生手段,让人们能够用除偷盗或自己贩毒之外的方式来赚钱购买毒品。通过这一体系,人行道变得更安全了。

占位人

一个非正式的系统管理着街道上的财产权。摆摊的空间是有限的,有些地点比其他地方更有利可图。有些人会通过为杂志回收者和摊贩占位来赚钱谋生。实际上,他们会彻夜占据公共人行道上的一个位置,然后在早晨把它卖给一个摊贩或拾荒者。[1]

拿自动取款机大厅门前的利奥举例吧。有一天,我请他解释一下当他不在银行门前工作时,他在人行道上做些什么。

"这地方不够〔让所有摊贩〕摆摊。所有人都想要他们自己的地盘。他们会付给我 20 美元来为他们占地方。我会整夜在那里守着一张桌子。有时我会摆出 11 张桌子那么多。"

"这是怎么安排好的？"

"他们会来找我。是他们要求的。他们都付给我钱。"

尽管利奥说他有时候靠占位一天能赚几百美元，我却只见过他通过占几个位子赚到 40 美元。任何时候都有好几个乞讨者互相竞争为拾荒者和摊贩占位子的工作。

"你是怎么对属于纽约市的人行道的一部分建立起自己的所有权的？"

"很多人害怕我。我的心理医生告诉我，当我感到压力太大时可以大喊大叫。发泄出来。所以我会在第六大道上跑来跑去，冲所有人大喊大叫，因为我对自己十分愤怒。我的声音很响亮。有些人会觉得我的喊叫是一种威胁。但实际上不是的。这只是我释放焦虑的方式。人们敬仰我，因为他们看到我不害怕警察，也不害怕任何人。然后，再用头脑结合这种威猛的力量通常就能奏效。"

另外一个帮人占位的是 BA，他在这几条街道上断断续续工作了十年。一个周五下午，当他准备为一位年长的白人书贩占位时，他向我解释了他的工作流程。

"请解释一下这个系统如何运转。"

"他早晨给我 50 美元，让我给他占个位置。因为他知道外面的情况。人人都试着早点出来占位子。他不能从车上卖书，因为那样他会拿到罚款单的。但他能赚到足够的钱来付给我。我会整夜待在外面看着他的地盘。我凌晨 3 点在这里支起一张桌子。然后我会等他早上 5 点过来。"

"如果其他人在这里支起桌子会怎样？"

"他们得搬走！"

"你有能力让他们搬走吗？"

"没错！我能。"

"你身材很瘦小。"

"那没关系。"BA 大笑起来。"他们得走开！我得好好做生意！要是他们不搬走，我就去搬。这条街上的人都知道。周五晚上，他们收拾好之后，根本不会考虑到这里来的。他们会走远一点。我能得到一点尊重。我也因此尊重他们。"

"你给那位老人占位有多长时间了？"

"三年。有一天，他过来的时候找不到位置。我正在为另外一个人占位置，他付给我 40 美元占一个位置，80 美元在周五和周六占两个位置，一个周末就能赚 160 美元。然后那个老人走过来说，'你能不能往下挪一点？我会为这个位置付给你 25 美元。'我说，'没问题。'然后他说，'你能不能每周都这么做？这样我会付给你两个位置的钱。'于是我从另外那个人那里赚 80 美元，从这个老人这儿赚 50 美元。这就是每天确保 130 美元入账，一个周末就是 260 美元。"（街道上其他人证实了这个说法，但我从未亲眼目睹报酬入账。）

"占一个位置的合理要价是多少？"

"这取决于一个人能赚多少钱。让人整夜在外面占一个位置，25 到 30 美元实在不太够。如果那是个好摊贩，他理应为你待在外面一整夜而付给你 40 到 50 美元。"

"如果你待在外面一整夜,你的最低要价是多少?"

"要我说是 50 美元。"

"你能通过贩卖本来属于公众的空间赚到这笔钱?"

"没错,你说得对,你说得对。但这是他们想要的,不是我创造的。因为如果他的书都堆在车里,50 美元对他来说什么也不是。因为他一分钱也赚不到。他宁愿付给我 50 美元,也不愿意因为占不到位置而赔钱。他付钱是为了自己的利益。"

"但这显示了你具有一定的创造力。"

"当然了!这不是谁都能做到的。我总是这样。我能无中生有。有志者,事竟成。街头生活就是这样:生存第一。"

看摊人

纽约市的管理条例规定,街头摊贩占据的平行于人行道的空间不能超过 8 英尺×3 英尺。因为大部分桌子都是 6 到 8 英尺长,一般来说任何摊贩都不能在街头摆一张以上的桌子。因此,那些想要使用一张以上桌子的摊贩就会付钱给没有银行账户的人,让他们站在摊子后面或"照看"第二张和第三张桌子。摊贩或是杂志回收者也可能因为以下理由雇佣看摊人:他们需要去上厕所,吃饭,在可回收垃圾中"猎获"二手杂志,或是执行"任务",寻找霹雳可卡因或海洛因,然后离开第六大道去吸毒。如果不雇佣看摊人,警察也许会以"无人看管"为名没收桌子。

看摊有几种不同的方式，这些不同之处决定了一个人工作一天能赚多少钱。一个极端是只需要坐在摊贩附近的箱子上，例如靠在建筑物墙边或是躲在街道旁边的阴影里。他们并不能保证赚到钱，但只要他们待在附近，当警察路过时，一个照看多张桌子的摊贩就得找他们来帮忙看摊。警察离开后，摊贩就会付给看摊人 5 到 10 美元。

更常见的看摊方式是连续几小时或一整天坐在一张桌子旁。这样工作的看摊人能够分享售卖书籍和杂志的利润（通常是 50%）。有些人在摊贩进行交易时站在旁边，有些人自己也会参与售卖。当看摊人卖出东西之后，他通常会先把钱保留一会儿，然后把摊贩的份给他。从生意成交到转交金钱之间的时间印证着摊贩和看摊人之间的互相尊重和信任。

有时，摊贩会离开摊子很长时间。康拉德得到了一份工作，夏天的周六在布鲁克林卖西瓜；他的安排是一早支起杂志摊，然后让娃娃脸帮他看一整天。我在这条街上工作的那个夏天，他们两人一直维持着这种安排。

大部分看摊人都熟知杂志的价格，多年来通过训练也知道如何在讨价还价中坚持要价。但是摊贩通常还会告诉看摊人一些商品的特殊价格，并通知他哪些杂志和书籍可能有不同寻常的价值。例如，当马尔文发现一份意大利时尚杂志特刊在报刊亭卖到 70 美元以上，他就告诉穆德里克不能卖到 20 美元以下。摊贩在离开时通常很清楚自己摊上有什么，当他回来时，如果一些货物不见了，他会期待看摊人卖出了应得的价钱。不过，有时看摊人会自行判断，以低于摊贩告知的价格卖掉杂志。例如，有一天，肖蒂要离开一阵子，基思和沃伦一起帮他看摊。卖掉一份杂志后，基思告诉沃伦："我降了1美元，卖了3美元。这样我能拿到1美元，你能拿到1美元，肖蒂拿到1美元。"这种事经常发生。

看摊人的工作让他们在白天有地方坐下，并且有事情忙。有时他们会安静地坐着，翻阅自己摊上的杂志，对身边的人评论那些引起自己注意的图片或文章。当基思在一本杂志中看到一个汽车广告，他说："我不介意拥有这么一辆车。"

"那是什么车？"沃伦问。

"水星定制。22000美元。还有那是我的卡车。"基思说着，指着另一张照片。

"噢，是那辆？"

"那就是我想要的。"基思说。

"噢，你想要一辆大车？"沃伦说。

"它跟那辆小的一样，但有全尺寸后车厢。我觉得它比所有这些车都好，就连那辆兰博基尼也比不上。"

"噢，那鬼东西就是我在街上看到过的那个！"

"很丑。"基思说。

"没错，**是**很丑。"沃伦表示同意，"看起来就像是达斯·维达[①]发明的。就是这辆值27万美元？"

"不是。那是这里面的一辆。"基思说着，指向另一辆车。"我可不想付这么多钱！看这个吧，保时捷手表。5500美元。"

[①] 《星球大战》里的头号反派。——编注

"金的?"沃伦问。

"不是,钢的,或者钛的。

"5500美元,就买一块钢表?那肯定是疯了!"沃伦说。

"他们是为牌子买的。"基思说。

"是造车的那些人造的这块表吗?它看起来都不那么好看。"沃伦说。

"这儿还有一辆车我超喜欢的,哥们儿。"基思说,"我不介意拥有这辆车。"

"这他妈是什么?"沃伦问。

"是水陆两用车。"基思说。

"噢天哪!那是什么?二战时候的还是什么?"

"看看这边这辆。"基思说。

"这是什么?雷鸟?"

"雪弗莱。"基思说,"当你只是想跟朋友一起在沙滩上待着的时候,它就派上用场了。再瞧瞧这一辆吧:它有一个酒吧,还有电视!里面自带录像机。真是梦幻之车啊。如果我有钱,我就会把钱花在这上头。我会用这辆车来娱乐。瞧,我的梦想多小啊!我并不想拥有世界贸易大厦。要那干什么?让他们再一次把它炸掉吗?让我的保险费再高一点吗?我不需要那种让人头疼的事!让我照顾我的奶奶和姑姑吧。我只是想要一辆'跟我女朋友出去玩'的车。或者一辆'出去钓个女朋友'的车!"

摊前生意不好的时候,也正是人生指导和个人支持发生的时候。有一次,当沃伦帮伊什梅尔看摊时,他看到了洛克。他认为洛克偷了他的随身听。

"你为什么要干这种狗屎事儿,哥们儿?"沃伦冲他喊道。

"他妈的哪儿有问题?"洛克问。

"你为什么觉得自己能从别人那里偷东西,然后第二天大摇大摆地从他们身边路过,还不会被胖揍一顿?你要是得罪了我,下一次我就给你好看。我会杀了你,要不然你又会给我乱搞一气。我受够了你偷拿我东西了。"

洛克坐下来,开始告诉沃伦他的生活里发生了什么。有一天,他工作结束之后回家,发现他的妻子把所有东西都卷跑了。"什么都卷跑了。我变成穷光蛋了。我都快疯了。"

"好吧,"沃伦说,"有这么一回事儿。那就是你人生里的灾祸。你说什么?你想说你就接受了,然后变成现在这样?然后你就去伤害其他人?就因为你身上发生了这种事,你就可以说'去他妈的!'?要想改变你的生活,什么时候都不晚。"

基思在给肖蒂看摊时会做白日梦,沃伦则会在看摊时为其他人提供人生指导;许多看摊人与他们不同,他们不会在同一张桌子前工作很久,而是只要赚到钱,就拿去花在毒品或酒精上。如果与这样的人合作,马尔文会尽量全天自己管钱,直到晚上收摊时才把报酬一笔付清。"好吧,马尔文,过来一下。咱们谈谈生意。"一天快结束时,一名外号叫作 T 的看摊人对马尔文说。他想让马尔文给他一点钱,好离开摊子。

马尔文不想让他走。"坚持住,坐直了!见鬼。"

看摊人坚持要拿到钱,最后马尔文给了他几块钱,比他应得的要少,也只够让他买一罐汽水或是一包香烟。

"我会回来的。" T 说。

"现在就回来吧。"马尔文说,"有一次你就没这么干。"

"没干什么?"T问

"没回来。"马尔文说。

"什么时候?"

"我忘了什么时候。你想让我告诉你一个确定的日期?算了吧,T。拜托你还是回来吧!"

人们知道,许多看摊人在赚到一笔钱之后就会消失在华盛顿广场公园去买毒品,直到警察过来没收了他们本该照看的桌子,他们才会回来。

搬运工

大部分在第六大道上贩卖新书或是高质量二手书的摊贩都有自己的公寓,他们每晚都会回家。有些人会把货物存放在几个街区外的曼哈顿迷你仓,例如马尔文。像哈基姆和爱丽丝这样的书贩以及像霍华德这样的漫画书贩会把货物存在拐角处的停车场,每个月为此付200美元。少数人——包括BA、兰迪和康拉德等——通过帮摊贩们把货物从这些存储地点搬进搬出而获得了稳定的收入。

这些搬运工之间存在竞争,对于谁该在什么时间工作,他们之间形成了心照不宣的默契。BA自称为哈基姆、爱丽丝和霍华德的"晨工",兰迪则自称为"夜工"。

"我现在自己有了搬进搬出的生意。"兰迪向我解释时带着真挚的自豪感。他大约 1.7 米高，脸上有一道显眼的疤痕，那是他两年前在 125 街地铁站被人抢劫时留下的。"我自己就像一个公司。一开始，有人让我帮他把货物搬进去。然后有人看到我在帮忙，于是也来找我帮忙。于是我说，'去他的！我能靠这个赚钱！我能把货搬进去，然后搬出来。'有时甚至他们还没过来，我就把他们的货都搬出来放好了！我管他们叫我的顾客。我甚至评选了本月最佳顾客和年度最佳顾客。他们会得到一点奖励，比如一幅画，或者我偶尔会免费帮他们搬东西。当你做生意的时候，你就该做这些事情。"

"你问他们要多少钱？"

"从那个拐角处搬过来的话，我一般开价五美元。"

"如果是从曼哈顿迷你仓搬过来呢？那是十个街区。"

"也是五美元。但我得涨价了，因为生活成本涨得太多啦！"

仓储提供者

大部分睡在人行道上的人最后都会找到容身之所，就像罗恩和马尔文一样。但他们通常信用分数或钱不够多，在找到地方住的同时没法为货物提供存储空间。因此他们必须另外找地方存放那些出版物。

这一需要得到了填补：一些人开始提供仓储空间并从中获得可观的收入。当格雷迪和基思·怀特收摊时，他们会打电话给巴特罗，让他从地铁里用来存放货物的"地窖"里出来。他会

第一章　人行道的非正式生活 | 115

把他们的桌子和箱子搬下两层台阶，然后把东西放在月台下面轨道旁他睡觉的空间里。他为此收十美元。到了早晨，他们可以过来搬走自己的货物，也可以额外付费让巴特罗帮他们搬上来。

有些夜晚，穆德里克会把罗恩的书存在布里克街上一栋楼的储藏室里；他平时负责给那栋楼倒垃圾。罗恩装好所有的箱子后，会先找个想赚外快的人来充当搬运工。然后穆德里克会叫两辆出租车，把箱子装上去，让搬运工坐在其中一辆出租车上，两人在那栋楼门口汇合。在那里，搬运工负责把箱子搬上两层楼，他会为此收五美元。穆德里克则因为提供了储存空间而能得到七到十美元。

有一个深受爱戴的当地居民会为罗恩的桌子提供储存空间，因为他的桌子放不进出租车。此人在街头被称为"威猛老白"（the Mighty Whitey），或者"老威"（Mighty），他是个六十来岁的白人楼管，住在附近一栋楼的地下室里。一天结束后，罗恩收摊时会雇佣一位搬运工来将他的桌子（不包括货物）搬到老威的公寓去。威猛老白听到有人在街头喊他的名字后，就会立刻回应，然后站在铁栏杆的另一边把桌子接过来。他会为这项服务得到五美元，但他从来没有开口要过钱，如果罗恩这一天生意不好，他常常拿不到报酬。

"摆破烂儿"

有六七个人会带着附近垃圾箱里翻出来的小东西来到第六

大道，把它们摆在摊子上、瓦楞纸板上或是人行道地面上。垃圾乔的名字就是因为他不管捡到什么都试着卖出去而得来的。他每次来到街头时都推着一个购物车，里面摆满了废品。其他人有时会两手空空，例如穆德里克。如果穆德里克找到了为杂志摊贩看摊的工作，那一切都好；如果找不到，也没关系。不管怎样，他都不会去乞讨。这些负责"摆破烂儿"的人有时一天结束时能跟其他人赚得一样多。

街道上的出版物摊贩们相信，"摆破烂儿"的行为对他们的生活造成了最大的威胁。他们认为，当有人没有依法把货物摆在桌子上时，警察可能会清扫所有小摊。当街道上有人威胁到所有人的生活，"元老"或导师会在警察来找所有人麻烦之前尝试实施社会控制。例如有一次，当巴特罗和他的临时拍档阿尔把一些色情图片摆在公交车站旁，伊什梅尔打电话给马尔文，让他看看到底发生了什么。

"他们把色情图片和其他东西摆得满地都是，就在公交车站旁边。"伊什梅尔说。"会有人打电话给警察的。要是我们不解决这件事，警察会过来大清扫的。"

"是阿尔的破烂儿吗？"

"你过来了吗？"伊什梅尔问。"去看看那些破烂儿，马尔文！"

马尔文沿街走去，让我帮他看摊。几分钟后，色情图片就不见了。尽管大部分情况下摊贩们都会自我规范，但有时那些"摆破烂儿"的人们会漫不经心；这样一来，警察就会出现并执法，通常也会管管街道上能摆多少张桌子，以及它们与门口的距离是否合适。这使得摊贩们更加有动力进行自我规范。通常，

"摆破烂儿"的摊贩们会时刻警惕，观察警察是否出现。

* * *

8月末的一个周日，我在早上10点左右到达街区。只有少数摊贩和杂志回收者正在出摊。但许多人周六一直工作到深夜，因为周六晚上格林尼治村会涌进许多人，因此周日的人行道通常中午之前都很清闲。此外，马尔文表示这一天他会休息，好陪他女朋友去教堂。在24商店（现在是"去吃寿司"店）外面，哈基姆和爱丽丝已经占好了他们通常的地盘，正在把书摆出来；他们从来都不雇佣占位人。伊什梅尔在第六大道和8街拐角处他通常的地盘那里出摊，肖蒂则利用了多余的空间，在百视达外面摆出了两张桌子（而不是通常的一张）。

在我之后抵达街区的人是穆德里克，他前一晚睡在公园里，醒来时发现钱包不见了。

虽然不想让我们的关系听起来太过感性，但我认为，自从穆德里克和马尔文讨论罗恩是否属于"其他人"以来，可以说我跟他的关系已经相当亲近了。在这三个月里，穆德里克每天都很"照顾我"。我知道了他的讲价技巧，也知道他信任街道上哪些人。最近几周，我开始花越来越多时间跟他的外孙女丹内莎待在一起。

这个周日，穆德里克过来后告诉我，他需要赚点钱买早饭。这意味着他需要买一罐22盎司黑银相间的圣艾德斯高级麦芽酒，那是他的"咖啡"。他满心期待在接下来的几个小时内会有一些钱入账。如果你问他这究竟如何可能，他并不知道，不过肖

蒂摆出了两张桌子,这意味着穆德里克也许可以在这一天开始时充当看摊人。

穆德里克抵达后五分钟,肖蒂就请他和我帮忙在他离开时看摊。穆德里克现在能坐在桌子旁边的牛奶筐上了。几分钟后,肖蒂回来了,他说穆德里克可以跟我一起看着另一张桌子,并分享一半利润。

我们把各自的牛奶筐摆在桌子一端。

"《纽约》杂志多少钱?"一名女士问道。

"这些杂志都是纽约杂志。"穆德里克回答,"这里是纽约市!指给我看你想要哪本。"

女士认为穆德里克是在开玩笑,于是配合地指向桌上唯一一本《纽约》杂志。后来,我问他为什么他总是让人们指出他们想要的杂志。他说:

"我不是很识字。"

"你能读桌上哪本杂志吗?"

"不,不能。"

"但你似乎能读一些东西。"

"我能读一些东西。"

我指着街对面的招牌,上面写着"餐厅"。

"你能读出那个招牌吗?"

"不,我认不出来。"

"你能读出你的名字吗?"

"我能读我的名字。"

"你能读出你的地址吗?"

"我的地址？不能，因为我根本没有地址！米奇，听我说。你是个教授，对不对？我不需要对你撒谎。我能读一些东西。但我可管不了自己能读什么东西！因为我根本不在乎阅读。我活了 56 岁，我不在乎阅读。要是我有你的教育背景，我早就站在世界之巅了。有些东西我能读，有些东西我读不了。那边的招牌，我不知道它是什么意思。我对此不觉得羞愧。因为如果你跟我来自同样的地方，你就会明白我在说什么。"[2]

我们聊天时，一个大约五十岁的非裔美国男性推着一辆印有"美国邮政"的帆布邮车沿街走过。他似乎刚刚在附近垃圾箱收获不小。邮车里有三个穿衣镜，每个大约都 1.8 米长，1.2 米宽。他说他是在西村的一栋楼外面找到这些的。从后面看，镜子是从一面墙上拆下来的。除此之外，它们似乎状况完美。我后来去一家卖镜子的商店打听它们的估价，发现每一个都能卖到 250 美元左右。

那人把邮车推到肖蒂桌前，但肖蒂说他不想要。他把镜子推走时，穆德里克喊道："听着，我现在没钱。你认识我很久了。我正试着赚点钱。把镜子给我，等你回来，我就给你几个子儿。你要价多少？"

"10 美元。"

"那就给我吧。"

"好吧，我把镜子留给你。等我回来，给我几个子儿。"

我从没见过那人在街头卖东西，穆德里克也不知道他是谁。人行道上经常能见到有人推着满满当当的邮车或购物车，里面装着可能卖得出去的东西。当地居民怀疑有些东西不是从垃圾箱里捡来的，而是偷来的；通常是从车里偷的。我曾陪伴这些街区每一个拾荒者去翻垃圾，也见过他们把镜子之类的东西从垃圾堆里搬到人行道的市场上。尽管有些人行道上毫无疑问存在许多偷来的货物，但那更可能发生在臭名昭著的赃物市场上，例如第二大道和12街拐角处夜晚8点后的市场。我认为尽管第六大道上捡来的货物中也有赃物，但大部分都不是。

* * *

穆德里克小心地把两个镜子从邮车中搬出来，靠在百视达墙边。他把第三个镜子靠在路边一棵小树上保持平衡。用第六大道上的语言来说，穆德里克虽然来到街头时还没有明确计划，但现在正在"摆破烂儿"。

这些镜子在街头的存在引发了一系列小戏剧。行人们路过时会梳理头发，涂口红，或只是驻足欣赏自己。镜子竖在街头之后一分钟，一位以传统标准来看十分美丽的二十岁出头的白人女性走到一面镜子前，看着自己的身影，然后问穆德里克他要价多少。

"你可以免费拿走！"他开玩笑道。

"太好了！但我不知道该怎么把它搬回底特律去！"

"我会帮你把它搬回底特律！"穆德里克说，"你想怎么走？坐巴士？我可不坐飞机！"

"你必须得坐飞机。"她戏弄他。

"那我就不能跟你走了。"穆德里克说。

接着，三个中年黑人女性停下来，望着镜子。"这就对了，女士们。"穆德里克告诉她们,"好好瞧瞧自己吧,瞧瞧你们多漂亮!"

女人们离开了。镜子在街头才放了不到三分钟,但穆德里克已经不耐烦了。"加油啊,纽约!"他喊道,"我这儿有镜子。快起床,闻闻咖啡的味道!"

三分钟之后,一个年长的黑人男性走过来,推着一辆购物车。他是每天都会过来卖东西的无家可归者中的一个,算是某种供货商。今天,他的车子里是一台电脑。他把电脑从车里搬出来时,差点砸在一面镜子边沿。

"嘿,注意!注意!"穆德里克喊道,"你得离镜子远一点。"

"我把之前跟你提过的电脑带来啦。"那人说。

他试着把电脑摆在人行道上的镜子旁边,穆德里克无视了他。

"他会把镜子打破的。"我说。

"他不会打破我的镜子的,要不然我就打破他的屁股。这儿没人敢跟我闹着玩。他们都知道我。他们知道我已经疯了,米奇。"

那人把电脑留下了,穆德里克并没有对他说什么。两人之间有默契,如果几小时之后电脑不见了,穆德里克就会给他"几个子儿"。

人行道上安静了五分钟。一个年轻女人走到摊前,从我和穆德里克看着的摊子上买了三本童书。穆德里克跟她讨价还价。整笔生意收到了7美元。

"我可以给你信用卡。"她开玩笑说。

"我们收信用卡。"我回应她的玩笑。

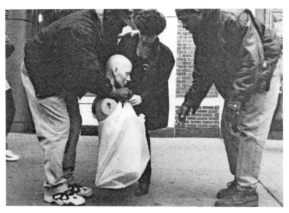

"但你们还是愿意收现金吧！你们有袋子吗？书是好东西，对不对？"

她走开时，另一个女人插话问道："你们在卖镜子吗？"

"没错，"穆德里克说。

"多少钱？"

"每面二十。"穆德里克说。

她什么也没说就走开了。

"你想要吗？"穆德里克喊道。

她无视了他。

"过来聊聊。听着，女士。听着，跟我聊聊。"

但那女人已经走到听不到的地方去了。

"她根本不想花钱。她只是想胡乱问着玩！"穆德里克解释道。

另外三个中年黑人女性路过。"嘿，女士们，瞧瞧你们在镜子里的模样。你们今天看起来都特别漂亮。每面只要15美元。"穆德里克喊道。

她们都继续往前走去。

"我们能卖15美元以上。"我告诉他。

"我知道它们值更多钱。"他回答，"但我他妈得在911〔警察〕过来之前摆脱这些鬼东西。他们已经收走了垃圾乔的家当。他们什么都会收走。他们不愿意看到任何人赚钱。"根据市政法律，下一章会讨论到，在街头卖出版物是合法且无需执照的，但其他商品就不行。

街道开始变得热闹起来；每分钟大约有二十人路过。我们坐在路边的牛奶筐上，镜子靠在二十英尺外的百视达墙边，我们不可能跟每一个看着镜子的人攀谈。过了一会儿，巴特罗沿街走了过去；穆德里克已经认识他超过二十年了。

巴特罗住在第六大道地铁最底层的轨道旁边，街头的人们管那里叫地窖。警察叫他约翰·史密斯或是肯尼。街道上的传闻（另外一名杂志摊贩康拉德向我确认了这一点，他跟巴特罗的一个表亲结婚了）说，他的真名是小罗伯特·F. 肯尼迪。几年前，他因为违反公共秩序而被捕，警察问他叫什么名字。听到巴特罗的回答之后，警察决定把他送到贝尔维尤医院①去。他回到街头之后，开始自称"约翰·史密斯"和"肯尼"，好少惹这种麻烦。

巴特罗正走向街对面地铁口旁被他称为"我的办公室"的区域。他经常在那里靠着砖墙坐几个小时，手里晃着麦当劳或是星巴克的杯子冲人乞讨。不过今天，他没走到办公室去。

"巴特！坐到镜子旁边。每面 20 美元。我会给你提成！"

"你给他多少钱？"我问。

"我会给他 4 美元。"穆德里克说。

"每面镜子？"我问。

"他卖出去的**所有**镜子，我总共给他 4 美元！"

巴特罗抗议说不够。

"闭嘴吧！"穆德里克说，"我还在说！那些是我的镜子！你他妈在说什么？"

---

① 贝尔维尤医院（Bellevue Hospital）成立于 1736 年，是美国历史最悠久的医院，一直以来都有救助穷人的传统，也接待到访纽约的名人政要。——编注

巴特罗没回答,坐在了镜子旁边的地面上。这意味着委托成立了。他开始挪动镜子,给自己安排位置。

"嘿,注意点。"穆德里克说,"小心点!轻拿轻放!"

一个波多黎各女人和她的女儿一起走向巴特罗,问他镜子多少钱。他冲穆德里克做手势,穆德里克说:"每面 20 美元。"

"总共 20 美元?"

"不,每面 20 美元!你知道这些在商店里卖多少钱吗?每面一百美元。你占大便宜了。那边还有一面!"

"你之后还在这儿吗?我现在得去吃东西。"

"我们之后还在,但镜子可不一定在了。"

"我们 6 点回来。"

"先到先得。我们无法帮你看着。"

女人走开了,穆德里克转向巴特罗说:"你差点能赚到 4 美元。"然后他递给巴特罗一块鸡肉,那是从一辆偶尔路过为无家可归者分发食物的卡车上免费拿到的。

巴特罗用刺耳的声音开玩笑地说道,"你说什么呢,4 美元?不是 20 美元一面嘛。"

"你他妈把它们全部卖掉,我就给你 4 美元。"穆德里克大笑着说,"你知道我他妈是个鬼滑头,对不对?"

巴特罗笑着说:"每个 1 美元?去你的!"

"你可吃大亏啦。"穆德里克继续哪壶不开提哪壶。

"不,我没有!4 美元总比什么也没有强!"

"你知道,当我想要做成一笔生意时,你不可能跟我乱来。"穆德里克说,"你知道我他妈可是个惹不起的混账玩意儿。"

"4美元就4美元。"

"我每面镜子能拿到20美元,你把他们都卖掉,我可只给你4美元。你懂英语吗?要是你不懂英语,你他妈就给我站起来滚出去!"

"我会走的。等他们回来!他们回来的时候,我就走!"巴特罗笑着说。

"我在养活你呢,混账东西。"穆德里克冲他喊道,"我给你钱买啤酒。你还想从我这儿弄到啥?鸡肉花了我6.5美元呢。"

"就那东西6美元?"

"没错。我就为这花了6美元。你想要收据吗?"

"不,我想要吃的!"

穆德里克笑起来,他冲我说。"他想要吃的。我不懂他。他在吃我的东西,还瞎嚷嚷,瞎说什么呢。"

"她会付给你每面镜子20美元。"

"你知道我的,巴特罗。我已经在这儿三十五年了。好多东西都是当真的,我好多东西都不是闹着玩的。"

"那可是60美元。"

"我知道是60美元。我会带着这些钱回布鲁克林的。把它给我外孙女丹内莎。"穆德里克又笑起来,"她可能需要用这些钱买药治水痘。"

"每个人都会发水痘。"巴特罗说,"总得发一次。如果你小时候没得过,那问题可就大了。"

穆德里克对巴特罗的评论显示了"良性强卖"的特质——在一场交易中控制局面的需求。尽管他们在开玩笑,大部分时候，穆德里克都会让身旁的人知道他们占不到便宜。

* * *

一个穿西装的非裔美国男性走到镜子前，问穆德里克他要价多少。

"20 美元一面。我有三面。如果你都要，我就给你打个折。"

"打多少折？"

"每个便宜 5 美元。"

那人沉默地望着镜子，穆德里克继续说道："我已经卖掉七面啦。"他表情很严肃。

"每面 20 美元？"那人感叹道，"算了。你不会告诉我的。你从哪儿弄来的？"

"我说了，我给你每个便宜 5 美元。"穆德里克回答道，"这样你每个只需要付 15 美元。"

"你从哪儿弄来的？"那人又问了一次，也许在想这些是不是偷来的。他转身走到百视达墙边的镜子前，穆德里克悄声对我说："听听他说的鬼话。我从哪儿弄来的？他又管不着！"

在镜子前审视了几分钟后，那人走回到穆德里克面前："我就碰碰运气吧，等我回来的时候你应该还在。"

那人离开时，穆德里克对我说："我们最好在 911 过来之前把镜子卖掉。"

"如果卖不掉，我们该怎么办？"

"那我就得把它们搬到我的一栋楼里去。"他回答道。他指的是他负责倒垃圾和做简单维修来赚一点现金的那些建筑。

又一个穿着西装的黑人男性走过来,问起镜子。"我打算每面卖 20 美元。"穆德里克告诉他。

"每面 20 美元?"他问。

"没错。这可是个好价格。但我还能再给你便宜一点。"

"噢好吧。让我瞧瞧它们。"那人说。

"嘿,听着,你把它们举起来的时候,别磕到墙上,哥们儿。"

"要是磕到墙上了,他就会买下来。"巴特罗笑着说。

"要是他磕坏了,就得买下来!"穆德里克说。"那镜子就是他的了!他只能看着。"他转向潜在顾客,用更大的声音说,"听着,我每面要价 20 美元。我最低只能到 15 美元。你在纽约任何地方用 15 美元都买不到的。任何地方都没有。这个价格不错了。你可以拿起来看看后面。你只需要把这个拿下来。这个一下子就能拿下来。你可以拿下来,然后把它贴回墙上去。或者你可以拿一些挂钩,把挂钩钉在墙上,然后把它放在架子上。"

一名年轻的亚裔女性跟她的白人男友一起走到镜子前。

他们听到穆德里克向那个黑人男子解释镜子怎么用。亚裔女性插话说,她想要镜子,但不知道该怎么搬回家。

"你住在哪儿?"穆德里克问。"皇后区。"

"你怎么回家?"

"搭地铁。"

"很简单。"穆德里克一脸正经地说,"你可以拿走两面,夹在胳膊下面,就这么走进地铁。我一个人从布鲁克林把它们三面买回来的。"

女人和她的男友讨论了一会儿,然后走开了。"要是你们改了主意，就回来。"穆德里克说。

两个中年黑人男性停在摊前，看着电脑。

"这是什么型号？"一个人看着我问道。

"IBM。"我回答，"这不是最新型号的电脑。"

"我知道，早就落伍了。多少钱？"

"我们商量的是 50 美元。"我回答，"包括所有东西，键盘、线，所有东西。"

"但你不知道它有多少 K？内存有多大？"

"我不知道。"

"这是你的电脑吗？"

"不是。"

我喊穆德里克过来，他正在街道另一头。他没听见，那两个人自己商量起来。等他们决定买下来的时候，他回来了。我走到桌子另一头，穆德里克负责交易。他们从口袋里掏出五十美元递给他，穆德里克则帮他们把电脑搬上出租车。

"那人是谁？"一个人指着我问穆德里克。

"那是我的律师。"

* * *

晚上 7 点，那个亚裔女性和她男友回到了第六大道和韦弗利街。镜子还在。我们也在。

女人从钱包里掏出两张 20 美元递给穆德里克。她的男友试着搬镜子，但几乎做不到。他们两个慢慢地把三面镜子里的两面搬到路边，叫了一辆出租车。一名拾荒者从附近的垃圾箱里捡到的录音机里传出一首普林斯的歌。巴特罗躺在地上，对穆德里克说："我要去我的办公室了。"

"我正在我的办公室里。"穆德里克回答。

"把我的钱给我。"巴特罗说。

"你的钱？你最好把最后一面镜子卖掉。那里还剩了一面。"

巴特罗坐了回去。过了一会儿，一辆出租车停在路边，那个亚裔女人走出来，手里拿着另一张 20 美元。"剩下那个我也要了。"她说。穆德里克帮她把镜子搬到等着的出租车上，它只是绕着街区跑了一圈。

巴特罗待在原地。他知道自己很快就能拿到报酬。早上把镜子委托给穆德里克的人也很快就回来拿他们约定好的钱了。"你准备好给我的 10 美元了吗？"他对穆德里克说。

穆德里克又是一脸正经。"没有。但我有 8 美元。我现在得去拿钱。"

他从摊子前面走开，假装去拿钱，但其实是从报刊亭找了零钱。他回来时手里拿着 7 美元。"我只有这么多了。"他说。

"7 美元就 7 美元吧。"那人说。

那人走开了，显然很高兴口袋里多了几块钱。我问穆德里克为什么他不肯给那人 10 美元，特别是考虑到他把一整套镜子卖了 60 美元。

"我才不会给他十块钱呢。他付出的只不过是走向我而已。他不懂生意里面的这一部分。"

"请解释一下生意里面的那一部分。"

"生意就是说，你跟我说话就得给钱。我拿走了他的 3 美元,因为他跟我说了话。"

"他跟你说了什么话?"

"他问我想不想买镜子。这是 1 美元。我说,'好,我要买镜子。'这又是 1 美元。然后他问我要钱。那又是 1 美元。谈话可不便宜。我只是在跟他闹着玩,但他上钩了。所以我没办法,只能买下来了。"

在穆德里克看来,最后付出的数额比之前答应的数额要少,似乎不成问题。这是什么?他是个骗子吗?也许他认为卖给他镜子的是个陌生人,他之前从未见过,也不期望日后能在生意中依靠他。之后不久,早上运来电脑的人也过来拿钱了。他经常带东西到街道上来,最后拿到了 25 美元,也就是卖出价的整整一半。

接下来,穆德里克大方地付给了巴特罗 10 美元,尽管他一开始只答应给他 4 美元。再次强调,巴特罗和穆德里克是朋友,彼此认识了 20 年;他们明天也许还会合作。

付完所有钱之后,穆德里克兜里还有 75 美元。对一个两手空空来到街头的人来说,这个收获可不错。

* * *

穆德里克人生中曾有一段时间会通过抢劫送货员和贩毒来满足他的生活需求。不难明白为什么他和像他这样的人都相信,他们做出的选择有重要的积极意义:如何自力更生,如何在街头彼此支持。大部分路人都不知道人行道生活的这一面,但它强化了传统的社会规范。人们不仅为他人扮演导师,也扮演着经济角色，让他们能够满足自己的爱好和日常需求，而无需抢劫或伤害任何人。

夜幕将至，收音机中传出响亮的音乐声，穆德里克和我安静地坐了十分钟，欣赏着周围的景色。然后他问我累不累。

"有点。"我说，"你呢？"

"我现在只想着我能带着钱去见丹内莎了。我跟她约好了。我得走了。"

我一直想知道，穆德里克与他三岁的外孙女之间是否真的有他声称的那样亲近。他总是从裤子后兜里掏出来的照片对他是否真的如此意义重大？他真的在为她存钱吗？又或者这只是一种"表象"，因为这么说会令人尊重？几个月后，当奥维·卡特和我一起待在街头，穆德里克女儿的同居男友过来拜访。他名叫安东尼·麦钱特，今年三十岁（他在大纽约交通运输管理局卖票）。他一个人的时候，我问他能不能告诉我穆德里克跟丹内莎的关系如何。

"他会来我们家，差不多已经搬进来啦。"安东尼笑着说，"根本不是串门！他过来时会住上几个星期。他们就像最好的朋友一样。她都迷上他的外公啦。我得把她从他身边拖走才行。他赚到的每一毛钱都给了她。他会带她去买东西。他刚给她买了一双运动鞋。她肯定会得到运动鞋的，但他要确保是自己出钱买的。他尽一切可能保证她能得到这些。我觉得这基本上就是他生活的唯一目的。他别的什么都不关心。"

安东尼把丹内莎带来了，小女孩正跟穆德里克一起站在灯具店的橱窗前，头发编成辫子。

"丹内莎,"我说,"我想采访你,问一些关于你外公的问题。"

"你叫什么名字?"她问。

"我叫米奇。向录音机说一下你的名字。"

"机器。"

"没错。冲机器说一下你的名字。"

"你的机器。"

"不,我是米奇。你是丹内莎吗?"

"我不是丹内莎。你才是丹内莎。"她笑着说。

"不是,我是米奇。我想知道你外公的名字。"

她粲然一笑。

"外公!"

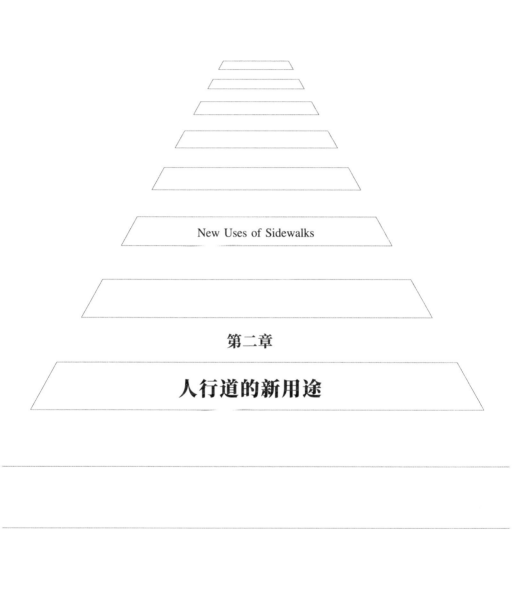

第二章

人行道的新用途

第六大道如何变成维生的常居地

　　自从简·雅各布斯观察出书以来，格林尼治村发生了巨大的变化，但之后没有一本著作能像它那样在人们可以如何理解人行道生活上产生深远影响。雅各布斯产生的影响，可能部分源于她认为某种城市生活方式能够将她所称的"野蛮行为"或暴力事件最小化，而这些暴力行为从 1960 年代初以来已成为她的许多读者的关切。她首先预设了"城市，就其定义而言，充满了陌生人"，[1] 其中一些人具有"侵略性"。[2] 她问到，人行道能如何面对"同化陌生人"的挑战，来让陌生人在一起时感到舒服。她认为，当城市具有多种用途，从而确保任何时候街上都有许多人来来回回时是最适宜居住的。当有足够多的人在外面，受人尊敬的眼睛照看着街道，并留意着陌生人，陌生人就不会失控。在繁忙的街道看似混乱的外表下，其实有一套基本秩序，那就是"人行道用途错综复杂，让一双又一双眼睛持续不断地照看着街道"。[3] 在街上行走和从窗户望向街道的人越多，他们的注视就越会保证街道的平安。雅各布斯的大部分例子和观察都来自于格林尼治村中被称为"西村"的那部分街道，但她的观点已经成为城市研究和城市规划课程大纲不可或缺的一部分。对于大部分人来说，她的书已经成为这个领域的圣经。即便系统性的证据有时支持她的想法，有时则无法支持，她的想法仍然有影响力。[4]

如果你今天走过西村的街道，你会发现雅各布斯所描述的那种街头生活在某种程度上还是明显的。在她居住的哈德逊街上，可以观察到中产阶级的白人和黑人、同性恋者、艺术家和年轻专业人员在夏天的夜晚安静地散步，并知道其他类似的人在留意着街道。

但是在几个街区之外，在谢里登广场（仍然在西村），或者在华盛顿广场公园附近的第六大道上，观看的人们就已经不再是那些眼神能够同化陌生人的人了。很多时候，从居民的角度来看，这些人就是陌生人。这里同化陌生人的问题之所以不一样，不仅是因为贫困的黑人乞丐、拾荒者和小摊贩的出现，很多必须被同化到人行道生活中的行人，还是少数族裔。

尽管美国社会在居住上的种族隔离程度非常高，但居住在种族隔离区域的贫困少数族裔的确会在格林尼治村行动，其中那些无家可归的甚至会睡在人行道上。历史上，第六大道与8街的交汇处一直是格林尼治村的商业中心。这里曾经聚集了针对白人中产阶级居民的商店，也是城市其他地区白人青年的旅游观光地，但在过去二十年来，这条街经历了很大的变化。如今，它既接待白人，也有黑人和西班牙裔人。到访此地的人，就像1960年代的白人青年，他们原来所在的社区不如格林尼治村这样有新鲜刺激的商店、电影院、餐馆、酒吧等。在这里的街上，他们会遇到来自长岛和新泽西的白人青年；居住在有租金管制的公寓里的年长白人；纽约大学、纽约社会研究新学院和库珀联盟的学生、教授和工作人员；在村里买了公寓的各个族裔的年轻专业人员；以及所有阶级和种族的同性恋者。

格林尼治村的这几个街区建筑密集，有零售商店、酒吧和餐馆，主要是中层的建筑物。三个毗邻街区的居民收入中位数为 66869 美元。[5]街道和人行道上的交通都十分繁忙。相邻的小街道则有从大型公寓楼到单户联排住房的密度各异的住宅和额外的商业活动。这里的房地产价值是美国最高的；狭窄的连排房屋可能要花费上百万美元，而公寓则轻易能售出三五十万美元。部分因为纽约的房租控制法，很多公寓的出租价格仍是中下阶层能够承担的，只要他们愿意住在又旧又小的公寓中。

就像整个格林尼治村一样，这个社区闻名世界的文化传统是一种充满艺术气息的、波希米亚的、互相尊重而不干涉的生活方式。这个国家有几代重要的艺术家、知识分子和自由思想者以此为家。

在白天（特别是工作日中），这个街区由中上层阶级的白人居民和附近的学生主导。在夜晚和周末，它则成为参与嘻哈亚文化的黑人、白人、拉丁裔和亚裔青年的游乐场，这个地方渴望能够引领音乐、毒品、性和服饰的最新潮流。但是，在任何时候，这个社区都会同时向富人和无家可归者，向博士和未受教育者敞开，他们同时活动在同一个人行道上。

另一个简·雅各布斯未及描述的格林尼治村的元素，是销售毒品配件和用具的"总店"（head shops），以及向过路行人贩卖违禁药物的贩毒者。多年来，华盛顿广场公园是这种活动的中心，但在 90 年代末，纽约市警察局在整个公园安装了监控摄像头。现在毒品交易已经流散到了公园附近的小街上，在西四街

第二章 人行道的新用途 | 145

的篮球场前和第六大道沿线最为常见。

每个社会都会对某些地方做出明确区分,这里什么能接受而什么不能接受。8街有大量我们社会中认为是地下的或越界的东西,因此吸引了许多想要接触界限之外的各个种族和族裔的青年人。在格林尼治村营业的一位名叫霍蒂斯的非裔理发师告诉我说,8街就是小哈姆区①(down low,DL)。对他来说,"DL"意味着一个"低调"的地方,在这里人们不能太"声张",但仍可以十分"潮流"和"怪异"。他说:"他们可以真正做自己,但他们必须收敛一些。他们过得很好。在这里的时候,他们能意识到这个世界不是非黑即白的。"

今天,第六大道和8街周围的人行道挤满了来自这个城市其他地区和郊区的许多少数族裔,他们必须融入这个社区的人行道生活。这包括了小摊贩(有住所的和无家可归的)以及居住在其他地方的行人。对雅各布斯而言,他们的"同化"意味着他们作为陌生人的行为是受限的,从而不让劳工(和中产)阶级感受到威胁。

在雅各布斯的描述中,人行道可以同化"陌生人"的存在,因为那些人虽然被称为陌生人,但他们中的大部分仍是在种族、阶级和社会标准上相似的。今天,在格林尼治村共享公共空间的人们被经济上的不平等和文化差异所分隔。他们的一些互动显示了凝聚力和社会团结;而另一些——这是行人更加关注的——则暗示了紧张的关系。无论如何,从简·雅各布斯

---

① 哈姆区是位于纽约曼哈顿北部的一片区域,在20世纪中期成为美国非裔人群文化与经济的中心。——译注

所描述的格林尼治村至今，人行道生活已经逐渐发生了巨大的变化。我的目标是更好地理解这些变化是如何发生的。

从宾夕法尼亚火车站到格林尼治村

在第六大道上，尽管偶尔会有两个白人在看守摊位，还有一些白人偶尔会来到这几个街区，但绝大多数在第六大道上生活和/或营业的乞丐、拾荒者和杂志摊贩都是非裔美国人——纽约街头无家可归的非裔美国人占比已经非常大，而这里的比例更胜一筹。[6]这些比例反映了非裔美国人的"危险、暴力和侵犯性"的形象，有时再加上种族主义的影响，这使得他们更难得到社会支持系统的帮助，比其他种族的男人要难得多，甚至比黑人女性也要更难。[7]他们也体现了社会学家们才刚刚开始研究的一些政治、历史和经济的力量。

无一例外，他们都是在北部的居民区中成长，这些地区居民种族隔离程度很高，[8]学校缺钱，[9]贫困高度集中，[10]或者，像穆德里克这样的老年人也有很多，在种族隔离的南方长大。[11]他们中有三人是越战退伍军人（而越战退伍军人中毒品成瘾的比例非常高）。几乎所有人都在城市劳动力市场开始恶化的年代进入市场。[12]虽然我们无法和他们一起回到过去，观察政治和经济力量对他们的生活所造成的影响——更何况这些人通常坚持认为自己掌控了自己的命运——但是大量的社会科学和历史证据表明，这些人与广泛的结构条件的相互作用塑造了他们现在的生活，这包括经济机会的缺乏和美国毒品政策的性质。

此外，尽管现在已经有大量的文献支持，以及人们也普遍认为种族是美国城市高度贫困社区形成的核心因素，但是我们并不太了解种族隔离和哈莱姆区、布朗克斯区、布鲁克林区付薪工作的急剧减少，如何影响了贫困集中区之外的地区。这些结构力量的结果可以在格林尼治村等社区的人行道上看到。

在人行道上的无家可归者中，超过三分之一的人都告诉我他们曾因拥有或传播一定数量的霹雳可卡因，或者因其他毒品相关的罪行，而进入过州或联邦监狱。[13]在某些情况下，如果这些人像许多中产阶级人士一样，能够在个人空间内使用毒品，而不是在街道上，他们就不太可能被捕，也不会受到纽约州与毒品相关的严厉处罚。在一些根据联邦指导原则被判刑的案件中，如果他们使用粉末可卡因，而不是霹雳可卡因，他们的处罚会轻得多。[14]在可获得数据的最近一年，因霹雳可卡因而被判刑的人中，有88.3%是黑人，95.4%是非白人。[15]根据联邦量刑指导方针，粉末可卡因的数量要达到上百倍才会被施行相当于吸食霹雳可卡因的同等惩罚。（在1996年，美国国会忽略了美国量刑委员会所建议的一比一的比例，只把这个比例降低到五比一。）贫困人口（而在纽约市的贫困人口中大部分人是少数族裔）更喜欢霹雳可卡因，因为它更便宜。对于每一个因霹雳可卡因入狱的人，联邦政府平均要花费十万美元的资源来监禁他们，[16]而在此之后，他们就被释放并直接回到街道。在大多数情况下，家庭纽带已经因他们过去的行为而不复存在。无论是州还是联邦监狱都不能帮助曾服刑人员顺利过渡到家庭和工作岗位。如果这些人接受了戒毒治疗、就业培训、就业帮助、住房援助和后续咨询，而不是在监狱中度过一段时间，然后直接释放回街头，他们中的许多人可能会更健康。[17]

同时，当我们讨论这些巨大的结构力量时，我们也必须承认这些力量在决定任何人的人生时都有一定的不确定性。住在街上的人中有一半以上来自传统读者会称之是体面的家庭。住在"地窖"和"蝙蝠洞"的巴特罗，他的母亲〔最近已去世〕曾在美国邮政部门有成功的事业，直至退休。在我与罗恩的姑奶奶——娜奥米、埃斯梅和麦茜——打交道的过程中，我看到了她们所具有的恰当礼仪和谈吐中高度准确的用词，这是人们在向上流动的牙买加孩子的父母身上常见的。这几位女人都是家庭佣工，我看到一些银行文件，表明娜奥米有六个银行账户，加起来共有超过 18 万美元，这是她多年努力工作的结果。当马尔文的母亲去世时，他的父母已经结婚五十二年了。她是俄亥俄州托莱多帕克维尤医院的一名沙拉主厨。他的父亲在德纳公司做了三十五年精密磨床工人后，最近刚刚退休。许多在人行道上生活的人，都有兄弟姐妹过着顺利、普通的生活。一个悬而未决的问题是上述结构性条件如何有力量破坏这些本应向上流动的人生。结构条件确实导致了城市人行道上生活着过高比例的黑人，但是我们必须承认，为什么特定的人会屈服于毒品的力量，这件事是非常不确定的。在很多情况下，他们不是那些被预测会去人行道上生活的人。个人因素也有影响。

但是，一旦这些人屈服了，那么对他们生活最有用的劳动力市场就是非技术工人，特别是日工的市场。在简·雅各布斯为她的书做研究的时期，许多生活在贫民区的酗酒者赖以为生的是运气好的时候能够被选中去做一天日工。今天，人们普遍认为对日工的需求已经大幅度下降了，[18]"非裔美国人进入低技能行业的招聘网络……已经枯竭；移民的出现意味着这些新来的人能够占领这些工作"。[19]

贫民区的酗酒者能够通过做日工来维持生计，而在第六大道上生活的人，在过去的二十年里因为与毒品相关原因而进进出出监狱，从一种无家可归的状态换到另一种无家可归的状态。为了理解第六大道作为一个白人中上阶层居多的社区，如何成为了贫困黑人男性的栖身之所——我将其称为维生的常居地（a sustaining habitat）——不仅要了解广泛的社会、经济和政治力量，还要了解本地特有的社会、政治和经济条件如何深深地影响了这些人的生活。这些人口的空间分布和再分配是如何发生的？要回答这个问题，我们必须仔细地将社区视为特定力量未经提前计划的结果来考察，这些力量合力运作，使它成为这些人自我组织以生存的地方。[20]

尽管人们普遍倾向于认为街上那些无家可归的人是游手好闲，做着"大量随机而不停歇的身体活动"，[21]但我们已经看到，第六大道的人并不做出随意的行为，而是有规范和目标地协调行动。然而，他们的社会凝聚力远远仅非来源于前面所描述的协同行动。我们在这些街区能看到其集体自我意识，其根源于一段漫长的共同历史，远早于他们来到第六大道上的时间。了解这段历史可以帮助我们看到，这些人之所以出现在这些街区上，是某些推力下的结果，远非看上去的那么随机。

十五年前，穆德里克、兰迪、伊什梅尔、垃圾乔、格雷迪和罗恩（以及其他多达四百人）睡觉的地方要比第六大道和8街向北两英里——在麦迪逊广场花园和宾夕法尼亚火车站里或周边。他们是快速增长的无居所人口的一部分——美国的无居所人口在80年代早期翻了一番。[22]美国国家铁路、长岛铁路，新泽西州公交和纽约市地铁系统的列车线路在宾夕法尼亚车站交汇转接。在当时，这里每天有二十万人来回密集使用这个空间。

车站周边地区有丰富的社会服务，还连通了哈德逊河、公园和其他交通方式，包括中央车站。邻里服务是如此的多样化和广泛，以至于无家可归的人很少会大量出现在其他街区，如格林尼治村。

那时，像现在一样，宾夕法尼亚车站也是一个购物商场，有酒吧、电子设备商店、便宜的餐馆、报摊、洗手间和公用电话。从某种意义上说，车站的公共区域是连接这些设施的行人通道。没有买票也不打算出行的人，完全可以合法地从一个设施走到另一个设施。

对于一个无家可归的人来说，车站提供了日常生存的所有设施。冬天有暖气，夏天有空调。在这里可以躲避冬天的大雪和寒冷，以及夏天的暴雨和炎热。

20世纪80年代初，穆德里克、伊什梅尔、兰迪和垃圾乔睡在美国铁路候车区的三百个座位上，在长岛铁路和纽约地铁之间的碎瓷砖铺地的大厅里，在毗邻的麦迪逊广场花园的前面，车站外面的几个长椅上，冬天则在冒出热气的排气口旁边。

穆德里克、兰迪、乔和伊什梅尔每天早上都在耐迪克热狗餐厅和麦克安酒吧之间的地下一层男厕所里洗漱。[23]他们说,厕所是车站中的无家可归者的特殊领地。他们经常会在水槽前脱光衣服冲洗身体。在洗手间的角落里放大塑料袋,装满他们收集的铝罐,或是从美国铁路的乘客手提箱中偷来的物品。有一些厕所隔间中会传出性行为声音(从手淫到性交都有),传遍整个厕所。时不时还会有几个男人在水池中清洗他们的生殖器,而旁边有一些男人脱了内裤等着用水槽——所有这一切发生的时候,都有可能有毫不知情的旅客进来,然后带着震惊和厌恶的神情猛然转身离开。

早上,他们会坐在耐迪克和霍华德·强森餐厅内,等待早餐食客留下半满的餐盘。车站的许多快餐店在一天结束时会将剩饭捐赠给无家可归者。"我们就等着食物来,"垃圾乔向我解释,"一些餐厅,像肯德基,还有一家中餐馆也会给我们食物,还有一个比萨店可以给我们比萨。"兰迪回忆说:"我们曾经吃过里斯兄弟的比萨和中餐馆的剩菜,他们过去常常放几袋子食物在外面,每个人都会因翻找食物而扭打起来。"

乘坐火车的旅客中的大多数在城里上班、在郊区居住,在一来一回的路途上经过火车站,经常把钱丢在无家可归者的纸杯里。穆德里克说,他的杯子经常装满零票和硬币,购买毒品和食物绰绰有余。

每一位与我谈话的人都在车站找到了额外的支撑生活所需的来源。穆德里克为美国铁路的乘客提供"服务",一些乘客带了大量的行李,但却找不到一个"红帽子"——帮忙搬运行李的铁路员工。他会接近这些刚下火车的人,获得他们的许可,并将他们的行李提上出租车。有些人则会帮忙叫出租车——站在通勤者面前，为他们招呼出租车，打开车门，希望得到一些小费。尽管穆德里克承认这些有些人是出于恐惧才把行李交给他，但他声称，大部分人感谢他的"服务"，他们给的小费可能足以让他维持几天而不用离开车站。有时候，如果小费不够多，提供"服务"的人会拒绝交出行李箱，或者干脆提着箱子消失。

虽然他们说铁路警察经常走向他们并要求他们离开，但当时，警察们并没有系统地驱逐他们——并没有阻止他们仅仅暂时地移动到这个大型建筑的另一部分。有时候，美国铁路的警察似乎接受了这些无家可归者作为的合法使用这个空间的人，和旅行的公众一样合法。

当无家可归者**被**要求离开时，铁路警察通常会盯着他们上自动扶梯。那些离开的人往往会在外面逗留几分钟，然后通过另一个入口返回车站。他们不会回到同一个地点，而是会在另一个地下区域或站台待上一会儿。

在 20 世纪 80 年代中期（从 1984 年到 1987 年），即使是根据保守估计，大城市收容站外的无家可归人数再次翻了一番。越来越多的中产阶级乘客将车站的这些无家可归者视为令人厌恶的现象，他们开始发出自己的声音。通勤者与这些人之间的关系成为了一种社会冲突：不同群体对于一个物理空间的目的有不同的看法。这个火车站并不是一个基于相互同意和平衡的经典生态系统。无家可归者需要通勤者给钱，需要会将剩饭放在门外的餐馆老板等等，但是通勤者和商户却不需要他们，将他们视为阻碍车站正确使用的麻烦。宾夕法尼亚车站对于管理者来说，已经变得十分丑陋，令人难堪，有人发起了清理穆德里克、兰迪、伊什梅尔和乔这种人的运动，他们被视为危害港务局所追求的清洁有序的可憎分子——比无用还糟。

"他们不再让我们睡在那儿了。"垃圾乔回忆说，"他们会允许我们坐下，但我们不能睡觉。"

起初，穆德里克、兰迪、伊什梅尔和乔说，他们在麦迪逊广场花园门前的排气口上睡觉；然后他们加入了三十个人的一个队伍，每天晚上在地铁 A 线占用一整个地铁车厢睡觉。他们选择 A 号线是因为它直接通过宾夕法尼亚车站。地铁入口离他们以前睡过的地方只有几步之遥。离开车站后，它在地下运行五十分钟到一个小时，直到到达地铁线路的终点曼哈顿上城，令他们能够躲避极端温度和自然光线。

每晚十点到十一点之间，他们会在站台上集合。这些人说，他们与这个站台的交通警察之间有一个非正式的约定，只要他们都在同一个车厢里，警察就不管他们，交通警察后来证实这个约定是非常可能的。据一位工作人员说，纽约大都会交通署（MTA）的地铁列车使用十或十二个车厢，但只有其中一些车厢会用到。无家可归者可以占用一节关闭的车厢。

"有时候，我连续整周或两周都在火车上过夜。"垃圾乔回忆说，"我们会从晚上十点半或十一点钟开始，不停地来回，直到第二天早上醒来，下车，回到车站。"

这种特殊的改造表明，宾夕法尼亚车站作为常居地（如作为睡觉的空间）之所以有价值，不仅仅是它的功用，还有它与周遭环境的其他属性的关系。因为地铁入口在这里，人们能够在地铁上睡觉，所以地铁成了他们适应驱赶行动的重要手段，尤其是在晚上。

大约在这个时候，兰迪为了承担自己的吸毒支出而出售少量的可卡因，因此入狱。他以前也做过类似的事情。"我会在车站外等候长岛那类地方的白人男孩来我这里，说他们想要大麻或者可卡因。有时候他们会找妓女。我还记得最近一次就是一个白人孩子，从我这里买可卡因。我看到他有一张一百美元的钞票，帮他找到了一个妓女，当她吸他的鸡巴时，我就抢了这家伙的钱。"

伊什梅尔和穆德里克各自都告诉过我，他们一起抢劫食物和金钱来吸毒。穆德里克说，他开始买卖毒品。"我们过去常常〔离开车站〕，去欺负那些骑自行车送餐的人。"穆德里克解释，"我们过去常常把中餐馆和披萨店的送餐袋拿走。每次拿食物的时候，我们也拿钱。有时候他们随身带着一百美元。如果你都抢了食物，不如也抢钱吧！"他们说，墨西哥人是很好的目标，因为他们在送餐后身上总有现金，而〔作为非法居留的外国人〕，他们通常害怕向警方报案，担心被报告给移民局。

伊什梅尔说，六个月后，他抢劫一名送餐员时被捕了。"当我等候保释审判的时候，我把一个人打倒在了车站的自动扶梯上。他不尊重我。他说我是个狗娘养的。他说我妈不是东西。然后从背后推我。他骂我妈的时候，我都打算就这么算了。但是当他把手放在我身上时，我把他放倒了，他腿和手臂都折了。

我就站在那里,觉得我没有理由逃跑,因为是他开始挑事的。但是当警察来了,似乎看起来完全不是那么回事。"穆德里克、兰迪、乔和伊什梅尔说,接下来几年内,他们频繁进出监狱,通常是因为抢劫,藏有和传播少量毒品。垃圾乔则是因为藏有海洛因而被送进监狱。

当他们出狱时,这些人本可以回到曾经养活他们的火车站和地铁——但在这段时间内,这个常居地已经变得不适合居住了。

应对环境

在这群人离开宾夕法尼亚车站之后,美国铁路公司仍然施行了十余年迫使无家可归者离开车站的政策,而留下来的车站使用者们则设计了新的方式来躲避他们的驱赶。美国铁路公司推行了很多武断的政策,甚至在无法证明他们不是火车乘客的情况下也会对某些人挑刺生事;为了回应这些政策,1995年,在宪法权利中心(the Center for Constitutional Rights)和耶鲁大学法学院杰罗姆·弗兰克法律服务组织(Jerome N. Frank Legal Services Organization)无偿的法律援助下,街道监测(Streetwatch,这个协会监测警察如何对待无家可归者)提起了诉讼。[24]街道监测诉美国铁路客运公司案得到了广泛的关注,美国地区法院法官康斯坦斯·贝克·莫特利(Constance Baker Motley)禁止美国铁路公司的警察逮捕或者驱逐宾夕法尼亚车站公共区域的任何人,除非有证据表明他们犯罪,在营业场所内游荡，在车站睡觉，或坐在仅供乘客使用的地方。[25]

尽管莫特利法官的裁定是无家可归者一方赢得诉讼，但街道监测的诉讼案最终仍然没有改变大批无家可归者离开宾夕法尼亚车站的命运。像街道监测一案这样的成功诉讼的一个鲜为人知的方面是，原告的短期利益可能会很大——当局对待原告的方式变得更加谨慎，新闻报道增强了公众对武断行为的认识——但是，反对武断行为的判决，通常会指明未来要遵守的中立的、系统性的标准。在街道监测一案中，莫特利法官关于许可的行为和禁止的行为的判决，成为了一种导向。

在莫特利法官判决后不久，美国铁路公司发起了一场改变宾夕法尼亚车站环境的运动，并且有系统性和合理化地开始监管那里的无家可归者。他们聘请了理查德·鲁贝尔（Richard Rubel）担任新的"无家可归者联络"项目的负责人，该项目覆盖了车站内和车站外的美国铁路公司拥有的区域。1997年，我在车站后面的办公室拜访了鲁贝尔，问他美国铁路公司从街道监测案中学到了什么。他说："这个判决基本上确定了车站是个公共设施，你不能以外表为原因来针对某些人。你必须根据人们的行为来采取措施。换句话说，车站必须有一套事先规定的行为规则。违反这些行为规则的人则必须为自己的行为负责。但是不能根据他们的外貌或肤色而采取行动。所以，基本上来说，关注的是行为，而不是个人。这适用于顾客——我们的乘客，也适用于非乘客。"

"针对这起诉讼，美国铁路公司明确指出的违反新规则的行为有哪些？"

"在美国铁路公司经营的车站区域,不允许吸烟、饮用含酒精饮料、睡在地板上或躺下堵塞通道、翻垃圾桶掏出可回收物、乞讨。对于洗手间,有一个专门的行为规范。所以我们通过执行这些规则来监督设施。"

"在判决达成的时候,媒体认为这意味着美国铁路公司必须容忍无家可归者,不能将他们赶出去。事实并非如此,我认为判决所表明的恰恰相反——我们能够执行车站的规则,这正是我们现在所做的。"

* * *

除了针对这些行为——这些都是无家可归者常见的行为——鲁贝尔的项目还采取了其他措施来使得车站不能提供生存所需的物质条件。"我所遇到的最艰难的一件事就是与车站餐厅的交涉。他们知道我们不允许他们给这里的人提供食物,而且他们知道这是为了他们自己的生意着想。因为如果大家都知道他们会发放食物,他们将不断被包围讨食。而且我们知道,我们的乘客大多来自郊区和来自全国各地,他们不想在一个无家可归者聚集的地方掏出钱包。所以,商家为了自己的生存,也需要规范自己的行为。"

虽然鲁贝尔可以与车站内所有餐馆的经理交谈,但他很难说服在那里分发食物的教会团体和社会服务团体。"我最大的问题之一就是志愿者会说,'我们知道这里有无家可归的人,而我们有食物给他们。'我试图告诉他们,这相当于是在说,'我们会纵容你,我们会帮你在街上过日子,给你毯子,定期给你送饭。'我的理念是，这不是一个可以接受的生活方式。你必须鼓励这些人到室内被接纳，而不是纵容他们住在交通设施或者街道上。"

鲁贝尔曾在中央车站担任过类似职位，美国铁路公司聘请他是为了执行一个商业决定：为那些依法有权使用车站空间的无家可归者提供社会服务。这些社会服务应该是在现场的、显眼的，能够吸引人们并鼓励他们寻求帮助。我问鲁贝尔他是如何实现这些的。

"在某种程度上，你必须像消费者一样对待他们〔车站内的无家可归者〕，并给他们提供他们想要的和会接受的服务。无家可归不犯法，身上的气味难闻或者看起来难看，都不犯法。所以你必须说服人们接受服务，而要做到这一点，你就要提供高质量的服务。"

1997年的一个夏天，在街道监测一案两年之后，我与鲁贝尔、摄影师奥维·卡特一起走过车站，我发现几乎没有无家可归者的身影了。我告诉鲁贝尔，我对于这个车站曾经作为无家可归者赖以为生的常居地的过去很感兴趣，并问他能否指出一些改变，来解释这个车站为何不再欢迎无家可归者，无法成为一个维生要素集聚的常居地。他指出了车站所历经的各种设计方面的改造，[26]来说明以前这里能够成为常居地所依赖的一些有利物质结构。

他带我们去了第七大道入口附近的一个狭小空间。"我们这里经常有乞丐聚集，你可以看到这个重型支架所在的区域，这是一个有利可图的缝隙（niche）。"

"'缝隙'是什么意思?"

"这个地方,就是一个乞丐聚在一起的地方。所以我的理念是,不要制造边边角角。把人都往开阔的地方引导,这样你的警察和你的摄像头都有一个清晰的视线,人们就不能在角落里藏起来睡觉或者乞讨。"

接下来,他带我们去了一个零售业务商铺的方形墙角。"这里就可以睡觉,视线无法到达这里。像这样的空间对谁都没有好处。如果他们关门的时候,有人睡在地板上,那么他们就不会被发现。所以你要做的是让人们把建筑造得直来直去,你才能有一个直线视线,没有任何地方能够藏得住人。"

接下来他把我们带到了他所称的"死角"。"我发现这个楼梯对车站的作用有限。美国铁路公司对这个大厅没有所有权,我们只拥有这个楼梯间和台子。我们在车站遇到的问题之一就是这种牵扯到多家机构的局面,人们知道哪里是边缘地带,哪里是灰色区域,哪里管不到。所以这些地方就成了无家可归者的聚集点。我们以前每天晚上都会看到有人在那个砖砌的台子上睡觉。我告诉他们我想建一个隔断,来防止有人在这个台子上睡觉。这是个例子,表明我们如何扭转局面达到预期的效果。"

"我们遇到的另外一个情况是在出租车道边上。有些缝隙位置。麦迪逊广场花园的顾客看完比赛出来,会看到有一群人住在那里,还有他们留下的垃圾。"他在那里安装了一个隔断,以防止无家可归者躲进角落,而把他们引向开阔处。"再次成功,"鲁贝尔说,"问题已经消失了。"

第二章 人行道的新用途 | 161

以第一修正案之名

目前在第六大道的一些人说他们早在街道监测案判决之前就离开了宾夕法尼亚车站,因为他们无法忍受美国铁路公司给他们施加的压力。为了了解这些人为何会来到格林尼治村的第六大道,我们需要看看有助于产生这些空间格局的一些政治因素。

格林伯格与特拉利格律师事务所的合伙人爱德华·华莱士的办公室位于中央车站上面的大都会人寿大厦中。这里比城市的其他任何地方都更能够让我们了解这个城市中的一些政治和法律的力量是如何以难以预料的方式运作,共同使得第六大道成为了一个新的常居地,使得今天生活和居住在那里的所有小贩、拾荒者以及乞丐都能够获得维生所必需的东西。

华莱士对在纽约市营业的书摊非常了解。当我们在 1996 年 6 月见面的时候,他对杂志拾荒者、看桌子的人、搬运工等等第六大道上穷人所承担的其他经济角色知之甚少。但是,当我描述我的研究时,他坦率地承认自己对他们负有某种意义上的责任。

1981 年,华莱士 32 岁时成功地在市议会上获选一个全市选举(at-large)议席,成为最年轻的市议员。华莱士是一位自由派民主党员和一位公民自由主义者,他说,纽约公民自由联盟(NewYork Civil Liberties Union)主席亚瑟·艾森伯格(Arthur Eisenberg)在当选后很快就来拜访他,告诉了他大卫·弗格森(David Ferguson)的故事。十多年来,弗格森不断遭到逮捕和骚扰，因为他在没有摆摊许可证的情况下在格林尼治村出售自己的诗歌和自己编辑的文学杂志《盒子749》（*Box 749*）。艾森伯格建议华莱士与弗格森会面讨论这个问题。

"在一个周日，他亲口告诉我诗歌杂志被没收的故事，那真是太离谱了。而且似乎是司空见惯的。他们似乎从未想过你不能直接去没收某人的诗歌杂志。讽刺的是，格林尼治村是垮掉的一代的聚集地，而这个人却因为无证卖诗而被捕。弗格森多次被带到分局，并且他的诗歌一再被没收。"

华莱士认为，艾森伯格和纽约公民自由联盟不打算用法律手段解决问题，因为警方并不遵守法庭的裁决。"虽然这事情明显是一个很好的诉讼机会：诗人因为在街上卖诗而被捕。这正是托马斯·潘恩。这正对他们的胃口。"

1981年7月21日，华莱士提出了一条对《一般性贩卖条例》（*General Vending Statute*）的简单的修正案："本条规定不适用于任何不使用手推车、展台、棚子或车辆来贩卖或发放报纸、杂志或其他出版物的人。"他在市议会提出了这一修正案，这条修正案被提交给处理一般性贩卖事务的消费者事务委员会考虑，并征求他们的建议。

在一般情况下，充满理想主义的市议会新议员，为了帮助一位本地的诗人，一进来就提出一项公民自由相关的立法，大概并不会轻易成功。然而，在华莱士的故事中，很快，一个广泛而强大的支持力量不请自来。"《纽约时报》、《每日新闻》和《纽约邮报》的发行经理们都来支持。他们都希望他们的报贩能够不受骚扰地出售报纸，他们的支持使得这个特例修正案得以通

过——而不是靠弗格森和他的政治影响力。是他们进来坐在议会里。"

华莱士解释说，每一个官员当选都靠三个东西：投票、政治献金和报纸的支持。他说，尽管发行经理与报社编辑的政治立场无关，但他们时不时会暗示说他们可以影响报刊的政治走向。

公民自由联盟的亚瑟·艾森伯格也出席了会议。他作证说，尽管华莱士提出的法案旨在纠正城市行政条款中的缺陷，但这还不够，因为拟议中的法律没有明确规定人们可以从手推车、站台、棚子或车中出售出版物。它"未能保护宪法第一修正案规定的全部权利范围"。艾森伯格的发言日后会对城市的街头生活变得非常重要，在他的发言中，他说道：

> 根据第一修正案，个人有权在城市人行道上散发传单、请愿书或以其他方式传播印刷品，只要这种传播基本不妨碍行人交通的方便和安全通行。如果在传播时使用折叠桌或棚子，则有可能阻碍行人通行。尽管如此，也不能一概禁止使用折叠桌或棚子。相反，必须根据具体情况进行调查，才能决定在具体情况中，第一修正案所保障的使用折叠桌或棚子的活动是否对行人交通造成重大障碍。

当理事会修改法案时，纳入了"在桌子上出售印刷物"的具体规定。

华莱士回忆说："我提出了简要的修正案，但接下来发生的事情则是他们从三行字中发展出了三页内容来。这三页内容是为了满足报刊发行方、商户协会——他们只想要特定的内容，而非为了其他人，报摊、公民自由联盟等等而写的。"据华莱士介绍，这三页的每一部分都有人为之游说。

该法案的新草案由以下声明开始：

理事会在此认定并宣布，出于符合言论自由和新闻自由的原则，在公共卫生、安全和福利允许的范围内应尽量消除对于印刷品出售的限制。理事会进一步认定并宣布专门出售印刷品的一般供应摊贩应该不受申请执照的要求。理事会进一步认定并宣布，一般性摊贩使用小型便携式桌子专门销售印刷品，其出售活动的时间、地点和方式应不受限制，因为此豁免并不构成对公众健康、安全或福利的威胁。

该法案接着规定了数十项条例，将印刷品销售者从一般出售条例中免除，以及印刷品销售者所使用的桌子大小等问题。

"我读了新的草案，"华莱士继续说，"我做了一些改动，但事实是他们对我说，'我们会通过这个法案，我们甚至可以让你成为主要提交者，但最终通过的版本仍然是由多数党领袖说了算。'"

1982年7月22日，市长爱德华·科赫（Edward I. Koch）签署通过了《一般性贩卖条例》的华莱士修正案，作为当年的《地方法33号》写入了市政法典。他在签署该法案时宣布："我们发现，有时候看起来很简单的问题，要写成一个既合法又能满足实际需求的法案,却很困难。在这件事上,我们相信我们达成了这两个目标。"

科赫和华莱士都不知道的是,《地方法 33 号》将帮助像格林尼治村这样的街道成为摊贩、拾荒者和乞丐们能够维生的常居地。

作为技术的法律

那些住在宾夕法尼亚车站的人(和其他那些不住在车站的人)是如何在格林尼治村的街道上将自己变成印刷品摊贩的呢?他们和其他人怎么知道这个法律呢?他们如何学会了出售书籍和回收旧杂志?他们对法律有多少了解,才得以这样组织自己的生活?为什么是格林尼治村会成为一个常居地?

在一条法案被市议会通过和市长签署之后,根据城市宪章,必须在市政府的正式日报上《市政记录》(*City Record*〔每期 3 美元〕)发表。除了每天去市政参考图书馆查看《市政记录》的几位牛虻般的关心政治的人士,和几个律师事务长期稳定的订阅所有新的法律条款副本(大多通过派遣送信员或向市政府提供写有自己地址并提前付清邮资的信封),很少有公民真正了解新的法律,直到媒体报道了某一项法律。[27](这种情况可能会随着互联网的发展而变化。)在《纽约时报》的索引中,我们看到,像 1982 年通过的许多法律一样,在该报中没有提到《地方法 33 号》。

现在在那个街区营业的人中，只有三位是在这个法案通过的时候就在那里的。从他们的证词中，可以清楚地看到他们和其他人如何得知了新的印刷品例外法案的通过。市长签署法律后，政府行政部门负责执行。负责执行《地方法 33 号》的行政部门机构是纽约市警察局，其局长由市长任命。事实上，正是警察将这一新的法律普及到了街上。

在 20 世纪 80 年代初期，格林尼治村已经有一些无家可归的酗酒者摆设小摊，他们常常出售自己制作的手工艺品。人们都知道在格林尼治村能够买到皮带、首饰和薰香，因此许多摊贩——无论是否无家可归——都会来此出售这些货品。阿尔弗雷德·罗宾逊是一个无家可归的酗酒者，他在第六大道出售自己手工制作的首饰。"我们认识一些警察，他们会告诉我们，'听着，他们准备好要来收拾你们了。唯一能合法出售的东西是书。所以我建议你赶快去搞一些书。'

"不止一个警察这么跟我们说。马尔文、我、还有街上卖首饰和皮带的其他人，都觉得没什么大不了，这事很快会过去。从 1982 年到 1985 年，至少有三年的时间，我们都认为，这种情况随时都会变。我们觉得'格林尼治村永远是格林尼治村'。所以我们觉得，'好吧，我灵活变通，把这些书和杂志放在人行道上，看起来像是在卖印刷品'。你把书摆出来，但实际上你还在那里做首饰。马尔文在做皮带。只要警察经过的时候，你面前除了印刷品没有别的，他们就不会找你麻烦了。但我们仍然是靠卖首饰和皮带赚钱。

"当人们真的开始购买印刷品时，我感到很惊讶。当我意识到有这个市场的时候,我把两个邮政推车一个装满精装书,另一个装满杂志。印刷品来钱真得不错。因为你能拿到的东西不错,只要你知道现在什么卖得好,那么你一天可以轻松赚到一百美元。"

马尔文和阿尔的回应是一种出于效率和理性的适应。当第六大道现在的这些书贩来到第六大道的时候,马尔文和阿尔的适应举措已经变成了新的行为规范,逐渐成为了其他人效法的样板。我问他们每个人是怎么开始做这行的,每个人的答案中都包含了模仿既有行为、在街头向他人学习和向警察学习的组合。在杂志摊贩一章中,我们已经看到罗恩·哈里斯——现在在第六大道上的人中来得最早的之一——当初如何学习着出售杂志。后来,在宾夕法尼亚车站就已经互相相识的伊什梅尔、穆德里克、兰迪和垃圾乔从监狱出来后来到了这里。

在马尔文和阿尔从贩售一般货品转行开始至贩卖书刊之后,下一波人从乞讨转行而来,或者直接进入了书刊贩售来养活自己。在我们谈话的时候,伊什梅尔在这些街区已经营业了四年多。"我听说过第六大道。我听说过格林尼治村,那里很热闹。格林尼治村值得一看,值得一去。所以,我刑期满了之后,我就来了。我有一个在宾夕法尼亚车站认识的朋友早就来了,我知道他在这儿。所以我来找他。这个人〔指向穆德里克〕就在这个街区。我入狱前就认识他了,从车站认识的。

"我出狱第一天就去找他。我在监狱里听说他在这里,所以只花了两三天我就找到他了。我找他是为了知道他在干什么,他眼下是如何谋生的。他在这里摆摊,他卖杂志,于是我就开始打听这行怎么干,他告诉我都要做什么,所以我决定抓住这个机会。"

"具体说说你是如何开始的。"

"我就直接过来这边,自己带了一张桌子,也开始销售杂志了,我可以在物质上养活自己,可以给自己买衣服,自己去吃顿好的,开始拿自己当个人看,尊重自己,活得正直,不做错事。那是四年前,我从监狱里出来,改变了态度。

"我开始为那个人干活〔指着罗恩,他的摊位在马尔文的相邻街区〕,他出去收杂志的时候常常让我留在他的摊位那边。桌子上的杂志卖出的时候,我就收钱,我从他那里学到了很多东西。马尔文也教我看一些杂志,他告诉了我要注意什么事情,怎么处理一些情况。

"我在百视达录像店跟前营业了两年,然后我搬到了现在这里,第六大道和8街的交叉路口。所有人都想在街角摆摊,因为街角交通最繁忙。那里本来有一个人在摆摊,但那个人后来不在那了,我就自己搬过去了。从那之后,好几次我都得和人吵架来抢这个位置。"

成为印刷品摊贩的第三波人曾经是乞讨者,而对于地铁和自动取款机门前乞讨的严格限制使得他们无法维生。[28]例如,格雷迪在第六大道和韦弗利街的公交车站旁边出售杂志,睡在最底层地铁站台。他告诉我说:"我以前在宾夕法尼亚车站看到过穆德里克和伊什梅尔,但我不认识他们。我从1988年开始就在这里了,当时我主要乞讨。我以前见过这些人在这里卖杂志,但当时我对这没有兴趣。我开始做这事是因为有个叫'牛仔'

的人要离开一下，但找不到人帮他照看摊子。所以他让我帮他看着。他走了，我这才看到……不是说我看到他们赚钱有多**容易**，而是说我这才看到了他们是**怎么**赚钱的。所以，在那之后，我和牛仔就开始一起做些小买卖，收东西卖东西。后来，罗恩也让我照看他的东西。我那时正在吸可卡因，为了付毒品的钱，我就这样做。

"罗恩教我有些东西我要是想要，可以如何去弄到……他说你要努力去找那些标有'畅销榜第一名'的东西。在大多数情况下，它们能卖出去。如果是最新的畅销书，就一定能卖出去，大多数时候它封面上会写'畅销榜第一名'。

"他教我说，有时候你可能会拿到一些旧东西。例如，如果你有柏拉图、亚里士多德或者任何这些希腊哲学家的书，那么封面上标价可能只有 35 或者 40 美分。但这书出版的时候，或者写的时候，就很早的时候，可能 25 美分或者 30 美分就是不少钱了。所以，现在每个人都愿意给你 25 或 30 美分，但是他们不愿意给你 4 美元或 6 美元的。但是你知道如果这书品相完好，你就可以开价更高，因为他们在别处也找不到这书。所以这就是罗恩所说的，要把自己手里的货充分利用，因为你知道这书不好找，而且你知道他们也找不到。"

在我访谈的时候，和格雷迪一起卖杂志的合伙人是一位叫做"壮汉"的人。"十年前，我遇到一个人，说他能赚钱，"壮汉说，"我问他要干什么行当，他说他在格林尼治村卖书和杂志，我说，'那么，你从哪里进货？'他告诉我，'我进货是免费的。'我一开始并不相信他，我说，'你的货源免费，然后你就赚钱了?'他说,'是的。'我说,'那你怎么弄到的?'我就那样入行了。他带上我一起,告诉我如何在街区来回走,然后我们开始收集人们放出来的杂志,他们不想要了的杂志——旧刊、新刊都有——然后我们会把杂志摆在第六大道上,1美元一本卖出去。我就是这么来到格林尼治村的,再也没离开。"(在这次访谈两个月之后,壮汉进入了一家戒毒机构,之后再也没有出现在这个街区。)

这些人互相教授这行的"门道",而他们教授的对象正是要和自己竞争的人,理解这件事似乎是困难的。也许这样的行为反映了我们之前看到过的那种相互支持——在街上的人努力互相指导和鼓励去过更好的生活。无论我们如何解释,这些叙述清楚地表明,当这些人到达这里时,这里具有杂志收集和贩卖的有利条件。首先,从事这项活动的人数众多,表明这是取代偷窃的可行的生存之道。其次,稳定的社会规范使得模仿变得容易,因为参与者可以有明确的期待。

阿尔他们的说法——最早的印刷品摊贩直接从警察那里学到了这一技巧,只要同时出售书刊杂志,他们就能够维持手工品经营的生计——看起来完全合理。也就是说,他们所知道的所有绕过法律的技巧,都是直接从负责执法的人那里学到的。我很好奇现在在街上卖印刷品的人是否了解他们为什么能够在那里。我发现大多数人都对法律有一些模糊的理解,而这些理解是他们从彼此之间学到的。

垃圾乔回忆说:"警察说文学和书籍都是可以出售的。那时候,我们不应该出售违禁品〔摊贩把除印刷品以外的任何东西都称为'违禁品'〕但是我们仍然把它们拿出来摆摊卖了。有时候我能弄到电视、手表、鞋子、衣服,我就拿出来摆摊,赚点额外的钱。"

"你知道究竟为什么杂志能卖,而违禁品不行吗?"

"因为杂志和书是〔他暂停了下〕——怎么说来着?——啊,教育!所以他们允许我们卖。"

"为什么是'教育'就可以?"

"因为这就是人家说的宪法权利。我们有权出售阅读内容。读物。"

"这是教你收杂志的人告诉你的吗?"

"不,这是警察说的。"

尽管他无法解释清楚他所做的事情背后的法律基础,但他知道美国宪法是支持他的。确切地说,他的行为所遵守的是一条当地的法律,而不是美国的宪法。在我所有的访谈中,在街区上营业的人都认为他们的权利有宪法保障。例如,当我问罗恩为什么回收的旧杂志允许出售,他解释说:

当乔治·华盛顿竞选总统时,这是第一修正案的首要原则之一。不像我们今天有电视或报纸。没有电话或电脑让他们将思想传播出去。他们就用印刷品传播思想。

事实上,当革命者开始反抗英国的时候,他们需要印刷品书面材料来传播思想。他们唯一能做的就是写小册子。他们需要钱来买墨水、使用印刷机,还有人力,所有这些东西,你明白吗?所以,他们经常不得不将印刷品**卖**钱。这就是为什么印刷品能够销售。人们需要钱来印刷这些东西。他们不能阻止我们**出售**印刷品,就像他们不能阻止印报纸一样。或者比如说那边的报摊。他们可能会说,'哦,我不喜欢这个报摊,让我把它关了。'"

马尔文听到了罗恩说话,他插话道:"这就是说,他们无法阻止言论自由之类的。"

"这是整个国家的基础。"罗恩接着说。

"听上去就是这回事。"马尔文说。

罗恩继续说道:"很多人都觉得言论自由就是自由表达自己的想法。但是远不止于此。还包括出售印刷品。你明白吗?这就是新闻自由的含义。并不仅仅是去诽谤别人,而是印刷东西去传播思想。唯一能传播思想的方法就是把它写出来,就像你现在也在写你的东西,米奇。"

* * *

甚至连熟悉大部分关于印刷品的市政法的哈基姆,最初都认为他所行使的是宪法权利。然而迄今为止,美国最高法院还没有就宪法第一修正案中是否保护用小桌印刷品销售这一问题作出裁定,实际上,许多其他美国城市仍然有严格的法律使这样的活动十分困难。由于最高法院对此问题没有明确的指导,联邦上诉法院就设立报刊亭、报刊架和桌子的权利达成了各种矛盾的结论。[29]

无论如何,在第六大道营业的人受到的是市议会法令的保护,而市议会随时可以对其进行修改。这表明了人们对法律的理解不需要太深刻或准确，就能够以此为基础来发展出整个生活方式。他们需要一点点法律信息。比起理解法律，更重要的是许多人已经在这里提供了适当行为的样板，具有清晰的规范指导，从而能够被模仿或教授。

有鉴于长期存在的"差别接触"（differential association）的犯罪理论，这一点特别引人注目，该理论认为，越轨的亚文化是通过人们与越轨者的接触过程而形成的，就像与守法者接触能够鼓励守法行为一样。[30]在第六大道，可以看到现实情况比这个理论所预测的更复杂：这些人的亚文化——或者在一些人看来可能算是越轨行为——来自于他们与警察和其他街上营业者的接触；不仅仅是通过所谓的越轨者之间的接触而发展和发生的。

同样可以看出，"混乱"与犯罪之间的关系比社会科学家所说的要复杂得多。有观点认为"'未加看管'的行为导致了社群控制的崩溃"，无疑这常常是事实。[31]但是，第六大道"混乱"与犯罪之间的实际关系更为微妙。在这里我们可以看到，拾荒和贩卖的存在导致一些行为准则和模式的浮现，而这可以让那些有意"诚实谋生"的人效仿，来为自己的吸毒习惯提供支持。当下，"混乱"与犯罪之间的关系被视为理所当然，但它仍需进一步研究。

第六大道如何成为一个能够维生的常居地

格林尼治村的第六大道如何成为能够维持无家可归者的日

常生活的常居地？食物、住所或垃圾这样的条件之所以会产生价值，并不是由于它本身的用途，而是它与环境的其他条件之间的关系使得它有了价值。我并不预设一个常居地的元素是互补的，而是想了解在这个特定的社区里各种因素是**如何**结合在一起的。

在第六大道上，有一些与宾夕法尼亚车站相似的能够维生的常居地的基本特征：人口密度高，城市各地交通运输线路交汇，人们愿意捐款，食物是廉价或免费的，有睡觉的地方，以及被美国铁路公司的理查德·鲁贝尔称为"有利可图的缝隙"的地方。这些元素之上，另有两个补充性的元素对印刷品经济至关重要：附近的街区有大量高质量的可回收垃圾，以及当地居民出于同情心而愿意捐赠旧书和杂志。

基本特征

这个常居地最明显的基本要素也许就是行人密度。8 街与韦弗利街之间的街区靠近西 4 街地铁站的主要入口，那里尤为繁忙。各种各样的店铺吸引来各种路人：B. 道尔顿书店、格林尼治村照明、山姆·古迪唱片店、纬伦折扣鞋店、超级剪理发店、星巴克咖啡、杜安利德药妆店。在街对面则有麦当劳、报摊、椰子唱片、莱希特家居店、移民储蓄银行、乌诺比萨店、宠物王国折扣店、米侬三明治店和韦弗利餐厅。

在韦弗利街与华盛顿街之间的商铺则有都市服饰、太平洋阳光服饰（以前曾是百视达录像店）、哥特柜橱、传奇鞋店和睿侠电子。在街对面是维生素专卖店、格林尼治村礼品（总店）、泰姬珠宝和圣若瑟天主教堂。这些商铺的顾客包括了一个名为华盛顿广场的二十四户公寓大楼的居民，这个公寓楼位于太平洋阳光服饰和都市服饰之上。这栋公寓只是该地区几十幢建筑物之一，居住于此的很多居民不断地来来往往。

常居地的另一个特点是食物便宜或免费。一个生动的例子是，在冬天的一天，穆德里克端着一整盘子食物走向马尔文的桌子。

他说："我从教堂那里拿了一盘吃的。这还冒热气呢！"

"棒极了，"马尔文说。"这是什么？鸡肉？"

"鸡——肉——！"穆德里克回答。

"酱汁，胡萝卜的？"马尔文问，"还有馅饼？"

"有馅饼！"穆德里克说。

穆德里克说："每个圣诞节他们都有馅饼。每个圣诞节都很好。"

"我十二点钟就进了厨房，给自己装了一盘子，"穆德里克说，"我和巴特罗一人一盘。我打算再去拿一盘。"

圣若瑟教堂（有一个赈济食物厨房）和其他收容所和慈善机构在此，这使许多无家可归者能够免费吃饭。这样一来，本来也许不会来这几个街区的人也会来这里，而在这里营业的人也更容易留在这里。

常居地的第三个特征是有大量的公共场所能够让人睡觉而不会因此被惩罚。就像在宾夕法尼亚车站一样，我们在这些街区上发现了一些"缝隙"，让人能够在行人视线之外睡下。罗恩有很长一段时间都睡在美华银行的自动取款机玄关处（这里现在

是一个杜恩利德药妆店）。其他在第六大道出售印刷品的人则睡在人行道的椅子上、教堂的台阶上、地铁里和"蝙蝠洞"里。

"你睡在哪里？"我问格雷迪，他在伊什梅尔往下的一个街区卖杂志。

"夏天和冬天睡教堂台阶，秋天和春天睡在火车站隧道，你得自己收拾。你得找个地方放大概两张床垫、一堆床单、一堆毯子、衣服。有六七个人同时在那里。夏天太热，冬天太冷。"

"你在下面害怕吗？"

"……我曾经想过老鼠什么的，但并没有那么糟糕。你最主要怕的事情就是火车脱轨，但万一发生也就一了百了了。所以你不必想太多！火车离你两英尺远。你一直听到火车来的声音。但是你把身体调整到一个像听音乐一样的位置上。你可以调整自己适应铁轨的咆哮和噪音，你就直接睡着了。高峰时间你就醒了，因为你会听到很多列车一辆接一辆地来。这就告诉你时间到了。否则你根本分不清白天夜晚。"

"你有没有想过下面可能有人会伤害你呢？"

"压根没想过。这么说吧，下面的人都想团结在一起，就像一个小家庭。你知道你在这个家伙身边睡觉，或者那个人在你附近，你们互相照应。"

"你有没有把你的女朋友带到那里过？"

"当然了，你就请别人回避一下什么的。我把女孩带到那里，有些女孩害怕，有些不害怕。有些人会去，而有些人不去。她们说，'哦天，我不能去那里。'那你也不能强迫人家去。我的一个女朋友总是说她要写一本关于龙与地下城的书！但是她已经习惯了。"

在宾夕法尼亚车站，无家可归者使用公共厕所，既作为厕所，也作为进行性行为的地方。在第六大道，格雷迪则能够在地铁的地下空间找到一个与他的女朋友菲利斯发生身体关系的地方。许多无家可归者也在地铁轨道底层排尿和排便。其他人则在华盛顿广场公寓的墙壁上撒尿，那幢公寓楼的空间能够让他们对着墙小便而不被人看见。（这个话题我会在后面的章节中详细讨论。）这些事实表明，在一个有效的系统中如果缺少一个元素如厕所，这并不能打破常居地的"生命线"。只要常居地提供了其他补充元素，且这些元素值得为此待在那里，那么人们就有适应能力。

补充元素

格林尼治村还有其他几个补充要素，共同决定了这里是杂志拾荒和贩卖的理想的维生常居地。这片区域的很多居民都同情无家可归者，愿意给他们金钱和食物。此外，居民们走向摊贩的桌子捐赠一捆书籍或杂志，这并不罕见。在六月，炎热的一天，一位五十岁的白人女性埃伦来到马尔文的桌子前。她告诉他，她想送给他一些杂志，但是作为交换，她希望他能将桌上的一本艺术杂志降价卖给她。

"你知道我一定要卖全价的。"马尔文用一种既挑衅又开玩笑的语气说。

"但是我要给你很多杂志呢！"她微笑着说。

"所以你想要我帮你把垃圾处理掉，**还要**给你打折吗？"马尔文反驳道,"那杂志一定得非常好。我得先看一下是什么杂志。我可不能把什么平庸东西都摆在我的桌子上。"

"绝对不是!"她回答,"都是好杂志。都是我从你这里买的!"

他们都笑了。

"唉,好杂志过了一段时间也没人要看了。"马尔文说。

"不过我得扔掉它们。"她回答。

"好的。"

"那么你把这本杂志送我吧?"她问。

"不行吧。"马尔文说。

"拜托了!我会还给你**很多**东西呢。"

"这样吧,"马尔文说,"这本杂志你给我一美元,然后把那堆杂志送给我。"

"什么?"埃伦笑着说。

"我帮你清理垃圾,**还**给你折扣呢!"马尔文说。

他们都笑了。她给了他一美元,然后指着我说:"你干脆派你的助手和我一起去拿吧?"

我从我坐着的牛奶筐上站起来,请马尔文介绍我们。"埃伦,他是社会学教授,他正在写一本关于我们的书。"马尔文解释道。

"呃,好吧,"她说,然后我们走向她的公寓。她告诉我:"自1962年以来,我一直住在这个地区。我开着一家古董店,我住在店的楼上。我们以前是做出版社的。我们出版杂志和书籍——和政治有关的。我们出版了一本与《纽约时报》有关的杂志叫作《我们时代的谎言》(*Lies of Our Times*),我们以前还有一家书籍出版公司,叫谢里登广场出版社(Sheridan Square Press)。现在,我们仍然在华盛顿出版一份杂志,叫《隐秘行动》(Covert Action)。"

"你光顾这些杂志卖家多久了?"

"我一直去,从他们开始摆摊就开始去了。有的邻居说想要赶走这些家伙。可我认为他们很棒。我主要是去马尔文的摊位。"

我们进了她的公寓,直接到了公寓后面的一个书橱,里面塞满了《建筑文摘》《瑞丽家居》和《艺术与古董》的旧刊。在我们上方的是菲德尔·卡斯特罗和欧内斯特·海明威的照片,装在相框里。

"这些都是你从马尔文那儿买的?"我问她。

她跪了下来,在书堆中整理着。

"是的,我现在把它们还回去。因为我已经看过了,现在可以给别人看,也可以让他再赚一点钱。我的丈夫是第一修正案律师,马尔文正在做的是与第一修正案相关的工作。我觉得有他在那里坐着,实在**很棒**。"

从垃圾里淘货

在格林尼治村,垃圾桶里也可以找到高质量的杂志,实际上,大部分在街上卖的杂志都是在那里找到的。当一个拾荒者去寻找新的印刷品时,行话叫作他去"淘货"(hunt)。几乎每天清晨,这些淘货的人都会去街区的各个垃圾站和垃圾桶,人们

第二章 人行道的新用途 | 183

能够听见他们偷来的购物手推车和被扔掉的婴儿车发出的吱嘎声。马尔文随身携带纽约市黄页中印的标准地图，上面标明了每个街区的垃圾车来收垃圾的时间。拾荒者的目标是在日落时分垃圾被丢出来之后，赶在第二天清晨垃圾卡车来收走垃圾之前，翻捡这些垃圾。

在格林尼治村，马尔文会在卡车来收垃圾那天的清晨六点开始淘货。马尔文让我到时候去他在第六大道的固定位置见他。我们都准时到达，一起走到了他的第一栋大楼，地点是西9街64号，在巴尔杜奇市场对面。"看到这些纸箱了吗？我有个绝招，能打开纸箱还不把他们弄乱。"

他用他的开箱刀整齐地打开一个侧面往里看。他一手拿着一个手电筒，迅速翻捡了一下杂志而没有弄乱。"他们不喜欢我们就是因为这个。因为本来整齐有序的东西被我们搞乱了，如果垃圾没有整齐绑起来，这些大楼就会被罚款。"

第六大道的杂志拾荒者会在翻捡杂志时仍将其保持整齐有序，并往往以此为傲。马尔文与许多大楼管理员都认识。他们会为了拾荒者的方便，而把罐子和瓶子放在一个地方，把杂志放在另一个地方，这样拾荒者就不必打开每个袋子查看，避免弄得一团糟。联排房屋和独栋房屋一般没有管理员或者门房，很多居民会将垃圾锁在木板箱内，以避免第二天早上自己家门口摊了一地垃圾，还被环境管理委员会的卫生执行人员发罚单。

在纽约市，从垃圾中盗取物品是E级的轻罪[①]，最高可处以

[①] 在纽约，A、B、C级属于"重罪"（felony），D、E属于"轻罪"（misdemeanor），E程度最轻。——编注

长达一年的监禁和 1000 美元的罚款。它也属于是另外两个违规行为："干扰卫生操作"和"移除待收集的材料"。卫生部有自己的警力约一百人,[32]但像马尔文这样的拾荒者并不是他们最担心的问题。他们的重点是环境问题，如非法倾倒垃圾、医疗废物处理和回收法的执行。所以警车经过我们身边的时候，马尔文似乎并不担心。

不用打开一摞报纸，马尔文也知道里面塞了一些书。

"你怎么知道有书在里面呢？"

"这个，能感觉到。你要是需要更多，你就会去找更多！你多走几条大道去找更多。"

他拿起一个箱子，又放下，没有打开它。

"你怎么知道里面什么都没有？"

"你可以感觉出来。隔着箱子你能感觉出来书或杂志的侧边，或者你可以看到箱子边上的压痕。"

他在这一处一无所获，于是把他用来搬运杂志的婴儿车推到下一个点，经过一栋外面有一些箱子的建筑时他没有停下。

"你为什么跳过了这里？"

"我知道这一片的好东西在哪儿。在这条街的前一半，这里，从来没有发现过什么好东西。但是在这里，下一栋楼这里，我总能找到很多好东西。"

他打开的第一个箱子有三期《艺术论坛》杂志的旧刊。他解释说："这个是 9 月号的。"（当时是 12 月）"如果是最新的，我会拿的。但是我估计两个月前的旧刊很难卖掉。"

接下来，他穿过街道。"这个地方，我很少在这里找，这里经常扔着很多研究型杂志,像医学和科学杂志,我卖不出去。"

六点五十分,太阳已经升起来了。不时有人走过街道,一辆垃圾卡车慢慢地沿街向下开着。在这次淘货的时候,马尔文越来越担心高技术的拾荒者,他们不是政府合同的垃圾清理人员,但租借卡车去大量收报纸和杂志。"我在跟合法的和不合法的收废纸的人竞争。你看呀,废纸从一分钱涨到了两分钱一磅,这就是翻了一倍,所以废纸就更有价值了。这些开卡车的人认为他们有权拿走所有废纸。他们不喜欢在这里看到像我这样的小拾荒者。"当时,回收新闻纸的价格很高;当一年后新闻纸市场跌到谷底时,高技术拾荒者也消失了。

一个人推着小车走过,小车里装满汽水罐。

"那个人是谁?"

"谁?他?他收罐子,他只收罐子。"

铝罐拾荒者是纽约州自 1980 年以来根据《瓶罐法案》(Bottle Bill)实施铝罐有偿回收的意外后果,在纽约市有数百位拾荒者捡拾铝罐,因此在纽约街头垃圾中很难看到铝罐或瓶子了。[33]

马尔文找了一个箱子,装满了《纽约客》、《时代周刊》和《新闻周刊》,但他略过了大部分。他解释说,他不会收任何又沉又卖不出去的东西。他要找的是月刊,因为周刊会很快过时。其他拾荒者思路不同,可能会收这些周刊。但对马尔文来说,只有月刊才有利可图。他为自己的专精感到自豪。"我看到其他人卖周刊,但我收杂志的方法和他们不一样。"

当我们继续在第六大道往下走时,马尔文说,下一栋楼对于这次淘货的成功至关重要。"现在我们要去这栋楼,我要找的那些好东西,就靠这栋楼了。每个月的下半个月,就很难收杂志。人们都在等着下个月的杂志了。我总是早早出门,你看,如果你早点去,还没有其他人,你总能找到几本杂志。"

他找到了一本12月号的《建筑文摘》。住户显然收到后只看了几天就丢弃了。马尔文把它放在手推车里,尽管他说,他对这本杂志没有以前那么兴奋了。"当我刚开始卖杂志的时候,这是我真正好卖的杂志之一。但是因为'糖纳'(Candy Nast)①……什么的……买了《建筑文摘》的公司不行了。这公司不行的原因是他们为了卖广告,就开始加一大堆破广告和烂文章,读者就不想看了。以前,每个月都有人天天来问,'你有最新的吗?'我有五六个顾客,他们每天都会停下来看一看有没有。我会去职业人士居住的上西城和上东城,一出来我就会得到最新的一期,有时侯,他们甚至都没把杂志从邮寄的塑料袋中取出,就直接扔掉了。"

马尔文继续走向下一栋大楼。他经过了另一个人,那人也和他一样推着手推车,装了满满的杂志。

"嗨,伙计。"马尔文喊道。

"你在干什么?"男人问,指着这位举着磁带录音机的白人。

"我正在接受采访。"

---

① 马尔文记错了集团的名字,应为 Condé Nast,康泰纳仕,旗下众多出版物,包括《纽约客》《名利场》《GQ》等。

运作的系统

在第六大道生活和营业的人共享着一段历史和一种集体性的自我意识；来到第六大道之后，他们之所以留在这里，是因为它作为一个常居地，能够维持一个人的最基本生存需求。

当然，第六大道如何成为一个能够维生的常居地并不是一件简单的事情。我所使用的民族志方法使我们能够了解到小群体中的个人在他们生命中此刻的社会世界，但并不足以准确地揭示使这些街道如此运作的政治和社会力量。我的方法也不足以令我们充分理解塑造了这些街区的其他力量：种族隔离、集中化的贫困、有缺陷的或不公平的毒品政策，以及国家未能帮助脱离专门机构的人员（包括刑满释放人员和精神病患者）顺利过渡到工作和家庭。对于这些人的生活环境，任何简要的一瞥都无法解释他们为什么会过上这样的生活。就印刷品商贩而言，议员爱德华·华莱士为一位诗人发声的政治行为，以及主要报刊的发行经理的法律利益，出乎他们意料地直接催生了这一块常居地。

当然，如果没有其他许多人以间接的、无事先计划的方式一起协力，这些力量也不会有任何意义：警察不假思索地教给街道上营业的人们他们所需要知道的法律知识；新的拾荒者模仿更有经验的人的行为，从而学会自己谋生，并且发展了对于印刷品的各种专业知识的不同程度的了解，从法律到印刷业都有

第二章 人行道的新用途

所了解；环保运动使得当地居民习惯于捆绑杂志进行回收；大量的行人密集使用这里的空间，并为二手印刷品提供市场。

在这些互补的维持生计的要素凑在一起形成一个运作的系统时，一个常居地便形成了。穆德里克、罗恩、马尔文、格雷迪和伊什梅尔都有合法售卖的权利，但如果没有当地垃圾里的商品来源，没有食物和睡眠的条件，这权利就没有任何意义。《地方法33号》由于在环境中与其他因素相关联而成为了一个资源，并且是有价值的资源。

第三章

非正式社会控制的局限

露宿街头

20世纪80年代初,许多美国城市的居民开始将人行道上的生活视为一种新的斗争。他们认为传统标准并不适用于第六大道这样的街道。政治人物的回应是推进恢复秩序和减少犯罪的方案,但这些方案恰恰与雅各布斯所谓的"街上的眼睛"相悖。雅各布斯写道:"首先必须明白,城市的公共安全——人行道和街道的安全——并不是主要归功于警察,尽管警察是必需的。它主要是由一个错综复杂的、几乎无意识的自发控制的网络和标准来维持的,由人们自己执行。"[1]对于许多城市居民,来说,非正式的社会控制已经不再够用,因为街上的眼睛已经慢慢消失。警察对于维持秩序至关重要,不能再成为社会控制的"另一方面"。

社会科学家詹姆斯·威尔逊和乔治·凯林在1982年3月的《大西洋月刊》中发表的题为《破碎的窗户》(Broken Windows)一文,为正式的社会控制方法提供了最重要的理论支持。他们的理论基于社会心理学家菲利普·津巴多1969年的报告,后者曾经在纽约布朗克斯和加利福尼亚州帕洛奥图的停车场放置无牌车辆。威尔逊和凯林在结论中称,在这两个地方,一旦路人意识到这些汽车是被丢弃的,"没有人在乎",就会发生破坏行为。在帕洛奥图,破坏汽车的是一位路过的中产阶级白人;

而在南布朗克斯，则是贫穷的少数族裔。以津巴多的实验作为类比，威尔逊和凯林推而广之，认为街区中（而不仅是在一辆废弃汽车中）一旦出现一个破碎的窗户，就会给人以"没有人在乎"的感觉。他们认为，一旦达到了"没有人在乎"这一条件，"严重的罪行将大肆发展"。即使在罪行增加之前，居民也将开始感到焦虑，这种焦虑来自于他们"感到街道无序，街上充满了令人厌恶、令人担忧的事情……一扇没有修理的破窗意味着没有人在乎……所以打破更多的窗户也无需付出任何代价"。[2]

尽管在雅各布斯看来，无序有很多积极的意义，而对于威尔逊和凯林来说并不是如此，他们所用的方法在其他方面只有着表面上的不同。两者都在探讨某一些公开可见的行为会产生怎样意想不到的后果。雅各布斯认为，公众人物（在她的分析中，这些是值得尊敬的人物）通过担任"眼睛"的职责而带来可预测性，而这能够创造"有人在乎"的一系列文化意义和期待，从而产生社会秩序。威尔逊和凯林以及那些主张强化警察控制的人则认为，可见的无序和恶名，通过创造一系列"没有人在乎"的文化意义和期待，难以预料地造成了犯罪的后果。

威尔逊和凯林的论述之后被称为"破窗"理论，并为随后的政治行动计划奠定了学术基础，这些政治计划旨在回应广大城市居民希望在街上感觉更安全的呼声。在二十世纪八九十年代的连续两届纽约市市长选举中，这些问题成为选战的核心。1989 年，民主党市长大卫·丁金斯虽然聘任了严格执行威尔逊和凯林理论的威廉·布拉顿作为交警队长,但他仍尝试开始容忍人行道上的摊贩、拾荒者和乞丐。1993 年,丁金斯在选举中输给了共和党的鲁道夫·朱利亚尼,后者强化了严格管控的政策(随后他也提拔布拉顿到警察局长的职务),因为他在选战中就不断承诺要对抗那些影响选区内传统选民"生活质量"的因素。自 1993 年以来,纽约市的犯罪率急剧下降。但由于尚未应用"破窗"理论的城市犯罪率也有所下降,所以纽约的大幅下降在多大程度上可归功于"破窗"式的社会控制,一直还没有定论。

之前我们讨论了人行道上的非正式关系如何帮助人们努力遵守道德价值标准,现在我想分析一下,这些人的哪些行为,使得政策制定者将他们划分到"破窗"一列。这些行为似乎没有被小摊贩自发的非正式社会控制所管制,而使人行道生活对于许多传统居民来说似乎成为了新的战场。接下来,我将重点关注四个明显的不雅行为:人行道上工作的人在公共场合小便,拉住当地居民讲话,出售偷窃赃物,以及在人行道上睡觉。(我本可以关注出售大麻或可卡因,但是,在我的田野调查期间,这样的小买卖并不常见——我只看到过一次一个在小摊处工作的人将大麻卖给路人——并且,其他学者对此也多有著述。)[3]

在此前的论述中,我试图展示人行道生活如何承担一个非正式的社会控制体系,并部分地由像哈基姆、马尔文和贾曼一样的人来维持。问题是,如果非正式体系如此强大,那么某些人为什么以及如何固守这样的不雅行为?做出这些行为的人,不正是我所称的不放弃基本底线的人吗?同一个人为何可以有意识地做出"尊重"社会的决定,例如拾荒或乞讨(而不是砸破车窗盗窃或出售毒品),转身又在建筑物的外墙上撒尿?如果他做出这种行为,他对社会究竟有多少尊重?通过讨论这些最困难的事例和最矛盾的证据,我希望能够澄清非正式社会控制模式的局限性。

难　题

8月一天的深夜,罗恩来到我这里,从他当天赚到的九十美元中分出六十美元,问我能不能帮他保管。他说:即使他晚些时候来问我要,我也不应该给他。

马尔文、哈基姆、贾曼和爱丽丝经常代人保管钱(主要是因为他们不使用毒品)。那是第一个我全天候在街区工作的夏天,那年夏天快结束的时候,我也开始被人拜托保管钱了。

一个人给我五六十美元,并要求哪怕他来要,我当晚也一定不要给他,这意味着什么?这意味着他打算买几个五美元或十美元的小瓶可卡因("五分"瓶或"一角"瓶),而不想把所有的钱都用在毒品上。五分瓶的可卡因经常被称为"爽一下",而一角瓶则是"爽两下"。五分瓶能带来的快感持续约五分钟,如果吸毒者没有更多的毒品了,则可以延长至十五分钟。在这之后,抑郁会接踵而至,导致他使用更多可卡因。如果有一百美元,一个人可以每两三分钟就用掉一个五分瓶,不到一小时就要花掉一笔小钱。有些人一晚上的花销就要一百美元,可以连续几个小时使用可卡因。所以，显而易见，有时候一个人会拜托他人保管一些钱，这样他第二天才能有钱买食物、进货，或者还债。

有时候，当罗恩要我保管钱的时候，他凌晨一两点就会来问我把钱要回去。有一次，我拒绝给他，提醒他是他告诉我不要给他钱的。他说，我的钱就是我的钱！给我！

好吧，罗恩，我给你二十美元，我回答说并给了他钱。

一个小时后，罗恩躺下睡觉了。

当我第二天来到这个街区时，我看到罗恩坐在一个牛奶筐上，明显喝醉了。我趁他还没看到我，赶快走开了，而没有把余下的钱也交给他。几天后，罗恩清醒了过来，并感谢我之前没有把钱交还给他。然后他用这些钱从垃圾乔那里买了一些书，垃圾乔刚刚在一次拾荒中挖到了宝。他还买了一些食物，并向马尔文还了十美元的欠债。

如果不让我拿着钱，他可能会把钱花在十美元一间的包厘街的"白宫"旅馆，或者其他一些旅馆。他也可能在吸毒之前就去旅馆开了房间，很多人都这样做，因为他们知道在吸毒之后，他们不想睡在街上。或者，他也可以在"白宫"预订三晚，一次付清预付款，就像另一位杂志小摊贩康拉德（那时他有毒瘾）那样。

我告诉哈基姆我发现这个行为令人费解，他说他也想不出任何解释来。但是他提出可以拿着录音机去采访罗恩。

"这里的其他人知道白宫吗？"

"知道！但是他们〔不〕想花这笔钱。谁会攒八美元呢！"

"天，罗恩！"哈基姆喊道，"八美元！攒钱？你五分钟就能赚到八美元！"

"只要卖出去一次！"罗恩笑了起来。

"你刚就卖了一笔……"

"十五美元！"罗恩说。

"那就是两晚上了！"哈基姆说。

"没错，那是两晚上。"

"那里很暖和？"哈基姆问，"干净吗？"

"是啊，干净。"

"比在人行道上睡觉要好吧？"

"绝对要好。"

"但是你说这些人不愿意每天花八美元，这一丁点钱，去找个地方住，而要睡在人行道？"

"是啊。给你一张床、洗澡毛巾和肥皂。他们地下室里有很大的淋浴。"

常居地的逻辑

在第六大道上工作的人中，大约三分之一睡在这些人行道上、地铁或附近的街区街上。社会学家克里斯托弗·詹克斯在重要著作《无家可归者》中提到："纽约或芝加哥小间旅馆中的床位每晚价格约为八美元。大多数人如果买得起一定数量的可卡因，就应该可以付得起旅馆床位钱。在纽约庇护所中的那些可卡因测试呈阳性的单身成年人中，大部分人可能都认为可卡因带来的快感虽然短暂，但也比一个邋遢的床位要值得。"他继续写道："关于无家可归者获得资金的方式和他们的消费方式，我们急切地需要更可靠的信息，但收集更好信息的唯一途径就是与无家可归者一起度过很长的一段时间，观察他们做什么，而不是调查他们，简单地问些问题。"[4]

如詹克斯所建议的，我们收集了更多更好的证据，并且这些证据表明，这些人**没有**将所有余钱都用于吸毒。那么他们为什么仍旧睡在街上呢？

正如我们所看到的，街区是将各种生存元素交织在一起的地方，因此，对于在街头经营的人来说，它是一个特别好的常居地。第六大道上居无定所的人有一个决定性特征，即他们从谋生的工作之中产生出了一个复杂的社会组织。[5]所以，身处此处会导致一个人留在街上，这并不能通过缺少房屋或者缺钱来解释，而是有两个基本原因。首先，一个人睡在街道上，是因为这样可以在同一个地方聚集起所有互补的常居地元素（如食物、遮风挡雨和挣一点钱的机会）。第二，他可能在那里睡觉，是因为他的朋友在那里看桌子，这使得街道常居地成为了一个令他感觉安全，甚至舒适的地方。他睡在那的理由，正和简·雅各布斯所说的一样：繁忙的人行道生活使行人感到安全，因为街上的人知道街上有眼睛。

由于资源的价值取决于它们在环境中与其他资源的联系，在街上谋生的人们对于人行道的使用，遵照的是不同要素的互补性的逻辑。要了解在人行道上睡觉的行为，与其假设一个人在毒品和房间之间进行权衡，不如考虑一个人的整体逻辑以及常居地本身如何鼓励或者导致了在街上睡觉的行为，后者的思路将会很有用。

一个人为什么选择在人行道上睡觉？一些常见的答案如下：

占据摆摊地点。"你看伊什梅尔占的那个点儿，他就想一直在那儿，二十四小时都在那儿，"罗恩告诉我说，"他不想离开那个点儿，然后被第二天早起的人抢走。所以他想的办法就是一直待在那里。"

伊什梅尔也确认了这个解释，说他睡在那里是为了维护另一个资源，即在人行道上卖杂志的空间。当然，我们之前已经看到了一个类似的案例：一个看桌子赚钱的人，为了赚钱会在街道上待一晚上。

为了省钱。格雷迪是一名长期的吸毒者，现在已经戒毒，刚发现自己是 HIV 阳性。他睡在人行道上，或者地铁站通道里，是因为这些地方复杂的其他活动。他告诉我，半夜里也有人总是在上下车，所以他通常在人行道或者地铁里感觉安全和舒适。他的计划是在夏天和秋天在街上睡觉，这样他可以为寒冷的冬天省下足够的钱。这样的计划之所以可能，是因为他在街道上的常居地能够让他感到安全和舒适，成为了旅馆之外的另一个可选项。

有一段时间，他和女朋友菲利斯会一起去旅馆过几天。但是当她被关在赖克斯岛（Riker's Island）的监狱里时，住旅馆对他来说似乎并不值得。在一个月内，他攒起了一千美元来过冬，并且还能去一趟佛罗里达探望他母亲。（我数了这些钱。）

哈基姆询问了格雷迪的经济和睡觉的情况。格雷迪解释说，

第三章 非正式社会控制的局限 | 201

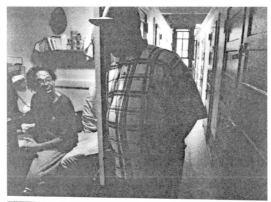

他在为冬天攒钱。他知道他也可以像其他人一样在冬天再赚到足够的钱来住旅馆,但这样就意味着他不得不在一年中最冷的月份在外面工作,而他在与艾滋病毒作斗争。他并不是在毒品和公寓之间做选择,而是为了寒冷天气中的公寓而放弃了温暖天气中的公寓,以及为了能和女朋友在的时候一起住公寓,而放弃了独自住公寓。

使用霹雳可卡因。即使第六大道附近有很多警察,一个使用霹雳可卡因的人还是更有可能在街上,在警察附近,而不是在旅馆里(离警察更远)。为什么呢?因为他知道在旅馆里,经理可以打电话给管区警察局,并且说某个房间里有可疑行为。"警察可以从前台拿到钥匙直接走进来,"罗恩告诉我,"你可能正在干什么,就被抓个正着。所以他们都说酒店不安全。"

像其他可卡因使用者一样,罗恩在吸毒的时候,对于狭小封闭的空间有偏执恐惧心理。这可能也可以解释为什么可卡因与居无定所人员数量的上升有所联系。而在人行道上经营所带来的源源不断的资金,使得罗恩可以连夜不休地吸烟或喝酒直到昏睡,或者坐在他的椅子上直到睡着。[6]

"一旦无家可归,永远无家可归"

为了占据地盘、省钱或者吸毒而睡在街上的人,是在使用一个地方各种可用的生存要素的互补性。

对于每种情况来说，经常决定在人行道上过夜的人都有一套词汇，来表达为什么这是可取的方式。哈基姆用我的录音机采访了穆德里克，后者进行了一系列陈述，验证了我刚说的这一点。穆德里克经常睡在教堂台阶上、地铁列车上，或者在他理垃圾赚外快所在楼的储藏室的地板上。在那里，他会把衣服整齐地叠起来。

"一旦无家可归，永远无家可归。"穆德里克对哈基姆说。

"怎么说？"哈基姆问。

"你有床吧，哈基姆？你睡在床上，对吧？"

"我更愿意睡在我的床上。"哈基姆回答。

"我睡在地板上，"穆德里克继续说，"去问问我女儿，我去看望丹内莎时我睡哪儿。我和我的外孙女就拿个毯子睡在地上。我的女儿问我为什么不睡在床上，我说，'听着，说来话长了。也许有一天我会跟你细讲吧……'她不知道我在怎样的街上生活。就是这样，我在人行道上睡觉。"

"你会花一夜十美元住在白宫旅馆吗？"

"我可付不起那钱！"

"但是，穆德里克，你赚钱啊！"

"睡旅馆和睡街上一样啊，我干嘛还要睡旅馆呢？有什么区别？"

"这么说来，如果明天你中了彩票，或者你继承了第十街上的一个公寓，连床带家具什么都有，你还会睡在地板上？"

"没错！我选择无家可归。"

"你选择无家可归？"

"我是这么选择的！当我来这的时候，我还能去哪儿？我那时又没有钱。我来这里找工作。但是失败了，我的钱花光了。"

"如果一个卖杂志书刊的人每天能赚五六十美元，那么他为什么不花十块钱去'白宫'呢？"

"如果一个人赚那么多钱，还睡在街上，就是他们愿意。"

"所以你的意思是说，不是钱的问题？"

"听着，床是用来睡觉的。我不睡床。我不习惯。我不想培养这个习惯。我有一条路。我就留在街上。我哪都不去。"

"无论你赚多少钱？"

"无论多少，一旦无家可归，永远无家可归。"

* * *

为了说明自己对于自己的情况处之泰然，有时候人们会将自己最开始居无定所的处境视为一种选择，有时候，这样的描述会与同一个采访或者以前的谈话中所陈述的事实直接矛盾。（在这段对话中，穆德里克在同一句话中既说了自己选择了"无家可归"，又回忆了自己当年找不到工作而无法为自己提供住处。）这再次提醒我们，采访并不一定能使我们清晰无误地了解人们的个人选择，即便在他们描述自己处境时使用了这样的词汇。

剩下的两条最常见的解释是"我住不起房间"和"旅馆不安全"。然而，如果这些说法被质疑，许多人会说，在某些旅馆（如白宫旅馆）睡觉就像在人行道上睡觉一样安全，偶尔有人会坚称他们真的无法在微薄收入中拿出旅馆钱。"安全"有时似乎指的是没有警察搜查。

穆德里克所说的"一旦无家可归,永远无家可归"似乎指的是他在地上睡觉的社会和身体经历和他的身体对此的反应。他的身体似乎已经变得更喜欢这种身体感受,从而使得无家可归这种一般人不认可的方式变得能够接受。这其中的一些人已经不再感觉到睡在床上很舒服。虽然大多数美国人觉得睡在床上是体面生活的基本因素,但传统的床并是生理上的必需品,而是文化的产物;世界上许多人认为睡软床不如睡硬板床健康。[7]

伊什梅尔几乎没有离开过第六大道和8街交叉的街角。然而,当哈基姆问他是否认为自己无家可归时,他说:"不,我不认为自己无家可归。不。你看,我不在街上睡觉,我不平躺在大街上。我不会显得像无法工作一样。"

"你说你不在街上睡觉,但是我常常看到你坐在人行道上的一把椅子上睡觉。"

"在人行道上,坐着,睡着了。行吧?在工作,睡着了,行吧?我在工作,睡着了。和没工作可不是一回事!我又不是躺平在地上。"

所以,有些人否认自己无家可归,哪怕如果换个词汇,他们是接受这种状况的。"无家可归"的状况本身并不构成这些人对于自己基本角色的定义。**经营活动**——而不是居无定所的状态——是个人身份的核心。如果你让一个人介绍自己,他可能会说"我是一个小摊贩",而不会说"我是一个无家可归者"。(在这里,我们可以记起罗恩和马尔文的讨价还价技巧,他们如何卖掉自己的东西并"赚"到,从而产生一种作为独立商人的自尊感。)

虽然路人会认为伊什梅尔是一个"无家可归"的人,但他的回答表明,他自己认为工作是他的基础身份。事实上,伊什梅尔在第六大道的日程中,大部分安排是围绕着工作的要求和常居地的互补原则来进行的。他知道警察什么时候巡逻,那时候他**必须**确保自己在桌子那里,否则他的东西就会被拿走。他知道垃圾什么时候被扔出来,他那时候一定要出去"淘货"。他知道顾客什么时候最可能来买杂志,所以那时候他必须在。他知道有时一个人会不定时地出来捐赠一些杂志,他在街上多待是有好处的。

他可能会告诉研究人员他会更愿意有一个固定住所,但他并不会,如果那意味着他必须放弃维持生存的必需之物:没错,一个睡觉的地方;但还有免费或便宜的食物、社交网络、充足的垃圾,以及最重要的——一个能够出售他从垃圾中拾捡所得而维持生活的地盘。对于他在这些街区上的生活,我们必须给予比"无家可归"更丰富的解读。我们必须看到,他将居住条件,以及一系列互为补充的条件联系起来纳入到人行道的使用方式中,使其最终得以维系他的生活。伊什梅尔将互补性的生存因素都相互联系起来,从而选择在街上睡觉——这不是因为街上是他所能选择的最好的睡觉的地方,也不是因为他把所有的钱都用在了毒品上,而是因为他在街区上的工作是最重要的考虑因素,而他通过做他的工作来组织自己的生活。

* * *

  谈论人们日常生活中的小选择，和理解什么环境导致他们栖身街头，是两回事。而对于这群人的仔细考察，也不能等同于理解了其他居无定所的人，后者的维生活动可能没有组成复杂的社会组织形式。[8]我们不应该假设第六大道上的居无定所的人，等同于带着孩子在街头流浪的单亲母亲、住在汽车中的没有房产的家庭、在桥下独自睡觉的人、或者找不到住所的人。[9]比如说，研究表明，20世纪80年代中，纽约市的单身住宅（Single Residence Occupancy，缩写为 S.R.O.）房产市场的破坏，是大城市中无家可归人口明显增长的主要原因。[10]

  然而，当睡在第六大道这些街区的人决定睡在这里时，许多路人会怀疑他们有没有在努力追求"体面"的生活。我认为，对这个问题的答案是，这些行为并没有改变我们在本书前三章所说的：这里的每个人都在进行这样的努力。从他们选择的谋生方式中，可以很明显看出来，他们都在诚实地经营。如果他们吸毒、无法在他人容忍范围内为人服务、没有谋生的技巧，然后抢劫来支撑他们的使用毒品的习惯，那么我们可以合理地得出结论说，他们放弃了按照社会标准生活的努力。而在这里，这些人巧妙地利用当地的法令，挪用了公共空间，从而避免进行伤害他人的犯罪活动。如伊什梅尔所说，他挪用的地盘，别人也完全可能再挪用。所以他必须留在那里保护地盘，或者说，至少他认为他必须这样做。

  有人认为，无论一个人如何"堕落"或"受害"，他也必须

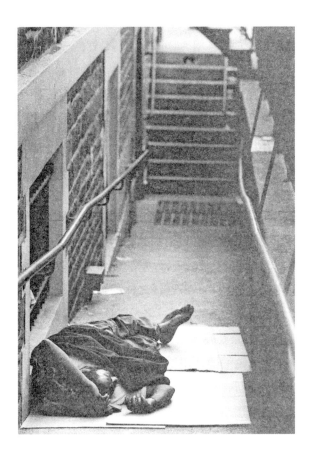

与其他人一样遵守相同的标准。实际上,社会学分析如果采取这样有挑战的视角,将这些人的行为与社会中其他不被视为"受害者"的人的行为所对比,就会变得更加有力。伊什梅尔令我们想到,有一些社会认为值得尊敬的人也像他一样,选择睡在他们的工作地点。小零售店的业主可能开店的前十年都在阁楼睡觉。他们害怕如果自己不在,店里的事情可能会被搞砸。即使他们的商店走上正轨,像时钟一样稳步运行,他们似乎也仍相信他们必须寸步不离。

于是我们很容易相信伊什梅尔和"体面人"唯一的区别只是后者睡觉的地方比较符合社会的普遍标准。在某种程度上,可以这么说。但问题是,当"体面人"不这样做的时候,很少有人指责他们不体面。这是因为他们不符合违法犯罪的刻板印象,而他们的行为也并不是公开可见的。几乎没有人看到他们在做什么。

当然,在美国和世界各地都有很多挪用公共空间和在户外睡觉的人。在加利福尼亚州的圣巴巴拉,有些人在美国铁路车站外废弃的大众大巴车上睡觉,有些人在那里一住就是几个月。还有许多其他人自备睡袋来挪用公共场所,在沿海岸穿行的一路上露营。这些人是白人,并且往往来自中产阶级家庭。他们在露营时也使用毒品,而似乎没有任何人觉得这是个问题。几乎没有人怀疑他们是否体面。

如果罗恩在吸食霹雳可卡因时害怕租住床位,或者格雷迪为了冷天能够住在室内而存钱,我们很难说他们是放弃了过"体面"生活的努力。

有一点值得指出的是，经常睡在这几个街区的十六个人中，只有五个人现在还在那里过夜。而那十一位像罗恩一样离开这些街区而找到住处的人，**都**仍然在这些或其他人行道上摆小摊。在这些街区上，随时都有可能有人攒了一些钱，去找一个自己的住处。在我写作时，格雷迪已经订下了一间公寓，他的伴侣基思·怀特已经省下了一千美元，能够为布鲁克林的一间公寓付押金。摆摊的机会对于许多人来说，的确提供了走向稳定生活的机会。

但是，总会有人把睡在街上做到极致。当我请哈基姆解释，为什么他自己、马尔文和贾曼这样的人都无法劝阻别人露宿街头（而客观情况已经提供了其他选择），他说："我们也不是没跟伊什梅尔说过'你要是想摆脱睡在街上的生活，我们觉得你应该这样做'。我以前对此还很乐观，但我后来得出的结论是他不想追求生活的平衡，只想工作工作再工作。一旦一个人习惯了某种生活方式，想要做出改善的努力，要花很长一段时间来调整适应。"

要判断非正式的社会控制是否失败，最实际的检验标准就是外来的控制制度能否做得更好。如果本书第一部分所描述的那种劝导并未能阻止人们在人行道上睡觉，政府是否能够以正式法规来有效治理呢？例如，如果城市给小摊贩划出空间，人们就不必在人行道上睡觉来维持他们的权利了。从理论上讲，这会鼓励一些在街上生活的人晚上去别的地方。如果一个人对某块特定的人行道空间有产权，他或她就不会觉得必须在那里睡觉才能维护地盘。

这样的规定可能会给我们的人行道和住在上面的人都带来更多秩序。但证据却表明，许多这些居无定所的人根本不会去旅馆。即使失去晚上摆摊的权利，那些习惯了在硬地面睡觉的人还是很有可能住在人行道上。那些赚钱来大量吸毒的人也很有可能留在外面，如果不能摆摊，他们可能会乞讨或者偷窃。根据我们对这些人和他们的生活的了解，我们可以合理地推测，想要通过更正式的监管来减少混乱，则可能导致更大的混乱；如果消除摊贩和拾荒，则可能会导致更多的盗窃。

非正式的劝导和控制，不可能制止所有与普遍体面观念相悖的行为，我们也不能期望政府制定的政策会有更好的效果。当然，最好的出路则是提供更好的戒毒治疗，以及人们更愿意接受这些治疗。但即使有最好的戒毒治疗方案，有些人仍然会选择"一醉方休"。其中有一些人会选择诚实地赚钱。有一些人会在人行道上睡觉。人行道生活中固有的非正式社会控制体系能做到的，是鼓励人们在自己的缺陷和社会的缺陷允许的范围内，去追求"更好"的生活。

内急之时

沿着第六大道走,在韦弗利街和华盛顿街之间,有时候会看到有人在华盛顿广场公寓的侧面小便。虽然第六大道是一个不错的常居地,能够相当全面地维持生活所需,但它缺乏宾夕法尼亚火车站最好的设施之一:向公众开放的洗手间。所以这里的人们要方便的时候必须自己找地方。

我向公寓居民菲利斯·格罗斯询问华盛顿广场公寓的人对这事怎么看。她回答说:"显然这是这个公寓的建筑师的设计缺陷之一,在建筑物的侧面排凹槽线条,所以在这里小便太方便了。人们不得不随处小便这事本身〔就令我感到不安〕……但是他们真的不需要这样做,因为〔几个街区之外的〕华盛顿广场公园就有一个洗手间"。

穆德里克:"这是我的厕所"

"我得找一个纸杯,然后就好了,"晚上十点,我们沿第六大道往下走时,穆德里克告诉我。他在垃圾桶中找到一个纸杯后,停下来,解开他的裤子,开始尿尿。我问他为什么。

"为了这条街,米奇,为了吉利亚诺,"他笑着说。他指的是纽约市长，名字是鲁道夫·朱利亚尼。"吉利亚诺说你不能去洗手间。我就发明了这个办法。现在街上的每个人都搞个杯子。你不能去商店和餐馆的洗手间，因为你要是不花钱他们就不想给你用。那你怎么撒尿呢？你就找个纸杯。"

"然后你就把它扔在街上？"我问。

"扔在街上！"穆德里克说。

"这是为了朱利亚尼？"我问道。我很惊讶撒尿被视为一种政治行为。

"是的，我因为在街上撒尿被关进了赖克斯岛监狱。现在我就用个杯子。因为在街上撒了尿我就得给城市付一百美元？狗屁！现在我就用杯子。警察要是说，'你干嘛呢？撒尿呢？'我就说，'没错，我往杯子里撒尿呢，没往街上尿！街在那边呢！我这用着杯子呢！'"

"这儿的厕所都不能用，"后来有一天，我又问到这个问题，穆德里克继续解释，"像〔街对面的〕麦当劳吧。昨天早上我去了，我实在得拉屎。他们说，'你必须买东西。'我可是那家店的常客。十分钟后，另一个人走进来，他什么都没买，她直接给了他钥匙让他去用厕所。"

几天之前，我注意到穆德里克试图挥手打一辆出租车。没有车为他停下来。几秒钟后，他转过身来，手上拿着一个杯子，把它丢在了下水道里。当穆德里克假装叫出租车时，他另一手藏在解开纽扣的衬衫里拿着杯子小便。过路的行人和车里的人似乎都不知道他在做什么。"我告诉你我怎么做的。我把东西放这儿。我衣服放在这儿。然后我这样拿着。然后我说〔大喊〕

"出租车"！谁都不知道，因为我看起来像是在打车。"

另一次，穆德里克将尿倒进下水道之后，把他刚用过的星巴克纸杯挂在了第六大道的树枝上。（这棵树是当地的商业改善部门种的，用来压缩摊贩的空间。）我偶尔看到过树枝上挂着纸杯，但从来没有多想过。

"我把杯子挂在树上。这就表示这是我的杯子。你难道要把你那玩意儿放在别人的杯子里？所以你把你的杯子挂起来，那就是你的厕所了。像这样。这是我的杯子。我用完我的杯子，不想让别人也用。这就是我的厕所。我得把我的厕所好好放这儿。〔把杯子挂在树枝上〕然后我回到书店〔他的桌子〕，每隔五分钟，我就留神看下我的厕所。因为我知道我待会儿还得尿。"

"每个人都这么做，"他继续说，"马尔文也这样做。你知道为什么吗？因为他们不能进厕所。"

穆德里克说，纽约市完全有能力在街角建更多公厕，这样他就不用走七个街区去"撒尿"，或者，如果他不得不上个大号，就得花很长时间，这期间警察可能会没收他的书。"吉利亚诺大把大把赚钱，而我这样无家可归的人无处可去。我尊重公众，尊重每个人，但我连厕所都没法用。"

"那里是昨天早晨我拉屎的地方，"他当天晚些时候指着拐角处的一个垃圾集中箱，继续对我说道。他向我展示了他如何打开垃圾集中箱的开关，在里面坐下大便。他说，为了防止感染肝炎，他一直把卫生纸放在口袋里。我提出要看一下，他从口袋里拿出一大卷卫生纸。"两个口袋都有一些。因为，如果我要去哪儿，我就得准备好我会去那边那个卡车后面。我不觉得我的勾当见不得人，因为我没有什么勾当。"

"这一切都会写在书里。"我提醒他。

"我不在乎书里有什么，你得让人理解这些！"

罗恩："有时候我不得不在街上撒尿"

公共洗手间总是禁止在街上工作的人使用吗？6月的一个星期五，我路过乌诺比萨店，注意到罗恩进来，冲向了餐厅后面的男洗手间。然后我自己也走进了洗手间，发现只有一个隔间，罗恩就在里面。我于是走出来，等罗恩出来。两分钟后，我还没看到他，我再次走进去，看到罗恩在用肥皂洗手。

"穆德里克告诉我，他们不让在街上工作的人使用这个厕所。"我对罗恩说。

"有一天经理过来说，他不希望我们再来这里，因为厕所被弄脏了，他相信是我们中间的谁干的，"罗恩回答说，"但是我告诉他，'我们一直都能用这个厕所。我已经在这里待了十年，我一直都是受欢迎的。事实上，以前的经理们还常常给我们食物。'他说，'那好吧，忘了我刚说的话。'所以现在人人都可以来上厕所。"

"但是，穆德里克说，这些餐馆都不允许他进，包括乌诺。"

"他可能试都没试过！我从来没有见过他来这里试试看。我觉得他要是拿着瓶啤酒，大概没法进去。我从来没有看到穆德里克试图去那里，他总是用杯子。"罗恩然后解释说，他也不是一直就使用乌诺的厕所，无论他是否受欢迎。

"我曾经在〔华盛顿广场公寓〕楼那边撒尿。然后我会看到人从大楼里出来，说，'哦，恶心死了。'所以现在我根本就不喜欢那样做，如果我**不得不**在公共场所撒尿，我就在街上撒尿。"

"我不敢相信你会在建筑外墙上撒尿。你当时一定喝醉了。

"没有。"

"那么，是因为你对那里的人生气吗？

"不，这只是一个可以撒尿的地方。〔笑。〕就是这样。不是我喝醉了。我觉得在建筑物上撒尿没有什么不妥。"

"你为什么会觉得没什么不对的？"

"它就是栋**楼**而已。它又不是公寓里面。它就是一个结构。人自然想对着一个东西尿尿，而不是对着空气尿尿。当你使用厕所时，你是对着厕所的墙壁尿尿。甚至连狗都是对着建筑物的一侧撒尿。他们要是那么反对人对着建筑物撒尿，他们也应该反对狗在建筑物上撒尿啊。狗尿比人尿味还大呢。你明白吗？如果他们是担心气味跑到自己的公寓里面，他们应该不让狗撒尿才对……但是话说回来，我也不那么干了。我努力避免。"

"为什么？"

"人们可能正从窗户往外看，看到你。有些人会生气，会说，'嘿，这是我住的楼！'"

"你认为他们生气得有道理吗？"

"他们想要生气就生气了。你管不着别人的感觉。所以我能做的只是尽量不要这样做。我现在去汽车之间撒尿。而且我也尽量不要尿到人家车上。如果有人看到你尿到他们的车上，他们会很生气。"

"你有没有像穆德里克那样用过杯子?"

"我不喜欢那样,全都尿在手上了。"

"什么情况下你会**不得不**在街上撒尿?"

"凌晨三点,我在街上,大部分店都关门了。开着的店太远了。我不想走四个街区,那样会丢了我的桌子,所以我可能就在街上汽车之间。〔你离开桌子的时候,〕任何事情都可能发生。有人可能会偷你的东西,或者你可能会错过一笔买卖。你等顾客等了一天,你刚一走开,顾客就来了。

"有时你没办法,只能在街上撒尿。一个人要是特别脏或者很难闻,他就不想去厕所,那里还有体面的人。你对自己感觉不好。有时候我**不得不**在街上撒尿。我身上和衣服都又脏又臭,带着前一天晚上的酒气。身上还有汗臭味。我可不想这种时候进厕所。"

"所以在街上撒尿也是一种表达尊重的方式吗?"

"对!尤其是在早上,人们穿着体面的衣服准备上班。所以我就不去那样的体面地方。所以我就**不得不在**街上。"

即使穆德里克和罗恩两人都表示他们进行这些不规矩的行为是被逼无奈,但他们所采用的小便方式仍有不同:穆德里克用一个纸杯,而罗恩过去习惯对着公寓楼的外墙。然而,即使罗恩不明白人们为什么讨厌这样的行为("你管不着别人的感觉"),他仍然改变了自己的做法,改为在汽车之间。他似乎非常关心他身边其他人的感受,以至于如果他觉得自己的体味会干扰到干净整洁的消费顾客,他会主动拒绝使用餐厅厕所。

报亭工作者："我觉得不好"

当罗恩和我正在说话的时候，在第六大道和韦弗利街交叉路口的书报摊上工作的印度人拉吉走来和我们打招呼。他穿着意大利丝绸休闲裤，熨烫好的棉衬衫和网球鞋；他干净整洁，看起来当天早上洗过澡。既然他也在第六大道上工作，而在他的报摊里没有厕所，我就问他是否也会有类似的行为。

"让我问你一件事：当你在你的报摊上必须要去小便的时候，你去哪里？"

"我去那边，"拉吉说到，同时指着街对面，在第六大道和华盛顿街交叉处的一家印度餐馆"巴鲁奇"。他说，当他只有一个人在报摊里，实在走不开时，他会在杯子里"完事"，然后丢在垃圾桶里。

但和罗恩不同，他说这话时声音里带着尴尬。

"你经常这样做吗？"我问。

"很少。因为我羞愧。我觉得不好。"

罗恩说："但是你在摊位里面。没人能看到你。他这儿有隐私。你明白吗？"

对于罗恩来说，唯一能导致尴尬的理由似乎是别人看到他在小便的行为。然而，对于拉吉而言，羞耻感似乎源于他自己确信自己违反社会标准，无论别人是否能看到他。这个差别可能很有意义。很可能对于罗恩来说，在人行道上找机会小便的需要已经大于任何罗恩不得不在厕所之外的地方"解决"的羞耻感：他对此已经非常习惯了。但是，让别人看到时，他仍然感到尴尬。由于尴尬是基于我们所感觉到的别人如何看待我们，因此它是一种完全社会性的情感，揭示了我们是嵌入在社会中的人。

"你也会用那边的厕所吗？"我指着街对面的韦弗利餐厅，向拉吉问道。

"会。"

"是因为你消费吗？"

"不，我就说'我是报摊上的'，他们就说'没问题'。在那边，还有那边。〔他指着韦弗利餐厅，然后又指向巴鲁奇。〕没问题。在这边和那边？随时都可以！他们一楼有一个不错的厕所。"

顾客专用？

穆德里克和罗恩对于他们是否必须在公共场所方便，说法不一。穆德里克声称他这样做，是因为他无法使用附近的洗手间。而罗恩则说，在他身上很脏或酒醉的时候不愿意进餐馆，这种时候在街上小便反而比较尊重他人。

穆德里克很有可能可以进入餐厅，但有可能某些过去的经历让他相信他不能。也有可能是因为他完全不认为厕所有什么重要性，因此夸大其词，说餐馆不允许自己进入。也有可能是他过去的经历十分沉重，使得他很难去冒着被拒绝的风险，尝试使用餐馆厕所。被拒绝的风险可能是他不愿意付出的代价。

我在街区的几年时间里，有时候会看到其他证据，表明在街上工作的人们难以进入公共厕所。我们已经看到乌诺比萨店的经理告诉罗恩，街上的人不能使用店里的洗手间。罗恩在和他争论后才获得使用权；而在同样的情况下，其他人也许就被吓到，默默走开了。还有一些其他例子。例如，八月有一天，约翰·斯图尔特走到哈基姆的桌子跟前说："麦当劳的这些人态度不好。我去上厕所，他们锁了门。我去麦当劳都去了二十五年了。我花了那么多钱！"

哈基姆最近也有类似的经历，两人决定随身带着录音机，去麦当劳抗议。

"我想和经理说话。"哈基姆对柜台后面的一位非裔美国人说。

"经理一个小时后才回来，什么事？"

"这附近的一些非裔美国人平时都来这家餐厅买东西，但他们被禁止使用厕所。我们就在这附近工作，我们想和经理谈谈，看看我们能否在这个层面上解决。"

"如果有人走进来用厕所，他们必须是顾客。"

哈基姆说："但实际上，在这里花钱的人被剥夺使用厕所的权利。"

"只要你是一个花钱的顾客，你就可以用厕所。"一名黑人女性工作人员插话说。

"你说花钱顾客是吗！"约翰说，"我吃麦当劳都二十五年了。"

"又不是在这家店,"那位工作人员说,"这家店在这儿还不到一年。"

"你看,"约翰说,"你还有这种心态,你几岁了?"

"21。"

"我吃麦当劳的时候你还没出生呢。"他说。

这话之后,哈基姆和约翰离开餐厅,回到了哈基姆的桌子那边。

"如果情况还持续的话,我们就去弄一个抗议标语牌,站在餐厅门口开始抵制他们。"哈基姆说,"直到周围人都知道发生了什么事。"

"昨天我去那里,当我往店后面走时,经理说,'我能为你服务吗?'"约翰说,"'你能为我服务吗?服什么务?'所以我只好买了一个肉桂卷,然后我还是不能用厕所!"

一个大约五十岁的黑人走到桌边,加入了讨论:"有时候我们可能会进去,会买东西,会求人家。但我们不应该去不尊重我们的地方消费。并且我们也应该让麦当劳里面那些种植园黑人知道这个。"

"是的,"哈基姆说,"在麦当劳,比油炸食物什么的稍微高级一点的职位,你就不会看到很多黑人了。"

这一段对话中,我看到了几个一再出现的问题。

首先,很显然,即使约翰最终买了肉桂卷,他还是被告知卫生间已关闭。这并不罕见。我亲自见到过伊什梅尔即便在消费之后,还是被告知卫生间正在清理,无法使用。而我没有买东西，但轻易地拿到了钥匙，进入厕所而没有收到任何警告，并且发现厕所是空的。在第六大道街头工作的许多人似乎也都会受到这样的为难，即使他们已经花了钱。这些故事不断重复。

第二点，第六大道上的人如果要上厕所，现在就要上。往往在他需要的时候，他的口袋里并没有很多钱，甚至就没有钱。他很可能这时只有两个选择：要么不消费而说服一个店面经理，要么在街上小便。

谁是"顾客"？

第三点，也是至关重要的一点，约翰一开始似乎试图不消费就去使用厕所。事实上，许多在街上工作和生活的人相信，如果他们经常在这家店消费，他们就有权利使用它们的洗手间。在使用洗手间的这一刻是否消费了，对他们来说是不重要的。当约翰说他已经吃了二十五年麦当劳了，他实际表达了街上的人常有的一种观点，认为与麦当劳的常客关系，决定了他作为顾客有哪些权利。

穆德里克也是这么认为的。"你这星期去买了个吃的——就说你去买个薯条吧。两周之后，你想去上厕所，他们就不让你进。但你**还是**顾客啊！你只要买东西了，你就是一个顾客。"

"你觉得买一次东西，就终生是顾客？"

"一旦你**走进**那里，你按常理说就是一个顾客。你在那里花钱了。你应该是一个顾客了。他们在那里看到你，你在那里花了

第三章　非正式社会控制的局限 | 223

钱，他们就认识你。他们肯定认识你。你不得不撒个尿，但你却不能用他们的厕所。"

"成为顾客有什么条件？"

"我就是不明白了，"穆德里克继续说。"你去餐馆，他们不让你用厕所，因为他们觉得你不是顾客。"

"如果你买咖啡的时候同时去上厕所，他们会允许你吗？"

"我从没试过。"

"怎么会呢？"

"如果我现在去买包薯条，然后我拿出门去吃薯条，然后我肚子突然不舒服，我想去拉屎，他们说你必须是一个常客。嘿，我刚刚买了一包薯条啊。有什么区别？"

在我与穆德里克这段对话的一年之后，有一次，我们在第六大道上的一家餐厅里喝可乐。他走到后面，要求服务员给他开下厕所的门锁。女服务员拒绝，并且说什么，你从来都不在这里买东西。穆德里克把手伸进口袋，拿出一叠一美元钞票，抽出几张想要放在她手里。他说，这是给你的小费。但是钞票落到了地上，女服务员拒绝捡起来。穆德里克说，不要羞辱我。厨师在刷卡开门的时候，看了看我。穆德里克弯腰捡起钱，进了厕所。

还能去哪儿？

如果罗恩认为他太脏或醉酒的时候进入餐厅是对他人的冒

犯，或者如果穆德里克认为他没法进入餐厅厕所，他们还有什么其他选择？

为什么这些人不会去几条街之外的华盛顿广场公园的公共男厕，就是华盛顿广场公寓的格罗斯夫人所说的那个？我一再问穆德里克为什么不去那里。

"太恶心了，"他向我描述华盛顿广场公园的公测，"马桶上没有座圈，你必须坐在马桶那个窄边上。而边上全是屎。谁愿意一屁股坐在一个全是屎的狗屁马桶上？"

穆德里克和我走到公园去看看。这是六月的一个工作日，下午四点。地板上全是棕色的水。厕所里有六个马桶，之间没有隔板。也没有马桶座圈。粪便和尿液的臭味很强。

出来的路上，我们去拜访了公园的经理 K. C. 萨尔。当我们走进他的办公室时，穆德里克说："把他妈的广播打开。"指的是我的录音机。我打开了录音机。

我们向经理介绍了自己，并与他握手。然后我问他："厕所里为什么会没有马桶座圈？"

"因为我们只要一安上去，就会被人弄下来。"

"是因为它们**会**被拔下来，还是它们**以前**被拔下来过？"我问。

"被拔下来**过**。"萨尔说。

"那么，也就是说，以后也再也不会有马桶座圈了？"

"不会有，"经理继续说，"我觉得那有点要求太高，就是你说的那些细节——就是能够安上马桶座圈而不被拔走，或者安上隔板来保护隐私。"

穆德里克和我离开了经理的办公室。可以看得出来他很生气。"他妈的华盛顿广场公园。他们就不能安个马桶座圈？他们明明可以解决这问题，但他们不想解决。他们就想让我们别来。我可没法去那种地方拉个屎。我在那狗屁地方都喘不上气来。如果我现在不得不拉屎，我会直接去那棵树后面。那里至少有空气。你去那厕所，什么隐私都没有。厕所不都应该有个隔间吗。"

穆德里克继续说道："你把鸡鸡掏出来，那里每个人都看着你的鸡鸡。想看看你有多大的家伙。你在那里拉个屎，那些王八蛋就看你的屁股。这城市整个都他妈疯了！"

解决方案：提供公共厕所

我和麦当劳和韦弗利餐厅的经理交谈过。两人都说，如果他们让一个在街上工作的人进入餐厅，他们就得允许所有人进。而如果所有在街上工作的人每天都来用几次厕所，那么顾客就会看到持续不断的街头工作者出入餐厅，为顾客带来不愉快的氛围。麦当劳的助理经理解释说，每次厕所被弄脏或者堵塞，就得从点餐柜台上抽调人手去打扫，这样点餐柜台前等待的人就会更多，对于一家快餐店来说，这是很不利的。餐厅里有厕所这件事，对于在这两家餐馆工作的人来说都造成了很大的困扰。

一个人是否将厕所视为解决身体方便需求的**唯一**自然而然的或者最好的方式，取决于厕所资源对他来说有多么可及，也取决于他对于警察来没收桌子和物品的担忧。这些情况导致了个人的重新社会化。穆德里克似乎认为自己的行为是对于他所相信的外界约束的自然回应。尽管如罗恩所认为的，一个人的信息似乎并不能适用于他人的情况，但这却符合他的经历。

在街上工作的人在很长一段时间内已经习惯了这样生活，他们逐渐以另一种方式社会化了。比如说，曾在宾夕法尼亚火车站居住的人，就习惯了在洗手间公开脱衣服，在公共洗手池清洗身体。看起来，接受自己住在街上，意味着一定程度的放弃，这使得这种行为更加容易接受。例如，我们可以想想看罗恩和报亭工作者拉吉的反应之间的差异。

这些人所做的事，在主流社会看来是很不体面的。但是，我们可以将他们的行为与更富有的白人的行为进行比较。我曾在一个繁忙的星期六晚上看见中产阶级白人在格林尼治村的建筑上小便。我的朋友亚当·温克勒常在比佛利山的"山巅"乡村俱乐部打高尔夫球，他说尽管洗手间分散在整个球道上，但仍然常常看到男性在高尔夫球场上小便。在任一社会经济阶层，男性随处小便的行为似乎都不罕见，尽管街上工作的人能去的地方更少。

正如我们所看到的，罗恩因为难堪的感觉而停止在公寓楼小便，也会因为同样的难堪而不愿在觉得自己体味难闻的时候进入餐馆。在这个语境中，他可能实际上将自己在公共场所小便视为一种不尊重他人的举动，因为他觉得自己喝得太多或者太脏，而不愿意与别人使用同一个厕所。

公共场所小便问题，并不能通过更好的非正式社会控制或"劝导"来轻易解决。我们在这里看到的那种污名化的特质，就是人行道上的一些人永远被排斥，或者永远感到自己被排斥，而有些人的情况可能只是稍有不同，就会自己为自己创造解决方法。哈基姆可以使用厕所。贾曼也可以。这些人已经与愿意让他们方便的餐馆老板建立了联系。但很可能无论哈基姆对罗恩和穆德里克说什么，都不会让他们进入洗手间的时候感觉更舒服。不同之处在于，哈基姆和贾曼每天都洗澡，看起来干净整洁，不使用毒品，也不在户外睡觉。他们也经常会在使用洗手间的地方买东西。

同样地，在过去的几年里，爱丽丝在当地的餐馆或在她和其他小贩晚上存放货物的停车场里使用洗手间都没有任何问题。当 24 便利店（一家便利店）被转手改为"去吃寿司"店时，爱丽丝与新店主也建立了融洽的关系。她开始帮他们看两辆停在外面的汽车，从上午十一点到晚上七点，为这两辆车在停车计费器里充钱，而作为并未明言的交换条件，她可以在店里使用厕所。她五岁的孙女玛西沙也在"去吃寿司"里上厕所，而爱丽丝也会在同一个厕所中为她两岁的小孙女莫妮沙换尿布。

从某些层面上来说，在这个地区，更好的控制系统——正式控制系统——实际上可能可以补充人行道上的非正式的默认行为和劝导。证据已经表明这些问题的部分原因正是严厉的警察政策。因为警察会在摊贩不在的时候丢弃他们的货品，所以他们鼓励了街上工作的人们使用纸杯、垃圾桶和建筑的侧面。摊贩们遇到的问题与不尊重排泄权利的公司的员工的问题非常相似。事实上，很多雇主都因为员工想要在工作时间上厕所，与员工在这方面有冲突。[1]

然而，无论如何，厕所资源本身显然是一个问题，而这是造成这些人成为问题的主要原因。城市解决公共场所小便问题的方法是，发现穆德里克这样的人在公共场所小便时，把他关起来。但这并不能解决这个问题，因为在街上工作的人们相信他们别无选择。另一种办法则是提供目前在巴黎和旧金山街头的那种自洁公共厕所。

即使在这一点上，我也感到有些不确定。在最近的巴黎之行中，我与法国社会学家昂利·佩雷茨（Henri Peretz）一起走在街上，寻找那些维修城市的自洁公厕的卡车。当我们找到一辆卡车时，我（通过昂利）告诉司机：希望有一天纽约人也能有这样的资源。他抱怨说，在巴黎，一些居无定所的人每晚都住在公厕，将公厕当作了收容站。这意味着，即使是有公共厕所，也会无法满足人们的使用需求。每项政策都有其意想不到的后果。

此外，提供这样一个厕所，显然会使这个街区更有可能成为一个适用的常居地，许多政策制定者都不愿这样做。不过，缺乏这样的资源，也并没有打破街头人们的维生底线。这只是使他们更容易进行不卫生的行为，而对那些不了解其社会性原因的人来说，这种行为是不雅的。

纠缠女性

八月下旬的一天,我和穆德里克一起出售书刊,他一直努力争取得到路过的女性的注意。[1]

"嗨,美女。你真漂亮。你手指上没戴戒指。你什么时候打算结婚?"

这位大约四十岁的白人女性说:"你**明知道**你看到我手上的戒指。"

"哦,听我说,让我娶你吧!"

"抱歉!"她直视前方。

"上帝啊!你还会回来吗?"

她继续向前走。

"主怜悯我!如果你不回来,我会发心脏病的!"

一个约二十五岁的白人女性走过。

"我爱你宝贝。"

她交叉起双臂,加快步伐走过,完全忽视了他。

"嫁给我。"

她走了。

我告诉穆德里克她看起来是个和善的人。

"和善就他妈的是做梦,"他回答,"没有哪个女人和善。所有女人都坏透了。"

"你不认为她很和善吗?"

"不。很难见到一个和善的女人。和善的女人太少了。特别少。"

接下来是二十几岁的两个白人女性:

"嗨,姑娘们,你们今天都很漂亮。有钱吧?买些书吧。"

一位二十多岁的黑人女子走过,也忽视了他。

"嗨,美女。嗨,美女。"

她只是继续走路。

"等下。等下。我知道你听见我喊你了。"

然后,他又朝向一位三十多岁的白人女性。

"我看着你呢。你很漂亮。你知道的。"

她也无视了他。但是,穆德里克不这样认为。

"她死盯着我呢,米奇。你能看出来。她们都盯着你。大多数女人,她们都等着你跟她们说些什么。"

* * *

对于一些在人行道上工作的人来说,第六大道的一个关键特征就是这里有足够多与行人交谈的机会。对于一些行人,尤其是女性来说,这种行为令人不安,特别是像穆德里克这样的人有时会刻意纠缠她们,通过说话而试图使她们放慢脚步。

我在五年多的研究中所访问的五十多位公寓居民(无论种族、阶级、性别、性取向等)都谈到了在人行道上的一些不愉快遭遇。但是,在我每天看到的行人和街头工作者之间的互动中,只有一小部分是"不愉快的",我接下来将描述"不愉快"

的标准是什么。

本书前面所描述的摊贩与顾客的对话可以显示，在街上工作和/或生活的人与行人之间的互动中，大部分都表现出社会团结。我发现，在这些街区，二十一名"常驻者"中只有三人会纠缠路人。但是，只要有几个人坚持去吸引陌生人的关注，只要街上有一小部分是这样的纠缠，就足以造成了当地居民心中偶尔出现的"生活质量"问题。

我特别注意到贫穷黑人男性和中产阶级白人女性之间的互动，因为当我在录音上听的时候，只有这两个群体之间的互动在我听来是有问题的。我最后会讨论这是为什么。我还会讨论这些互动是否对路过的女性构成任何真正的威胁，以及非正式的社会控制机制为什么似乎无法规范这种行为。

虽然我在这里的分析集中于一些令行人反感的行为，我必须一再强调，这些人在人行道上的其他时候（以及在他们生活中的其他时候），每个人都是以"积极的"和直接的方式待人的，包括他们生活中的女性——女朋友、母亲、孙女以及一般路人。

我在这一章中，将会展示这些人中的个别人是如何打扰一些路过的女性的。通过仔细观察这些互动如何产生效果，我们可以看到这种令人不安的互动的一个重要的维度。学术界内外都有一种观点，认为女性在听到男性说的暗示性话语时，她们所感到的紧张来自于话语的内容。[2] 而另一种观点，也在学术界内外都存在，则认为白人在贫穷黑人面前所感到的紧张是因为很多白人不具有足够的"街头智慧"——无法区分不同的黑人，以及熟练地避开。³ 常识性的智慧固然有益,但这里面还有更丰富的层面。在第六大道上,这些互动实际可能产生的身体伤害微乎其微,但为什么有的人会感到显著的紧张感?我发现还有另一个层面的原因。

纠　缠

在简·雅各布斯看来,人行道让人们有机会来进行规律地和非正式地互动。她所强调的"街上的眼睛"意味着,你在一个成功运作的人行道上如果发生了什么某些事情,其他人会来帮助你。与肉贩、锁匠或蜡烛制造商简短地打招呼这一过程是非常重要的,因为它会让你感到如果你跌倒了,他们会来扶你,而在他们看着你的时候,没有人会来攻击你。她相信,知道其他人正在看着,会造成"一种几乎无意识的确信,相信出事的时候街上的人总体上的支持"。⁴ 由于打招呼这样微小的互动经验能确定上述良好意图,人们在街上感到安全,因此会在街上待更长时间,使街道更加安全。雅各布斯认为在环境中有许多不同人的情况下,一个人就需要管理自己的社会生活。理想的城市生活是与所有这些人都有一些表面接触,而不必与他们有**过多**交往,而他们的眼睛和耳朵则保证了安全:

　　人行道以亲密的、私人的方式聚集起在其他情况下互相不认识、也不关心的人……城市里充满了这样的陌生人,在你我看

第三章　非正式社会控制的局限 | 235

来，或者在其他每一个人看来，与他们有某种程度的接触是有用的或者愉快的；但你不希望他们来烦你。他们也不希望你去烦他们。

良好的街道生活的一部分，就是可以自由行走，而不被纠缠，并在行走时感到安全。

今天的人行道生活与雅各布斯写作时已有不同。在雅各布斯的时代，人行道生活让人们与大量与自己相似的人只产生有限的接触。[5]而现在，因为陌生人有着各种模样，问题便也产生了——尤其是纠缠的问题。

当然，也可能人行道的生活并没有多大变化，而只是在雅各布斯的描述中看起来很不同。她那一代的评论家，包括威廉·怀特——其作品《城市》是一部研究城市公共空间的杰作——都认为，人行道对于每个人都是同样的，没什么问题，不管是男性或女性、黑人或白人。只要街上的眼睛在，大家就都能满足需求。[6]然而，近年来，一些女权主义地理学家和社会学家则强调，公共空间不是中立的；相反，这样的空间使女性处于不利地位，迫使她们忍受来自男性的暴力威胁和口头侮辱。[7]雅各布斯的描述中并没有提到白人男性用言语骚扰女性，这其中的一个原因可能是在她的时代，社会对于这个问题还不太敏感；她对人行道生活的描述不同，不仅仅是因为人行道变了，也是因为观看人行道的视角变了。

然而，在雅各布斯写作她的城市生活研究巨著时，是不可能看到今天第六大道上的这些场景，主要是因为下文会描述的种族和阶级的差异。

无人回应的问好

有一天,在第六大道上,我请穆德里克和我谈谈他与街上的女性行人的关系。他说,由于大多数女性会无视他,所以他会和所有人搭话。这样,其中一些人才可能会和他进行对话。

三位二十多岁的白人女性走近了我们,穆德里克向我展示了他所说的方法。"嗨,女士们。你们今天过得好吗?要知道,你们今天都很漂亮。祝你们今天愉快。"

我已经见过穆德里克一再这样做,但是我心里毫无疑问,刚才那次展示是给我看的,是对于我刚刚提出的问题的回应。

"我问你,穆德里克。给我解释一下你这样做的时候得到了什么快乐。"

"我就是找乐子。"

"向我解释你找了什么乐子。"

"我喜欢这样,我想让她们开心,我跟她们说的话,你明白吗?我说的话,她们不愿意听。她们自己看着办。"

"'她们自己看着办'是什么意思呢?"

"她们**只能**自己看着办。我对女人说好听的话。让她高兴。比如说,你很漂亮,你真漂亮。我真希望有一天能和你在一起,让你高兴。有一些女人受到过很坏的对待,她们就害怕和男人说话了。男人对女人**太**坏了。女人就不在乎男人了。现在她们就去找女人了。她们找一个女人来当男人。她们都变成同性恋。因为她们害怕和男人打交道。"

一位女性走过，完全无视了穆德里克，他对我说她一定是个同性恋。他声称他打招呼的女人从未感到被骚扰，因为他都尊重她们，并且他从她们的笑容中看出来，她们**喜欢**获得注意。

一位戴着太阳镜的白人女性和她的朋友一起走过来。

"嘿，你戴太阳镜很好看。"

"谢谢你。"她说。

"你的朋友也很好看。"

"谢谢。"

他告诉我，听到他的话后，从来没有女性转身走开或者表现出愤怒。

"你跟她们说话时，她们最坏的反应会是怎样的？"

"她们什么都做不了。因为我说的那些话啊，她们别无选择。"

他说，他也不在乎她们的男朋友是否会生气：相反，他们应该"因为自己身边有个美女而高兴"，就像在她微笑的时候，穆德里克会感到高兴一样。"任何人回头对我微笑，我就说，'我下次如果遇到你一个人走过来，我就会追你。我要和你睡觉！'"

我问穆德里克，他这样对往来的女性路人喊叫，是否真的有过成功的约会。

穆德里克回答说，很多人给他留了电话号码，而他对女人的长相毫不在意。

第三章　非正式社会控制的局限 | 239

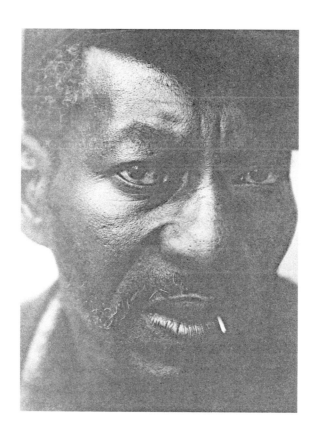

"哦，得了吧。"

"我认真的。嗨，美女，"穆德里克对一位三十几岁的金发白人女性说道。"看她微笑啊！"

"她对你笑了。"我说。

接下来，他向一名戴着随身听的白人女性打了招呼。"嘿，美女。你戴着耳机。没关系！有些事就是行不通。出来混迟早都是要还的。"

有一位女性刚刚走到马尔文的桌子，那是连着的四张桌子中的第一张，穆德里克就开始和她搭话。她回答了，这很少见（不到百分之十的女性会回答）。

"嗨，你好吗？"

"你好吗？"穆德里克问到。"你真漂亮，你知道。我喜欢你的发型。"

"哦。"

"你结婚了吗？"

"结了。"

"咦？"

"是啊。"

"那你的戒指呢？"

"我放在家里了。"

"你放家了。"

"是啊。"

"能告诉我你的名字吗？我叫穆德里克，你呢？"

这位女性挥手告别后走开了。

* * *

尽管穆德里克所说的很可能与往来的女性的想法不同，我们可以进一步分析这些对话，来看看除了对话语词本身之外，对话的其他方面，如何令这些对话造成了紧张关系。对于造成困扰的公共互动，一般的研究方式倾向于依靠当事人事后的报告，或者根据采访和观察结合而进行重建。但是在过去的几十年中，社会学家有了一些关于对话的技术属性的重要发现，从而有可能摆脱访谈讲述和数据中所依赖的个人印象。这门专业称为对话分析（conversation analysis，简称 CA）。[8]

对话分析以对话中的微观细节为对象——它们的排列顺序，以及每时每刻对话者如何组织以回应另一人。对话分析学者们开发出可以进一步探索人们对话方式的系统性方法。[9]我认为对话分析方法的独特之处是，它可以展示纠缠是**如何**产生的，以及一些其他的看不见的因素**如何**使它成为一些行人紧张的来源。

在上面描述的偶遇中，穆德里克所说的话里，除了一句话以外，其他就是问题（共计六次）或恭维（共计三次）——实际上，构成了一个对话的要求。对话分析表示，恭维和问题通常会得到回应。相比之下，这位女性只提出了一个问题（作为对第一个赞美的回应），而没有给出任何恭维。从穆德里克的观点来看，他得到了一些对话，但这样的对话会被多数人视为一种贬抑的对话。从这位女性的角度来看，她清楚表达了她不想说话，但她的信号被无视了。对于大多数人来说，不问问题，不给出恭维，或者不以其他方式来表达想要继续对话的欲望，这些不加回应的信号都是十分明显的。但面对这位女性所给出的不愿意继续对话的这些暗示，穆德里克则忽略了它们。

要强调的是，这些暗示的解读是基于正常对话的要素，而几乎所有人都不知不觉、理所当然地采用这些要素。例如，对话之中一个形式上的因素已经指示了这段对话"有问题"，那就是过路的女性很少回应那些问题或者恭维。她们也不像普通谈话中常做的那样，要求他重复问题或者澄清意思。她们对回应不感兴趣。这从对话分析的角度来看都是非常明显的；对话分析表明，问题一般都会引发某种答案，而请求则会被拒绝或被许可，赞美一般会产生承认。这些预期中会发生的因果对话，被对话分析成为"邻接配对"（adjacency pairs）；而它们会一再发生。[10] 一般来说，如果邻接配对中的第二部分没有发生，通常会被注意到——我们会看到对话的参与者通常会重复第一部分。完全不做回应，显然是表明"对话断开"（disaffiliative）。而如果"明知"他们说的话被听见了却还要继续问问题，这就是一种"加剧的对话断开"（disaffiliative escalation）。[11]

我们可以使用对话分析的技术来进一步了解对话是**如何**断开的。在这个例子中，不仅是这位女性的回应，她说话的时间也可以体现出她并不愿意谈话。对话分析研究者认为，在普通对话中，问题和赞美不仅通常会引发回应，而且这些回应通常会**立即发生**；即使十分之三秒的延迟也足以向对话者和分析者指出，对话可能有问题（例如，赞美或问题没有被听到或被误解）。

通过使用对话分析的转录形式，我们可以看到对话中的时间（以及研究专家所关注的其他特征）。[12] 让我们用这种方法再看一遍（小括号中的数字表示沉默的长度，单位为秒；六角括号表示前后对话的重叠）。

1　穆德里克：嗨，美女。
2　　　　　（0.8）
3　这位女性：你好〔吗？
4　穆德里克：　　〔你好吗？
5　　　　　（2.2）
6　穆德里克：你真漂亮，你知道。我喜欢你
7　　　　　的头发（夹起来的样子）。
8　　　　　（0.8）
9　（　　）（（哦）（　　　　　）（语调升高）
　　　　　（录音机摇晃）
10　穆德里克：你结婚了吗？
11　这位女性：是。
12　　　　　（0.1）
13　穆德里克：咦？
14　　　　　（。）
15　这位女性：是〔啊。
16　穆德里克：　〔（　　　　）那你的戒指呢？
17　　　　　（0.5）
18　这位女性：我放在家（里了。（

19 穆德里克：(你)放家了。
20 这位女性：是啊。
21 穆德里克：能告诉我你的名字吗？
22　　　　　(。)
23 穆德里克：我叫穆德里克，你呢？

注意这里，当这位女性回答的时候，她一直延迟回答，而穆德里克紧接着她说话——根据对话分析的教科书，这可以证明他想要继续这段对话，而她想要结束这段对话。其至在第4行，穆德里克提出了一个问题（"你好吗?"）都没有得到答案，而是得到了2.2秒的沉默作为回应，他只能重新开口，来结束这一沉默。

在注意到这位女性想要离开（包括她对于她是否结婚的问题的回答）之后，穆德里克问了她的名字。到这里，我们可以看到，他已经得到了三次不同的信号：这位女性希望对话不要继续了。首先，她回答了是否结婚的问题。对于一般人来说，这就足够了，但是穆德里克进一步问了戒指在哪里。值得注意的是，她没有义务要回答这个问题，但她仍旧礼貌地回答："我放在家里了"。这表明她额外努力地尝试在不要"无礼"地结束对话。但是，穆德里克也没有接受这个提示，并且坚持问了她的名字，直到她走开。从正常的礼仪的角度来看，这位女性此时走开，并不是无礼的行为。但穆德里克强迫她做出了这个"看似无礼"的行为：[13]即在对方说话时走开。

穆德里克收到的第二层提示体现在对话的轮换中。除了这位女性的具体语句，和他们两人接话的不对称之外，她在问题和恭维之后的沉默，也是不符合对话常理的，这也是她告知穆德里克她毫无兴趣的一种方式。最后，因为他无视了一连串的线索，**他**成为了无礼的一方，而那一连串线索一个接一个，应该能够让他看出这位女性并不想告知他像名字这样的私人信息。在收到这么多线索之后，仍旧询问名字，穆德里克表现出他不愿遵守对话通常组织方式中的期待。

在我的采访中，我不断发现穆德里克对女性的这种无礼——从对话分析中比从对话的内容中更容易发现——使得格林尼治村的一些居民感到烦恼甚至痛苦。我对于莫妮卡的访谈证实了这一点。莫妮卡是一名大学教授，她抱着她的小婴儿走在街道上。

"城市就是这样，"她说，"你想要相信你周围的人都是善意的，你想要能够跟他们说话……在纽约，女人都得这样：你永远不能和任何人对视，你必须一直防着，而最后就会看上去特别无礼……我不知道怎么说才能不无礼。事情发展到最后，总得有一个人无礼。而这其实令人挺难受的。"

莫妮卡成年后的生活都在多种族混居的城市街区中居住，她说的话不无道理，但她和她的邻居对这件事有一个根本的误解。她认为她"不知道怎么说才能不无礼"，这是不对的。女性和男性都有足够的关于说话的知识；他们也都知道如何在对话中使用语言暗示和回应的时间。而这其中许多人，包括莫妮卡，实际上具有足够的"街头智慧"，因为她们知道如何区分"不同种类的黑人"和"如何回避"的技巧。实际上，问题体现在战略性的破坏：一些人用他们对于对话技巧的隐性知识，来对抗地位更高的人——这是一种互动中的破坏行为（interactional vandalism）。但不同于破坏财物，互动中的破坏行为使受害者无法轻易地明白发生了什么。一个良性的偶遇对话中，想要表达拒绝，仅仅说不是不够的。它需要对话双方愿意接受彼此的提示，包括空白和沉默，从而来避免"无礼"。这是我们在日常生活中所依赖的。

"你对她是什么感觉？"在穆德里克问了她的名字，而那位女性挥手走开之后，我这样问穆德里克。"你觉得她刚才拒绝了你吗？"

"才不呢，米奇，如果我想要一个真正的女人，我能找得到。当我想要做爱时，我知道去哪里。我认识很多女人可以聊天呢，你知道吗？但是我心里记挂着孙女丹内莎呢。"

我相信，穆德里克是真心地说他更加关心他的孙女，而不是街上的任何一个女人。但这并不意味着，在每个时刻，他都记挂着孙女，而不是街上的某位女性如何看待他的表现。

虽然穆德里克处于较低的社会阶层，但他利用自己作为一个男人的地位，在公共人行道上纠缠女性，来获取有限的权力。这不是我们之前看到的警察没收越界摆摊的摊贩商品的权力，更不是市长通过将"生活质量"作为其政策议程的一部分来赢得选举的权力。但是，穆德里克的权力是看得见摸得着的，因为他能够用这种权力来影响一次社交互动。实际上，他可以利用男性在公共场合享受的特权，来影响街头发生的事情。

在每一次互动中，穆德里克都重新确立了自己按照自己意愿来开启和维持一次互动的权利。他说话的方式体现出他毫不怀疑这种做法有什么不好。如果他把女人视为欲望对象,是因为她们喜欢这样。他说的话给她们带来快乐。经过他身边的女性不会感到被骚扰。看看她们的嘴唇:除了女同性恋者以外,所有人都是微笑的。如果她们不喜欢他的巧妙对话,那是就是她们不正常,因为正常人都会喜欢。

他所感受到的权力,体现在他认为"她们必须自己看着办"。这点他很确定。即使她们的男朋友也对此无能为力。他所感到的自己的男性力量,并不仅仅来自于对公共空间中的女性的控制。他对于其他的男性也能够产生这种权力和控制感,因为他能够影响他们身边的女性。当这些女性对他微笑,他心里有数!他想要得到她们的时候,一定轻而易举。

这些基本上都是幻想,而在内心深处,他也知道这都是幻想。[14] 显然,这也是他用来给我看的一个小把戏。但即使在我不在的时候(根据哈基姆和我采访的女性),他坐在桌子旁边试图纠缠女性的行为仍然足够给他一种权力感;他能够得到回应,哪怕只是紧张地转移目光。

* * *

虽然穆德里克纠缠了很多女性,但是证据表明,当穆德里克愿意的时候,他知道如何按照女性的意愿来与她们打交道。在下面的例子中,穆德里克遇到了一位和自己相同种族和阶级的女性。在我认识他两年后,有一天,我坐在第六大道上,瞥见他送一位黑人女性上一辆出租车。

"那是谁?"我问他。

"她是我见过的最美丽的人。"他说。

"我都没看见过她。"我说。

"她矮个子,重约86公斤,长发,黑人,浅肤色。有些女性你要格外尊重。我们约会六个月了。"

"你在哪里认识她的?"

"我在第六大道地铁站遇到她的。当时她正在等一个朋友。她在长岛那里照顾一个老人,星期五和星期六晚上,我带她到第六大道和41街那边去,到大公园去,我们在那里休息。"

几个星期后,我再次看到穆德里克送他的朋友上出租车。我问,她是否知道他住在哪里。

"她之前不知道我是无家可归的。现在她知道了,因为我一直在跟她说,一点一点说。她能理解我。她一开始不能理解。现在她明白了人生艰难。"

"你在她面前说脏话吗?"

"不说!不说脏话!不喝啤酒!不吸香烟!我不能在她面前做这些事。她是一个美丽的人。她想要我尊重她。不能在她面前。"

"你对待她和你对待街上的女人有什么区别?"

"当我和街上的女人说话的时候,我也对她们很好。当我和一个女人说话的时候,有些人想跟你说话,有人说滚得越远越好。你永远没法理解一个女人。永远。但是我觉得这个女人我能理解。"

他解释说,有时候,他的朋友会和他一起住在一栋建筑物的储藏室,他帮那栋建筑物清理垃圾赚钱。"她总是到那里。现在我另配了一副钥匙给她。"

"你告诉过我你是睡在地上的。她来的时候,你怎么办?"

"我给她弄了一个床垫,我睡在床垫旁边的地板上。"

"她怎么想?"

"她不太在乎。她说,'你为什么不睡在床垫上?'我说,'听着,如果你在地上睡硬纸板睡了十五年,很难再回到床垫上睡。她觉得我疯了一样看着我。'来睡床垫,穆德里克。'我说,'不,你睡在床垫上,我睡地板。'"

"她叫什么名字?"

"伊薇特。"

无人回应的结束:基思和遛狗的人

基思·约翰逊是一位四十二岁、无家可归的酗酒者,在一家韩国熟食店和一个自动提款机门厅外面的街上乞讨。凯莉是一位三十四岁的白人女性,住在附近的一间小公寓,经常沿着第六大道遛她的哈巴狗,戴茜。[15]她毕业于史密斯学院,在格林尼治村已经住了七年,为一位风险资本家当秘书。在一个周三,她看到我和基思,立即挺直脊背,双眼直视前方。她走过时,基思停下说话,直接叫了狗的名字。在街上工作的人常常知道街区里的狗(和幼儿)的名字,并经常叫他们。

"等一下,我得和我的宝贝谈谈,"基思说,"过来,戴茜。"

"嗨,戴茜,"我说,"这是戴茜,对吧?"

"是的。"那个女人说。

"小姐。"基思说。

狗拽着狗链,从而拽着她的主人走向基思,而基思这时则开始逗戴茜玩耍。

"坐下。"基思说。

狗坐下了,那位女性站在旁边,心不在焉地左顾右盼,拽着狗链。基思一边逗狗,一边对我说:"我的一个小宝贝。不要,不要……任性的姑娘〔开玩笑地,低头看狗〕,亲我一下。好。别碰我,别碰我。哦好多了。看她,她在笑呢还是什么。"

"戴茜多大了?"我问那位女性。

"八个月。"她回答。

基思提到附近的另一只狗,问她:"她看见她的男朋友了吗?她喜欢年轻点的。"

"他们今天晚上第一次相遇。"

"他大得像头牛。"基思说。

"她看起来很高兴。"那位女性回答说。

"他大概五个月大了。"基思说。

"六个月。"那位女性纠正道。

"六个月。"基思说,"他比他主人的体型还要大得多。她会说'哦,简直是个壮小伙子'。"

"她是探路者,"那位女性说,"她敢做。"

"一向如此。"基思说。

"是的。"那位女性说。

"嗯,我可不吃这一套,"基思说,"我的宝贝在这儿呢。"

"来吧,戴茜狗狗。〔拍手〕嘿!来吧,"那位女性说。

"把狗链放下一分钟,"基思回,"走开些,看看会发生什么。"

"不,你知道我不能这样做,我不会放下狗链。"

这段对话十分典型,基思开始了这段互动,而不是这位女性。另外典型的一点在于,他开启对话的方式是对女性表示好感("我的宝贝……我爱戴茜……任性的姑娘……你要去哪儿?")只是在这里,是一只雌性的狗。因为基思可以和狗说话,所以他不必用赞美或疑问来开启对话。相反,他可以下命令:"过来这边"。的确,这使基思得到了狗的注意——她走向了他——从而增强了基思保持与这位女性交谈的能力。因为狗——与主人不同——看不到阶级、种族或性别差异,也不急着去工作,她会在街头走向基思,而哪怕稍微具有一些街头智慧或者比较忙碌的女性则不一定会。随着事情的发展,基思利用狗而与这位女性开始互动,因为她被狗领了过来。她用狗链拴住了狗;而基思因为对于这条狗有一定程度的控制,也可以说,基思拴住了她。[16]

我们已经看到女性如何抗拒对于公开交谈的邀请。因为女性通常能够成功避免卷入这样的谈话,所以很少有"真正"的谈话发生。但基思和凯莉的谈话就是这样一个例子。正因为如此,它使我们能够研究男性如何一旦开始谈话,就对女性结束对话的暗示不做回应。

我的在场也在一定程度上使这位女性能够进行"轻松的谈话"。这可能是因为我自己的种族和阶级,也可能是因为基思和我对她说话的方式不同。我问了一个简单的问题,而基思则用调情的语言来称呼她的狗。在这里,又一次,我们可以使用对话分析的转录形式：

1　基思：…………等一下，我得和我的宝贝谈谈，
2　　　　　过来，戴茜。
　　　　　（1.0）
3　米奇：　　嗨，戴茜，这是戴茜，对吧，=
　　女性：= 是的。

基思说话之后，出现了停顿（在第 2 行之后），但对于我，那位女性是立即回答的（"="表示我的问题和她的回答之间没有明显的沉默；回答来得太快，以至于它可以被认为是我说话的延续）。这种即时性，在对话分析看来，显示了这位女性对我的行为和地位（或两者皆有）的接受，与她对于基思的互动形成对比。

尽管如此，基思对这只狗的控制却给他和女人的互动带来了一定程度的平等。接下来，基思跟狗说话，这只狗时而被他抱着，时而趴在他腿上，或者以其他方式在他的控制之中。基思一直在说话，要么对狗说话，要么说一些关于狗的话。在从第 1 行到第 18 行的 14.2 秒中，这位女性也并未提供"嗯"之类的"言语小品词"（speech particle）或"监控方式"（monitoring device）（对话分析术语）——人们通常用这些词来表示他们对于对话的兴趣与在意。[17]

但是基思对狗的控制也使他能够忍受沉默（在下段中，有第 4、11、15、18 行），不那么需要用赞美和问题来拖延这位女

性的离开。这里是对话分析的版本：

```
 4      (0.8)
 5  基思：小姐
 6      (0.2)
 7      ((汽车防盗警报声停止))
 8  基思：我的一个**小宝贝**。= 不要（。）不要
 9      (1.0)
10  基思：(任性的姑娘/亲我一下)
11      (0.5)
12  基思：好。别碰我（。）**别碰我**。
13      (2.2)
14  基思：哦好多了？
15      (3.0)
16      (看她)
17      (她在笑呢还是什么。)
18      (3.0)
```

就我的感觉而言，这位女性的沉默和对于她的行动的约束使我感到紧张：我觉得会话惯例被忽视了。在第18行，她最后的沉默很长——足以表明对于对话缺乏兴趣，[18]引向互相道别。在对话分析中，这样的沉默清楚无误地表明无话可说，应该准备即将到来的结束。我回想起来，此刻的尴尬（基思并没有说再见，而这位女性却不能说）解释了我为什么通过问问题而帮助基思

挽回对话（第19行）。很容易预料到，这位女性再次轻松地回答了我：

19 米奇：戴茜多大了？
20 女性：= 八个月。

这一对问答语句的流畅性（交替之间没有沉默）再次表明，这位女性的不安与基思有关，而不是一般的对于陌生人的不安。根据场景中的意义，我能够再次"帮助"基思，正是说明在所有人眼中，我和基思之间的对比都很大。

接下来的大部分对话（第21至35行）都是由于我与狗主人的对话才能够发生的，我们的对话和基思对狗的控制，给谈话带来了新的活力。值得注意的是，这位女性终于自发地对基思说了一句话，因此看似"附和"（affiliative）了他的时候，是她与他争执的时候：她反驳他所说的附近的一只狗是戴茜的"男朋友"，而宣称两只狗只是刚刚见到（第22至24行）。此外，她的反驳甚至比立即回应还要快，其实与基思说话的时间重叠。[19]根据对话分析的理论，人们在相互赞同的时候更容易互相重叠，而如果他们的反应是负面的，他们往往会延迟回应（要么会短暂沉默，要么会用软化的词来铺垫，例如"好"、"嗯"、或"哎呀"）。这位女性的回答如此迅速，实际上强调了她与基思的差别（用对话分析的术语来说，这是一个"对话断开"〔disaffiliative〕举动）。她对基思的另一句评论（第29、30行），纠正了他对于那条狗年龄的猜测，又是在反对他，并且没有缓冲的延迟。以下，再来看对话分析：

21　　　（1.0）
22　基思：她看见她的男朋友了吗？（0.1）她喜欢年轻〔点的。
23　女性：　　　　　　　　　　　　　　　　　　〔他们
24　　　　今天晚上第一次相遇
25　基思：他大得像头牛
26　女性：=（她看起来）很高兴。
27　基思：　　　他大得像头牛=
29　基思：　　　他大概万个月大了
30　女性：六个月
31　基思：　　（。）他比（他的主人）体型还要大得多。
32　　　　她会说'哦，简直是个壮::小伙子'。
33　女性：她是（。）探路者。她敢做。
34　基思：　　一向如此
35　女性：　　是的。
36　　　　（3.0）

这最后的三秒沉默（36 行），加上这位女性所提供的其他线索，都表示了她想结束谈话：心不在焉的面部表情，不断地拉拽狗链，以及——十分微妙的一个线索——她说"是的"（35 行）：这句"是的"在这个语境中是一个"总结陈述"（summary statement），往往这导向对话的结束，而不是"是啊，多有意思"，或者对于一个问题回答以开启更多的对话。基思没有理会

这位女性的沉默的暗示,也没有理会伴随着沉默的这些手势。他既不放开狗,也没有放开对话。

相反,基思提出了一个新的话题:

37 基思:嗯,她可不能让我当不成爷爷,
38   (0.5)
39   我的宝贝在这儿呢。
40   (2.5)
41〔戴茜〕:短促地叫,呜呜叫。

狗的主人沉默地站着,拉着皮带,对基思的任何一句话都没有反应;几秒钟过去了,狗开始呜呜叫(第41行),导致这位女性更想要结束这段对话。她只看着戴茜,对着狗说话(第42、44、46、48行),而基思则继续默默地保持着他对于狗的控制:

42 女性:来::吧。
43   (0.5)
44   戴茜::狗狗。
45   (0.2)
46   〔(拍手)〕嘿!
47   (0.5)
48   来吧
49   (0.5)

这位女性的不安,加上狗在向她走去,似乎鼓励了基思大胆行动:他提出了一个出格的要求。而这位女性以很不寻常的、十分直接的方式,表示她无法容忍这个要求:

50　基思:把狗链放下一分钟,走开些,看看会
51　　　　发生〔什么。
52　女性:　　〔不,你知道我不能这样做,我不会放下狗链。

这里,这位女性再次以重叠的语句拒绝了,没有任何缓冲的停顿,不给人撤回或重新阐述自己的要求的机会,就直接拒绝了这个要求(比如可以说,"也许下一次吧,更安全的时候")。她的"不"(第52行)很严厉,它的时机可能也会被认为是无礼的。不过,她的确为这一看似无礼的举动进行了缓和,说"你知道我不能这么做"。

这位女性没有直接让基思放开狗,似乎是因为这可能会让谈话拖延下去。基思试图坚持,他问了一连串的"应该"得到答案的问题。但是这位女性一旦拉回了她的狗,就不必再烦心回答了:

53　基思:你去哪儿?
54　　　　(1.0)
55　　　　你去哪儿?
56　　　　(2.5)
57　　　　等一下等我(。)你不要像条蛇

58 扭来扭去的。你得等我准备好。回头见啊
59 宝贝。

那位女性连一句"再见"或者"回见"都没说,就走开了。

* * *

这些对于纠缠的研究是我比较有信心的一些案例,在对这些研究进行总结之后,我想回到我最初提到的那个谜题。为什么我所见到的例子中,只有中上阶层的白人女性会被这些互动所困扰,而这些互动在对话分析的视角中来看都很有问题?

想一想性别和种族如何有可能在这些阻碍上起决定性作用,可能导致某类人更经常遭遇麻烦的互动。

众所周知,女性因为可能被公开骚扰而在街道和人行道中居于不利地位。尽管我们目睹的是更为广泛的公开骚扰中的一例,发生于街头工作者和行人之间,无论性别,但对女性而言,这是一个显而易见的问题,但也许对于女性,这个问题有特殊性。基思试图将女性作为女性来控制,他清楚地知道即便是有特权的社会地位的女性,在公共空间内仍然居于脆弱的位置。像大多数男性一样(黑人和白人都是),他被教导说作为男性就是要拥有这种力量,并且他觉得有权控制她。我问他对于狗主人作为女性的性别是否有意识。

"那么,你知道那条狗的名字。"在她们走后,我说道。

"是的。"

"那这个女人的名字你知道吗?"

"不,比起她我宁愿有条狗。你知道为什么吗?狗只要一点点关注。给它些食物,带那玩意儿散散步,让它陪你看电视,这就行了。但她可想要食宿、衣服、化妆品、发型、华丽的晚餐,还要交房租,她们还觉得时不时给你睡一下,你就得给她们付份工资。"

基思这样说,表示他承认了他能够控制的范围有限。是的,他是男性,因此他可以尝试控制女性,任何一位女性。但他也认为,由于一些控制是建立在金钱基础上的,所以他永远不可能把他在街上行使的控制权真的变成一段关系。他之所以心怀怨恨,是因为他无法为她做到那些男性被期待去做的事情。

的确,男性也常常在街上被拦住,并且男性与男性的互动之间,也有可能存在不尊重结束对话的实践伦理。但这些侵犯的性质是不同的。男性很显然并不感到自己有权控制另一位男性。虽然我看过很多违反对话伦理的情况,我在街区的五年间,我从未见过基思或任何其他乞讨者用类似于让遛狗的人放下狗链这样的话,来试图控制一位男性。

虽然我没有进行比较研究,但在这里,我想举一个互动的例子,来对比说明这个差别:

> 一个大约三十五岁的金发女性走过桌子。
> 你好,大美女,基思大声说。
> 你好,她说。她双臂交叉,无视他。
> 一位穿西装的白人男性从相反的方向走过。

帮助无家可归的人自力更生，他大声说。

那位男性看向他的方向。

你好吗？基思问。

那人犹豫了一下，但继续向前走。

帮帮我！他摇摇杯子，再次喊道。

那位男性走了。

除了他连续不断地说话，就只有他有节奏的摇晃杯子的声音。帮帮我！

一位四十多岁的黑人女性经过。

帮帮我！帮帮我！往我杯子里扔点什么。

她无视了他。

扔个你的电话号码什么的！

两位三十多岁的黑人男性走过。

帮助无家可归者，基思喊道。

你有毛病吗？其中一人回应道。

是的，我有个毛病，基思大喊。我有爱吃这个毛病。

这些情况都没有构成纠缠，但基思拖延男性与女性的方式是有区别的。只有对女性，基思才会使用赞美，或者说一些会被她们认为是亲密或者调情的话。在与男性的互动中，他的要求要简单得多。当一位白人男性在他的求助呼声之后看向他时，基思仅仅说了"你好吗"。我们看到了两个例子：基思和穆德里克，他们对女性所说的话中有一大部分是赞美或者试图套近乎的话。女性比男性更容易遇到纠缠，那么，性别在其中是如何系统性地起作用的？第一，这些男性感到自己有权去纠缠这些女性——在他们面对男性时，并没有这种理所应当感。第二，在对话的形式中也可以看出性别的作用。无论对于男性还是女性路人，他们都不接受对方的拒绝，从而违反了对话的基础准则。然而，对于女性，有一层附加的对话形式——一系列赞美和套近乎的话，而这种话**尤其让人感到无礼而很难视而不见**。

但是，为什么是这个街区的白人女性，尤其是中上层阶级的白人女性呢？在这里，我们仍然只能推测。我与格林尼治村中二十多位不同种族的女性讨论了这一问题，再加上我个人的经历，我开始思考这些居民被迫做出无礼行为时的苦恼。有时，我在自己和这些被我认为是贫穷黑人的人之间划清界限，也感到很苦恼。我猜测，对于这些居民来说，他们的苦恼部分来自于他们自己认为自己选择居住在城市，就是为了接触到不同的人。我对遛狗的人的访谈，也支持对她经历的如此解读。我给了她一份速记笔记，有我之前引述的材料，以及我自己的解释（在这个版本中基本上是完整的）：

"我认为你所说的我们白人自由主义者的负罪感是对的……我在想我声音中的恐惧，我认为你说人们很难说'不'也是对的，你不应该说'不'。"

使用对话分析的转录规范，对这些线索进行详细分析，可以表明这位女性如何被迫做出"无礼"的行为。转录也可以解释她对于自己所称的"白人自由主义者负罪感"的让步。也许格林尼治村的居民不仅仅是**（因为）**他是贫穷的黑人（经常如此），并且是**哪怕**他们是贫穷的黑人，也要在自己和这些人之间划清界限。也许这解释了他们为什么必须要被迫"无礼"。一般来说,人们不想令他人不礼貌。格林尼治村的许多白人可能会把自己归类为自由主义者,这对于他们来说可能造成了双重焦虑。很少有人喜欢直截了当地说"不",而对话分析则显示了我们如何避免直接说不。(穆德里克连"不"都听不进去,更何况2.5 秒钟的沉默这样的提示。)我的访谈表明,格林尼治村的白人自由主义者居民,可能会格外不愿意对于穷人或黑人无礼。避免无礼的欲望会加上一种表面的道德,想要对种族和底层阶级的人们更加和善。

这使我开始猜测:黑人女性路过时是否没有这种双重焦虑?因为她们与这些男性共有一段历史,她们对于这些男性现今的处境更少有负罪感?

*　*　*

在第六大道上,我们看到两种受害者互相面对。无论她们自己怎么看,许多白人女性都与导致这种贫穷的历史与政治密不可分,甚至与打算赶走这种贫困的政治都有密切关系。而无论他是否承认,穆德里克都在利用性别不平等的制度来骚扰路过的女性,尽管她们不喜欢他的行为。

第六大道有时更像是众所周知的建筑工地边缘的环境,而不是简・雅各布斯所描述的理想化的人行道。一些穷人和无家可归的人像工人一样——黑人和白人工人——开一些具有性暗示的玩笑。[20]有时,男性利用性别不平等来获得一种权力,不请自来地开启对话,并且拒绝接受对方结束对话的暗示。

街道上发生的事情不止于打破传统礼仪规则，或者直接粗俗的言辞。男性说话的节奏和时机，都体现了他们对有序互动所依赖的线索毫无回应。男性因此而剥夺了女性一项很重要的东西，也是对所有人都很重要的东西——有能力在别人身上行使社会纽带背后的惯常做法。

对于格林尼治村里的居民来说，"街上的眼睛"并不一定能使街道友好而舒适。有时候，眼睛会产生相反的效果。在雅各布斯看来，"街上的眼睛"意味着"一种几乎无意识的感觉，相信出事时街上的人会支持"。但对于格林尼治村的居民，他们却很难预设出事时会有人支持，因为这些人连基本的结束会话的暗示都不愿遵守。这样缺乏合作会令人感到，人们之间的互动，可能时不时就会很困难，尤其是有特殊情况而更加需要合作的时候。所谓的闲聊是对相互善意的一种证明。

雅各布斯赞美了城市生活中的种种约束，它们能使人们不要互相烦扰地正常运转。而这些限制到头来依赖的是双方对于互动中常规基础的共同遵守，对话分析讨论的正是这种常规基础。西村街头的隐私和互动之间的平衡不再像雅各布斯所说的那样轻松随意了。至少，在一些贫穷的黑人和中产阶级的白人女性之间，雅各布斯所说的建立在约束基础上的交往规范不再是理所当然的。

而当鸿沟两边的人们相信对方也会遵守社会纽带背后的惯常实践，人们就不会感到那么紧张，哪怕存在不合理的偏见或刻板印象。同样的，如果陌生人并没有被社会的鸿沟所隔开，但他们发现对方背叛了对话的"实践伦理"系统，他们则更容易认为对方古怪，而非有威胁。因此，我们可以推测，微观层面的对话困难之上再加上种族—阶级—性别差异，会导致互动的紧张程度与实际上可能牵涉的物质或身体伤害不成比例。

在上述对话发生的一年后，基思的身体状况让他无法行走，他开始坐在轮椅上乞讨。根据他的医疗记录（我在基思签名授权后获得了这份记录），他的事故是因为他喝了半品脱伏特加，因此没有意识到自己被冻伤了。随着时间的推移，他得了坏疽、溃疡和蜂窝组织炎。他打了抗生素，但他又被送回街上，因而严寒又使病情恶化了。最后，他的脚踝和脚趾失去了知觉，很快就无法自己走动了。当警察因为基思太靠近自动取款机而逮捕他时，他经常从轮椅上站起来准备被带上警车；我见过一些路人讥笑，显然，他们认为轮椅是基思乞讨的一个道具而已。

也许是因为基思现在坐在轮椅上，在我所记录的那次互动的一年后，遛狗的凯莉在基思面前更加放松了，有时候会选择和他说话，有时候则会无视他："我以前对他无礼过，我今后还会对他无礼。"她告诉我，她的语调表示她对于对这种情况很无奈。我对当地居民的访谈表明，许多其他人也同样很无奈。这有助于解释他们经过某些乞丐和杂志摊贩时的身体语言，我们经常可以从街上随机拍摄的照片中看到这些身体语言。

* * *

摊贩之间的非正式社会控制通常无法管束本章所详述的这类行为。不过，第六大道上的大多数男性都不会做出这种行为，所以可以明显看出自我管束的作用。而那些这样做的摊贩会被贾曼和马尔文这样的摊贩制止，后者会大喊要求他们停止。在这些时候，他们会告诉纠缠女性的人，这样做妨碍大家赚钱，以自己的坏行为破坏了大家的名声。有时候那些男性会听。如果马尔文或贾曼喊得够响，纠缠者有时就会走开。但通常，他们的行为还会持续，无论别人如何请求他们停止。这使得贾曼离开了这片地区，而去休斯敦街和百老汇街的街角找到一个摆摊的空间，从而能够独自一人。

这种纠缠行为也会避开那些会留意马路并且指出这种行为有多"蠢"的人。哈基姆、马尔文和伊什梅尔都跟我说过，这种行为对于每天都要面对它的人来说是很不好的。当我告诉他们对于对话习惯的攻击是一种互动中的恶意破坏（像恶意破坏财产一样），也许对于路人来说和恶意破坏财产一样令人烦恼，他们也认为这就是这么一回事。

我们再一次看到了一种被主流社会视为不雅的行为，但是在美国白人中产阶级和工薪阶层的生活中也能找到。不仅在美国各地的城镇和城市的建筑工地上的工人会做出类似举动，给人打电话要求我们更换长途电话运营商的电话推销员，为了让人们保持通话，常会利用人们对于对话习惯线索的依赖。而在街上的这种行为特别令人不安，是因为它们是附着于种族—阶级—性别差异之上的，后者本身就关系紧张。此外，从面对面的谈话中走开，比挂电话更困难（面对面的谈话本身也更令人感到威胁）。

我们知道谈话之外的社会问题会渗透到谈话本身的问题之中。我们在前面的章节中看到，这些人中的许多人之所以在街上，就是因为他们的生活和更广泛的结构环境之间的相互作用。但在这里，我们可以看到，街头的互动也能够塑造态度和政治，而后者——以福利、警察、毒品和公共卫生的法律的形式——又返回来影响街上的生活。"随着年龄的增长，我变得越来越保守，"凯莉对我说，"不是税收问题。我不介意交税。我可能并不介意这里的一些街道扫清活动……〔而我〕**讨厌我对此的反应**。"

格林尼治村的情况十分清楚。对于街上出售报刊和乞讨的人来说，几乎所有女性都不可能与他们发展友谊、浪漫关系，甚至普通的社交，因此他们将她们物化，在她们身上施展互动的小伎俩。而反过来，这种行为和它所导致的困境，则强化了这些男性的他异性（exoticism），更加强调了他们作为危险的对象必须被小心回避的身份。对女性来说，男性的"街上的眼睛"并不能带来身处陌生人中的安全感，而是一种深深的不信任感。因此，一些格林尼治村的居民避免与街上工作的人建立真诚的关系，担心真诚会被利用。而当他们避开街上的人的目光，假装看不见他们而走过去，他们又进一步强化了街上的人对他们的看法，认为他们缺乏同理心，冷淡，不尊重人，从而可以用来作为互动的玩具。对女性来说，男性的行为和由此导致的困境进一步加强了她们对这些男性和与他们外貌很像的人的看法，认为他们是危险的。而这种焦虑被转嫁到无辜的乞讨者、图书摊贩上，甚至在某种程度上，也许转嫁到一般的黑人上。刻板印象因而产生。

指责：地下交易？

一天下午，一家当地书店的店主吉尔·邓巴气得满脸通红，走向哈基姆的生意搭档爱丽丝。在一位年轻女子的陪同下，吉尔从摊子上抓了几本表演艺术家萨菲尔（Sapphire）的小说《推》（*Push*）。

"等一下！"爱丽丝喊道，"你在干什么？"

"这些书是从我的书店里来的，"吉尔说，"作者签了名，所有的签名还都写了她在我店里签售的日期。今天这些书被偷走了——刚刚偷的——现在都在你桌子上。"

"这些是我的书，"爱丽丝说，"你不能就这么把它们从我的桌子上拿走。"

爱丽丝指责吉尔试图骚扰她，要求吉尔直接报警，她们的争执更加尖锐了。哈基姆本来在邻近的一个桌子那里接待顾客，他走来加入了争执。

"我不是在指责你进店里偷我的书，"吉尔对她说，"我只是说有人偷了我的东西。他们在你这里销赃。"

一个警察来了，哈基姆解释说作者有时会来到他们的桌子摊位上来给书签名，警察并不相信他。警察说，他们必须把书还回去，否则他们会因为持有赃物而被关起来。

"你让他们把书拿走了。"吉尔走后，爱丽丝对哈基姆说。

"那你想让我怎么办呢，爱丽丝？"哈基姆说，"我可不想因为四本书而被捕。当一个白人女人来这里，说什么东西是她的，那就是她的。就这么简单。这事上我什么也做不了。我不会为了四本书被关起来的。"

我看到这件事时，我认识哈基姆和爱丽丝已经快四年了，吉尔·邓巴的指责令我很不安。我去她位于西十街的"三生公司"（Three Lives & Co.）的小店里拜访她。"小书店行业里，我最近失去了很多同事，这让我很烦恼。"她告诉我。她在1978年和两个朋友创建了三生书店，并对书店的未来感到担忧。"卖新书的摊贩肯定会影响我们的生意。他们中有些人还在偷书，因此我就会丢失商品。而且他们卖的价钱比我批发来的价钱还低，所以又是对我的第二层伤害。"

在曼哈顿中城的大剧院书店（Coliseum Books）和在东村的圣马可书店（St. Marks Bookshop），店主都说他们感到人行道的书摊威胁了他们的生意。圣马可书店特里·麦考伊和罗伯特·康坦告诉我说他们给所有展示的书他们都盖了印章。"当有书丢失时，"康坦说，"我们得走出去，看看那些人的桌子上有什么。有时我们发现书上有我们的印章。有些小贩会把书还给我们，因为他们不想闹到警察那里。有些小贩则不会。我们可以让警察逮捕他们，但是这种事情在法庭上从来都没有结果，因为小贩从不出庭。他们的货物会被没收。所以本该是我们的货品也被警察一锁就是六个月。到那个时候，它已经陈旧贬值了。"

店主们并不总是认为路边小贩对他们商店的失窃负直接责任。然而，吉尔告诉我，如果盗贼人数日益增加，也就说明一定有人收赃和出售赃物。换句话说，一定有销赃的人。"如果没有销赃的人，这事就不会发生了。这让我多了一层要警惕的东西，而我开书店并不是为了干这个的。我出售想法。我不是个警察。"

在接下来的几个月，我更加留意哈基姆和爱丽丝的书从哪儿来。我注意到，大约 20% 来自附近的人来卖的旧书，他们在新书季结束前读完并转卖掉书。还有 20%（尤其是那些"黑书"）来自布鲁克林区的一家分销商，名为 AB 图书。另外 20% 主要来自于拾荒者。

他们剩下的书——40% 的书——来自于一些人，他们拿着一两本或者几本新书走到桌子跟前来出售。哈基姆说，如果有人带来一箱子同一个出版商的不同书籍，那人一般就是那个出版商的员工。许多出版商给员工免费书籍，而这些书籍的销售则是美国出版业的灰色领域之一，员工手册中很少有讨论。（也有很多出版员工即便没有得到赠书，还是能够搞到一些。）例如，一个经常卖书的人常来卖企鹅公司的书籍，我也曾经看过一位女性卖给爱丽丝二十本圣马丁出版社的书，每本两美元。还有杂志和文学期刊的编辑和编辑助理，无论刊物大小都有，以及写书评的自由撰稿人来出售出版商赠给他们供评论的样书。

"出版业里有很多人工资微薄，"哈基姆说，"这还不是打杂的人。很多编辑也是。许多人把这些书看作是补贴收入的一种方式。有时这意味着一顿午餐，或一天的车费。"

我看着哈基姆收购书刊，听他与卖家的交谈，很明显，大部分书刊的来源都是容易找到，并且比较合法的。而拾荒者有时带来也许是偷来的新书，但这是比较少见的。人行道上有许多专门销售赃物的，他们中大部分是专门出售当前畅销书的。这些摊贩会在城市的著名景点附近摆摊，以低于连锁店的价格出售崭新的书籍。有一次，一个人——我将称他为史蒂夫——问哈基姆是否考虑过他先前的提议：他会给哈基姆的摊位提供畅销书卖，收入分成。哈基姆问这人他有多少要卖。

"我们走一步看一步，"史蒂夫说，"我们一次就弄一点。我明天有一批货。所以，希望能有一些好东西，簇新的。我给你十、十二或者十五种书，每种书我给你两本。然后我们每天联系。如果你把它们卖出去——万事大吉。"他补充道，"汤姆·克兰西（Tom Clancy）的新书，我能比巴诺书店还早弄到五百本。"

"汤姆·克兰西是怎么回事，"哈基姆说，"你在书店上架前就能弄到？"

"其实，"史蒂夫说，"是布鲁克林的一个人给我的。我把它们摆出来没两天，他打电话跟我说，'听着，克兰西你先别摆出来，它们还有两个星期才正式发售呢。'但我已经全卖掉了。我什么问题都没遇到。我没有阴沟里的交易。"

在接下来的几周，我等着看哈基姆的桌子上有没有出现史蒂夫的书。与此同时，哈基姆还在抱怨书店老板将他妖魔化。他觉得吉尔·邓巴的经济氛围明明是大连锁店导致的，而不是街头摊贩，却用他来当替罪羊。他一再声称书店和报刊亭都卖赃物。

有一次，他说："你和其他人都要格外留意盯着我，就是因为我是一个在街上工作的小角色。有时候，是因为我是一个在公共视野中工作的黑人男性。你要知道，书刊销售一直是一个腐

败的行业。是的，有时我收到的书是偷来的。我卖的大部分书都不是。但这附近最大的书店和报刊亭，包括连锁书店，都会收到偷来的书。然后，当像我这样的小角色试图进入市场时，人人都指点点。但所有的大家伙也都是这么干的。"

哈基姆的态度让我想到了违法者经常向自己和他人为自己的行为开脱：否认自己的责任，否认他们的行为伤害了他人，声称他们所造成的伤害在特定情况下是正当的，谴责他们的谴责者。这些为越轨行为辩解的方式被称为社会学家作为"中性化技巧"（techniques of neutralization）。[1]人们使用这种技巧来将社会的行为反作用于社会或者将其"中性化"。这样做的效果则是越轨者可以一边进行越轨行为，一边又仍然承认社会主流价值体系。

然而，哈基姆所说的话和我对于他的话的诠释之间，还有更为复杂的冲突——我感到哈基姆从来没有认为他的行为是越轨的。这就是社会学家戴安·沃恩在《挑战者号的决定》中所称的"越轨行为的常态化"（the normalization of deviance）。通过研究导致宇宙飞船爆炸的决定过程中的文化和结构，沃恩认为研究"允许组织成员真心实意地将自己的行为视为常态，而非越轨"的文化和过程是十分重要的。[2]

我注意到，哈基姆会通过把指责书店来将自己的行为"常态化"，而这一做法常赢得他的小摊上的顾客的同情。在这个意义上，他的一些顾客是局内人，而我不是，尤其是有些顾客相信书店和销售黑书的摊贩的唯一区别，只在于书店有官方或者企业的合法性作为掩盖（一个人说："谁都知道他们有多腐败"）。

我注意到，当哈基姆跟他的顾客说这些话时，很大一部分人都会点头表示同意。

* * *

我一开始无视哈基姆的指责，但当我开始深究这些问题，我惊讶地发现出版行业中的许多人都承认盗窃是这个行当的一部分。纽约一位很大的报纸经销商——和我采访的大多数人一样，也要求匿名——告诉我赃物（被偷的货物）之多，难以忽略。"司机停车过来就说，'我这里额外有两捆报纸，你要吗？'"报摊老板从司机那里买到的报纸是报纸售价的一半，而他如果去批发则要付报纸售价的80%。"在早年，"这位经销商说，"这种我可能就真买了。"

《每日新闻》曾受到这种行为的重创。1992年，地区检察官曾试图起诉一批地位重要的报业执行层人员和经销商而未成功。作为该案背后的调查的一部分，他们向纽约州最高法院提交了一份报告。这份报告中有一份证词，它的提供者是一位在纽约州警察局刑事犯罪调查局的特别调查组中担任高级调查员的警官。

调查报告中声称"每晚在布鲁克林区的《每日新闻》印刷厂，有超过两万份报纸下落不明。这些报纸就这么消失了。事实上……偷窃数量之大，频率之高，以至于《每日新闻》不得不为丢失的文件在会计中建立专门的统计栏，才能使账面保持平衡。"

调查员报告说，丢失的报纸在到了司机这一环节后就会

"消失"。"具体而言，每晚在捆装报纸处所计数量……和电脑统计清单上的报纸数量之间有出入。"

在报告的后面一部分，调查人员解释了这种偷窃，一些报纸被运往某些地方，"这些运送则不会显示在《每日新闻》的清单上"。调查人员与一位"《每日新闻》的员工聊过商业记录的伪造。这位员工见过伪造的清单。从他自己对于哪里有零售点、哪里没有的知识，和他与其他司机、《每日新闻》雇员的谈话中，"他能看出这些清单包含了伪造的条目。

我询问了一位退休的报纸发行总监，为什么《每日新闻》这样的大报纸不会切断对那些有销赃嫌疑的报刊亭的供货。"这是世界上最蠢的办法了。"他说。如果你把这个人切断了，他就会收购所有被偷的报纸。你就不再是他的合作方了。所以我常常告诉我的部下们，"不要切断。保持他们的供货。"

我也和一位在某书刊经销商工作了数十年的女性谈过。经销商在自己的中央仓库中囤积各出版社的书籍，充当出版社和书店之间的中间环节，一般认为经销商特别容易失窃。她告诉我，像史蒂夫这样的人在街上卖的书有多重来源：有些来自批发商的仓库，有些是装订工人偷偷多装订了一些，有些来自送货司机，有些是书店退回仓库，但大出版社常常不去收回，而是扔在仓库不管，也不重新计入库存。"总是有人在揩油。"她说。我接着问她，除了街头小贩，别人是否不会卖赃物书刊。

"不是的，"她说，"每个人都有自己的角度，因为图书行业的利润不大。有的书店老板一边会抗议，说'糟糕透顶'，而一边自己也在收被盗的书。"

就连纽约最有名的书店斯特兰德（Strand）也曾被指控买卖被盗图书。斯特兰德是一个家族经营的企业，现在的店主已经是第三代了，这里是书迷的天堂——特别是对于那些别处难找的书，这里还常有低价。

在 1983 年 5 月，法劳·斯特劳斯·吉罗公司（Farrar, Straus and Giroux，FSG，碰巧正是本书的美国出版社）在发现斯特兰德书店以半价出售该出版社的书籍之后一个月，向斯特兰德提起诉讼，要求对方赔偿 3019.14 美元，因为该公司宣称有 13 种、共计 245 册书籍是从该公司在布鲁克林区的仓库失窃后被卖给斯特兰德的。有一种可能是，斯特兰德一直以购买和出售评论用样书而闻名，他们可能是这样得来的这批书。罗杰·斯特劳斯（Roger Strauss）在他的书面证词中对此评论道："最明显的一个例子是马里奥·巴尔加斯·略萨的《胡利娅姨妈与作家》。"所有给书评人的样书，都来自首印。但这本书（得到了书评人的高度赞美）之后又印刷了四次。在斯特兰德发现的书都是第五次印刷的，而第五次印刷中并没有书要送给书评人。"

斯特兰德的老板弗雷德·贝斯（Fred Bass）则在自己的书面证词中声称他的书来自于乔治·福斯（George Foss），后者则是街角的另一家书店"修道院"（the Abbey）的老板。福斯又作证说，他的书则来自一个叫丹尼的人，这人在两三个月内去了他的书店好几次，卖给他了许多书。福斯付给丹尼的价格是书的定价的 10%（一般是两三美元），然后以"五或六美元一本"的价格卖给了斯特兰德。这条线到丹尼这里就是死胡同了：

贝斯和福斯都没有解释他是谁，以及他的书从哪儿来。

该案未开庭审理。贝斯认为罗杰·斯特劳斯可能本来就毫无胜算。"他大概已经得到了他想要的，"贝斯告诉我，"他给斯特兰德带来了负面宣传影响。"然而，吉尔·邓巴似乎也对斯特兰德书店十分不满，她认为他们即便明知是被盗书籍也仍然会购买，从而进行销赃。"我的书不见了之后，我曾经去提醒他们，"她告诉我，"而他们曾说，'嘿，你的货在这儿呢'。然后我还得把它们买回来。"贝斯说，他只是在为业内同行做件好事。"我会买下那书，并主动归还它，"他说，"而对方书店通常会补贴下我们所付的费用。"

在与我谈话的店主中，贝斯是唯一一位能比较平静地接受自己店里的书籍失窃现象的。他对街头摊贩的看法也不一样。"他们无论如何对我们都没什么影响，"他说，"他们是拾荒者。他们是在回收旧货。他们经手的数量和对我们业务的影响都很小。他们中还有些人卖的东西相当低端。当然有一些街头摊贩在卖新书和打折书。但这似乎对我们也没有任何影响。我从没有顾客进店来说，'嘿，我在街上看到的这本书更便宜。'我们抓到的偷书贼也很少是街头的摊贩。我们抓到的偷书贼都是很好的顾客——来这里花很多钱买书，但同时也偷书。"

我进行这个调查，最初是对于哈基姆的问题的回应，而虽然他对于《每日新闻》案的细节很感兴趣，这个调查中仍然是我的收获更大。虽然对于任何一件特定的事情，我都没有找到决定性的证据，但这些调查结果加起来，构成了一幅纽约市书刊销售阴暗面的大致图景。

这种情况已经持续了很长一段时间，可能比本章所采访的任何人的从业经历都要长。即使是美国最大的报纸投递公司之一，在 20 世纪 50 年代只有一条报纸投递线路时，它的所有者也曾声称收到过赃物。显然，很多业内人士都知道这种事，并且很多人都在从中受益。但这并不意味着每个人都从中受益。例如，吉尔可能会受到最大的伤害，而《每日新闻》则可以忍受这种情况，来避免与司机的矛盾，以及，像我采访的那位报纸经销商所指出的那样，在一定程度上，他们仍将与那些揩油的报摊继续合作。

那么，哈基姆是否在卖偷来的书，以及是否是越轨行为，这一切和这种情况有何关系呢？我们在这里得知书刊商业的某些部分是如何运作的。行业中不同环节中的人通常都明白这一点，他们时不时也会互相指责，以互相监督。但业内人士并不会将此合理化，或者使用"中性化技巧"——因为他们身处其中的文化影响了他们的视角，在他们看来这样的行为并不是越轨行为。就像沃恩对于挑战者号的研究中所说的，出售被盗的书刊是通过"越轨行为的常态化"来实现的。

当越轨行为被"常态化"时，这一文化中的成员仍然需要设法划线，要允许**多少**这样的行为能够成为常态。这里所叙述的事件表明，在商业或亚文化中，其参与者能够实施限制的方式之一就是指责。指责发生的条件就是有人过于贪婪了：当斯特兰德书店突然获得了这么多 FSG 公司的书，有人注意到了，就会去告诉罗杰·斯特劳斯；当《每日新闻》丢的报纸那么多，他们必须在会计里单列一项；或者当吉尔丢失了一批特别有价值

第三章 非正式社会控制的局限 | 279

的书，因为上面有作者签名。这个行业的规范便是盗窃可以容忍，除非它太过猖狂。时不时的吵闹指责则可以强调这个规范。

值得注意的是，这些关于书籍或报纸的案例最后都没有得出任何结论。虽然吉尔告诉哈基姆和爱丽丝"我再也受不了了"，她本可以让警察因为爱丽丝持有赃物而行使逮捕权，但她并没有这么做。她只是发出了口头警告。

如果这种行为是这门行业中的"常态"，那么谁更容易受到指责呢？表面上看，哈基姆和其他在街上贩卖书刊的人似乎更容易受到指责，因为有色人种最容易被人代入违法犯罪的刻板印象。[3]但这个系统中其他级别的人也很易受指责。哈基姆说的很可能没错，当白人向警察控告街上的一个黑人男性，就很容易被相信，因为黑人符合社会对于违法犯罪的刻板印象。

但话说回来，在这个系统的每一级别中，都有这些指控：FSG公司对斯特兰德书店，地区检察官对《每日新闻》，吉尔对哈基姆和爱丽丝。如果在这里，偷窃是一种常态，那么指责就是口头警告某些人不要太贪婪，从而强调界限。

当我问爱丽丝时，她告诉我，那几本萨菲尔的小说肯定是来自于吉尔·邓巴的书店。哈基姆后来说，在吉尔走向桌子时，他根本就不知道爱丽丝不久前刚买了这些书。爱丽丝补充说："如果吉尔和我谈一下，而不是直接把书抓走，我们本来就会和她合作的。"（相比之下，吉尔并没有在警察陪同下去斯特兰德书店抢回自己的书。她做好了给斯特兰德付钱的准备。）

史蒂夫答应给哈基姆的畅销书从未出现。我问他发生了什么事。他说他很快就意识到史蒂夫的书来路不正。"并且这还是，"他说，"想要用我打头阵，在这个街区再摆一个小摊的阴谋诡计。"哈基姆已经决定，无论如何，他不想"在这种条件下行事"，因为这样"迟早要与司法系统打交道"。

犯罪学家卡尔·克洛卡斯（Carl Klockars）在他1974年出版的重要著作《职业销赃》（*The Professional Fence*）中，记录了一位叫做文森特·斯瓦基的销赃者的故事。克洛卡斯说明，销赃者必须是"公共的"，他解释说，销赃者"必须有一个成功生意人的好名声，并且他必须能够胜任这个名声的所有意义。"第六大道上卖书刊杂志的摊贩往往能标出低于书店的价格。也许他们经济上的成功，部分是因为他们符合违法犯罪的刻板印象，使他们更容易受到指控。即使哈基姆的生意中只有很少的一部分是赃物，他的一些顾客可能更愿意相信此比例是非常高的。

哈基姆认为自己偶尔销售被盗书刊，并不就是行业中的越轨者，他说得没错。到头来，他工作的行业，也许甚至可以说美国商业这一整体，允许他真心认为自己的行为是正常的，而不是越轨的——这正是"越轨行为的常态化"的一个例子。虽然商店行为倾向于被认为是合法的，而街上的人的行为倾向于被认为是非法的，但关于书刊销售如何运作，似乎是从下到上仍有不少一致性。这样的行为在每一个层面都是常态，但在街上却明显被视为越轨，这其中有以下几个原因：第一，在其他层面的行为模式通常是外人无法得知的，而哈基姆的行为则必须是公开的；第二，街道的非正式经济活动符合人们对于违法犯罪的刻板印象，而正式的经济活动则不符合。

起初，我以为偷来的书在街上有市场，是因为街头小贩为他们提供了一个独一无二的销路。这会是一个很好的例子，来说明街头经济为犯罪活动提供了发展的空间，而非正式的社会控制却未能遏制这些行为。但我对于书刊行业经济的比较调查则表明，最"有组织"的商店也在出售被盗的书刊。

  这表明，我们不能想当然地认为我们在街上观察到的犯罪行为是由"无序"的气氛造成的，或是由于这些人无力进行自我管制。一个更好的分析策略则是将这些人的行为与那些普通城市居民的行为进行比较，考察街头工作者的逻辑是否是像看上去的那样与众不同，以及这些人与普通城市居民相比，究竟是否更加不正派。事实上，在书籍被盗这个例子中，我们与其相信这些街上的越轨社会行为（真实的或者想象的）是由无序的气氛造成的，更应该相信"正常人"生活中的这些事情也有无序的根源。

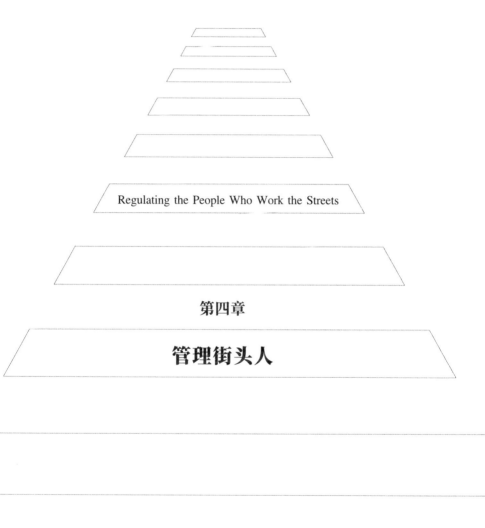

第四章

管理街头人

空间战争：争夺合法性

不难理解，为什么20世纪90年代出现了为应对公民的轻微违法行为而动用正式社会控制的动向。当地商人和商业领袖频频抱怨那里的乞丐、拾荒者以及那些"摆破烂儿"的人，这与朱利亚尼市长的政策与威尔逊和凯林的学术主张相合。就拿何塞·托雷斯来说，他在格林尼治大道靠近第六大道的地方开着24商店（一家便利店），直到1996年关门，他开了七年时间。"除了他们惹的乱七八糟的事，"他对我解释说，"他们有的时候看上去就不像样。他们有时会散发出难闻的气味，还嗑药或者小便。就在门口！根本不管什么法律不法律！有些顾客就算只是走进店门，有时候也会不得不跟这些人打照面。当你的店里有一个邋遢又难闻，还在乞讨要钱的人的时候，那场景很让人不舒服。"

对轻微违法行为采取正式的社会控制也反映了当地商业组织的种种考量。当我与安德鲁·曼舍尔会面时，这位大中央合伙公司[1]（the Grand Central Partnership）和34街合伙公司的律师就开诚布公地说这些组织的政策受到了威尔逊和凯林的"破窗"理论的影响。他不仅反对乞讨和拾荒，而且反对像哈基姆·哈桑这样的书贩。"为什么这些人会选择在街上？"他问，"在公共道路上做生意是合法的生活方式吗？在我看来——我不代表大中央合伙公司——这是种反社会的行为。他们选择了反抗某些社会规范，比如不在正式经济中工作。我觉得在我们的社会里，占用公共空间卖东西是反社会的。为什么我们非要让一个东西违法才能制止它？我们的社会，已经到了这种境地，人们会说"凡是在街上不违法的事情我都能做！"

大中央合伙公司以及其他商业改善区试图通过减少摊贩们可以合法占有的空间来限制商贩的数量。在这一章里，我将展示政策是如何发挥作用的：如何凭借具有政治影响力的商业组织来通过一条缩减空间的法令，以及新法令对街头生活有何影响。

商业改善区

商业改善区指的是"城区中的一些地理区域，在这些区域中，业主同意为服务升级和资本改造支出支付费用，从而使该地区受益"。[2]设置这些区域是为了补充市政已有的服务方式，以提高此城区的商业和空间环境质量，包括优化治安、清洁卫生以及社会服务。除此之外，商业改善区还组织游客服务，赞助像音乐会之类的公共活动，并且负责协调工作，确保小商店及其门面的质量和多样性。要想理解纽约市的权力构成，或是格林尼治村这样的社区中街头的日常生活，商业改善区的重要性不容忽视。

商业改善区形成于20世纪80年代，成为了纽约市内一股重要的政治力量，其起因是，当时的商业团体无法控制公共空间，弥漫着一股无力感，而这又影响了地产价格及商业活动的成功展开。[3]通过雇佣他们自己的安保和清洁人员，商业改善区营造了"破窗"理论所强调的那种水平的城市秩序。有的商业改善区则政治势力强大，可以通过他们与市长或是市议会的密切关系，来进行他们的活动。

在纽约市的此类社团中以中城区的商业改善区最为典型，其中包括了大中央合伙公司、34 街合伙公司、第五大道联合会，以及时代广场商业改善区。不同的商业改善区解决社区问题的方式各异，但也有着许多共同之处。例如，许多曼哈顿的商业改善区都雇佣了统一着装的安保人员，每天早 7 点至晚 11 点在他们的区域内走路巡逻，以震慑犯罪活动，并且他们与纽约警察局时刻保持无线电通讯联络。此外，统一装束的清洁工人也一周七天出勤，负责捡拾垃圾，汇报雨水管堵塞，清除涂鸦和非法招贴，以及清倒垃圾箱。

一次对第五大道联合会在地办事处的走访能够说明商业改善区是如何补充警察的工作的。办事处位于洛克菲勒中心地下室，一位穿制服的负责人坐在桌前，无线电通讯设备和电话直通当地的纽约警察局。"收到，回复我有没有赶走那个擦鞋的家伙，可以吗？"无线电接线员对他自己一个安保员说。

"你的消息断掉了。"安保员说。

"告诉我那个擦鞋的有没有赶走。"接线员说。

"收到。"

过了一会儿，一个安保员拨通了电话，汇报说："卖吃的还在原地。"（根据纽约市的规定，食品小摊贩和擦鞋工都不允许在这条街上摆摊。)

"等一会儿,"接线员说着,按下了直通警察局的按钮,"你好。这里是第五人道商业改善区。我是怀特先生。第五大道和50街交叉口西北角有一个食品摊贩。"

他挂了电话,我问他对方说什么。

"还是平常那样。他们会派人走过去或者开车过去看一看。这事对他们来说算不上紧急,但我老板想把他们赶走。〔不然的话,〕所有人都会在这儿摆摊,他们就会胡作非为了。"

电话铃又响了。"让六号去一楼。FAO 施瓦兹玩具店门前有两个弹吉他的。"

"收到,我知道了。"

限制空间的法律通过了

在我进行这项研究的几年里,纽约市议会一共只有一项针对印刷品摊贩的立法提案获得了通过。这也主要是因为大中央合伙公司和 34 街合伙公司两个商业改善区的影响。为了了解背后的原委,我拜访了他们的律师安德鲁·曼舍尔,请他代表中城业主解释他提案的背后的"哲学"。

"我们在这里有一个管理街道生活水平的整体项目,"他对我解释说,"我们的管理建立在很多研究之上,比如东北大学的乔治·凯林,加州大学洛杉矶分校的詹姆斯·威尔逊,还有写了《城市》的威廉·怀特〔他们的研究〕……在这个办公室里做出的一切决策都是专门的、经过认真研究的，主要参考的是这些研究。

"我们做的许多事情明显跟学院中人，尤其是社会学家的想法背道而驰，"他接着说道，"有些研究公共空间的教授被我们逼得发疯。你看，我们就在他们对门，然而我们代表了他们所抨击的一切。他们才是曲解了简·雅各布斯的人。我现在叫他们渣滓的信徒。他们相信街头的失范行为是好的、健康的，是城市生活有机的一部分。他们相信毒品交易是小宗交易，如果不这么觉得的话就是种族歧视。他们是那种把涂鸦当成珍贵的文化表达的人。我们不一样。

"人们说我们在把城区变得'迪斯尼化'，对公共空间实施法西斯式的控制。这太夸张了。"接着他给我解释起了为什么商业改善区要反对街头无证经营，"重要的不仅仅是他们在做什么，还有他们看起来怎么样。事情远不是他们在公共空间卖东西那么简单，而是他们可能并没有在他们所卖的东西上进行任何投入。他们不是在卖什么好东西，而当他们摆出好东西的时候，潜台词就是它们是偷来的。不能说他们不是社会结构的一部分。问题在于，除了缺乏投入、缺乏对它的社会控制以外，这对那些租了店面来卖类似的商品，并且缴税、承担最低工资和房租的人来说，不公平。"

商业改善区时常被他们的政治对手指责，说他们极其封闭，并且对公众不负责任。然而曼舍尔请我看了他为促进法律通过而积累的浩繁的文书。[4]我想了解的是，他与和丹尼尔·比得曼（Daniel Biederman）——当时这两家中城区商业改善区的主席，在这其中针对印刷品摊贩都做了什么。结果,最关键的一点在于,他们雇佣了爱德华·华莱士做说客;1982 年促成通过了印刷品豁免条款(《地方法案 33 号》)的正是这个人。[5]在市议会议席期满后,他成为了一名律师。

与此同时,华莱士说,在曼舍尔联系他之前,他自己就已经明白,《地方法案 33 号》已经失去了控制。"我们提供了一份如何在人行道上做生意的路线图,"他说,"我在言论的问题上是一个自由主义者,但这不意味着对言论不分场合的放任。相反,言论自由应该遵循适当的时间、地点,以合适的方式表达。显然,〔自由权利〕引导着我最初热烈地支持印刷品豁免条款;但当我意识到我对**它**的热情带来的却是与初衷相左的后果,而且这种后果与我理解的公民自由**完全不相关**:它造成的是个人对人行道的占有。

"我想我从这件事里学到的是,年轻时对事情绝对主义的观点需要与现实的可操作性中和。总的来说,这样的转变并不意味着我放弃了言论自由的原则,它意味着我意识到了言论自由的原则有可能被曲解和滥用,与宪法第一修正案背道而驰。"

* * *

1992 年 6 月 9 日,华莱士代表大中央合伙公司和 34 街合伙公司商业改善区参加了市议会消费者委员会组织的公共会议。多家合伙公司组织了诸多房地产商代表出席这次会议,而华莱士在演讲里总结了他们中很多人的意见,这其中就包括了房地产委员会，第五大道联合会，舒伯特组织，洛克菲勒集团以及第六大道 665 号。

"十年前，我提交了一个很小的修正案，希望能保护政治小册子的作者，以免他们被以无证经营为由抓捕。不幸的是，这个小小的豁免权在立法过程中逐渐变成了一个漏洞。这个漏洞大到滋养了一整个人行道工业，它们的桌子堵塞了街道，行人难以穿行，警察也没法在闹市区追捕那些专门盯着游客的小偷和抢劫犯。这些摊贩就像组成了一道封锁线，拦截着消防员、急救队和警察，阻止他们迅速地从马路边移动到建筑里。议会现在迫在眉睫的任务止是要把人行道归还给行人和紧急服务。"

这次公共会议之后，大中央合伙公司的发起人彼得·麦尔金给市长大卫·丁金斯写了一封信，信中说对书贩的豁免导致了严重的问题。在回信中，丁金斯市长表示在公共街道上卖书事关宪法。他强调说："在书贩的问题上，我们必须得考虑到宪法第一修正案的意义。"

这样看来，市长将美国公民自由联盟视为一个重要的政治角色。虽然像哈基姆、爱丽丝、马尔文、罗恩、伊什梅尔和穆德里克这样的摊贩没有影响力，但有个具有影响力的利益团体站在他们那边。

从曼舍尔的说法来看，华莱士提出了一个技术层面的问题，那就是如何修订法律，使它既符合宪法，又具有那种能让市议会通过的"政治精神"。同时，他还联系了公民自由团体，说服他们这项法案并没有违反宪法精神。华莱士仔细地推敲草案，为

美国公民自由联盟的诉求量体裁衣。

其中特别值得注意的是，他建议这项针对印刷品商贩的禁令要从那些已经明令禁止的食品和普通商贩摆摊的街道着手。这样一来，新的法规就不会被认为是特意针对言论的行为，而是在第一修正案的权限与公共健康安全之间的权衡。

十二个月后，随着 1993 年市长选举的临近，时任市长、民主党的大卫·丁金斯与他的共和党挑战者鲁道夫·朱利亚尼在"生活质量"这一焦点问题上展开一场激烈的交锋。然而无论是哪一方，无不把矛头转向了以乞讨、擦车人、小商贩为象征的越轨人群。于是，两位市议员提交了《地方法案 45 号》，而这项法案早在一年之前就走上了漫漫的立法之路。新提议得到了市议会压倒性的支持，并且于 1993 年 6 月 1 日，由市长丁金斯签字生效。这项条例基于这些立法调查的结果：

"市议会特此发现并声明，由于允许只销售印刷品的普通摊贩在人行道上经营而不受到位置和地点的限制，这种通融对公共卫生、安全和福祉造成了威胁。限制位置和地点已经被证明可以保护公共健康、安全和福祉。"理事会进一步发现，沿着主要商业通道放置售卖台使公共卫生的威胁更加恶化。它声称"这些桌子阻碍了包括消防和警察人员、建筑入口以及消防栓在内的应急服务的畅通，在主要旅游点和交通设施周围造成行人堵塞，并阻碍了警察在人行道上的巡逻。"

尽管没有证据的支持，市议会还是采纳了这些立法调查结果。新的法律还强制规定摊贩的桌子与街角、建筑入口以及地铁入口的合法规离。[6]

《地方法案 45 号》对大中央合伙公司和 34 街合伙公司管辖下的所有街道都有直接影响。在那些街上，因为食品摊贩和一般摊贩都已经被禁止，一旦新的法律生效，印刷品就也不能再卖了。那些摊贩必须搬到中城的小街小巷，或是到纽约市的其他地方。

　　像所有一般摊贩一样，整个城市的印刷品摊贩现在都只好也摆上桌子，以便至少留出 12 英尺宽的人行道。他们不能再靠着，或者把他们的"东西"倚在建筑物或窗户上了；他们被禁止在任何建筑物的入口 20 英尺之内的地方摆摊，也不得在公车站、出租车站、地铁出入口或街角 10 英尺内摆摊。[7] 许多摊贩意识到，他们工作的地点突然消失了。

公开站队

　　在格林尼治村，印刷品摊贩的空间被砍掉了一半。相当长的一段时间来，《地方法案 45 号》非但没有为街道带来井然的秩序，反而导致了第六大道的人行道生活进一步恶化。那些仍留在原地的摊贩自此便开始了与警方的日常斗争，争夺剩余的合法人行道空间。

　　摊贩们都希望每天能在同一个地方摆摊，以便顾客知道在哪里找到他们。而由于市政法规不承认任何人对任何公共人行道的占领，摊贩们便设计了自己的制度，在相互之间分配空间。根据市政规定，摆摊的地点先到先得；但是在非正式系统下，每个摊贩都有自己的空间，人们之间通常互相尊重。[8]

在《地方法案 45 号》通过之前，我与摊贩的讨论已经表明，他们非常反感在发生争端时寻求警察的介入。我经常听到一个曾威胁说要拨 911（警察电话）的小贩被其他黑人摊贩叫作"种植园男孩"或"告密人"。

解决争端的非正式体系运转得井然有序。它已存在多时，没有产生明显的冲突。我曾以为它根植于黑人的集体意识，是这个街区上不可置疑的共识的一部分。然而，当可用空间减半时，我发现这个非正式系统根本不是基于不可置疑的价值观。它之所以存在，是因为它最大限度地保证了摊贩的利益，他们的空间分配方法关键在于尽量减少与正式法律的接触。对兄弟情义的忠诚阻止了官方法律系统干扰这一非正式系统。后者规范着摊贩间的事务，但它抵挡不住空间被缩减的冲击；这种情谊现在要与更现实的考虑竞争，比如"先到先得"中的谁"先到"。

哈基姆和穆罕默德充满戏剧性的一幕很能说明情况。穆罕默德是一个小贩，养着一家十八口，他在繁忙的十字路口拐角工作了许多年（不清楚具体是多少年）。像哈基姆一样，他是非裔美国人，在成为穆斯林时改了名字；与哈基姆不同的是，他至今仍然遵循着教义，并且是伊斯兰民族组织的成员。一个星期一的上午 9 点，我刚到，就注意到哈基姆正在穆罕默德通常放置桌子的地方架起摊位。大约 9:30 左右，我和伊什梅尔正在说话，穆罕默德到了，并把他的桌子直接放在了哈基姆的摊位前。两人开始争吵。

你不听我在说什么，我早上 7 点钟就到了这里，哈基姆说。

我的兄弟，如果你这么做是因为指责我对你做了什么，那是不对的。我从来没有伤害任何人。哈基姆，我从来没有伤害过你！

这不是关于什么是对还是错，哈基姆回答。

不，这就是关于什么是对还是错，穆罕默德说。

这关于你在做什么，哈基姆回答。

这关于对错，穆罕默德说。你指责我，我要抗议。

一群十来个在这个街区工作的人迅速包围了哈基姆和穆罕默德。许多人一直都对穆罕默德心怀不满，因为他早上来晚了却还要占着别人本可以用的地方。哈基姆现在主张起了自己权利，挑战了这里长期以来的惯例。这种主张可以解释为他威胁了这里的集体团结，他们因为遵循之前的惯例而凝聚在了一起；或者也可以简单地理解为他只是就事论事。这是一场关系到应该如何规范街头生活的公众事件。

观察这几个街区的这些年来，我从未见过这样的争端。如果一个人每天都在特定的地点摆摊，那么这个地点就"属于"这个摊贩，这已经成为了这里的规矩。如果哈基姆想要声张自己对一个地点的权利，那么维系着街头财产权的整个非正式体系就会被改变。

穆罕默德、哈基姆以及他们的支持者在街头大声叫喊着，路人绕过他们而行，显然，十名黑人互相围绕着、不断提高声音的场面令他们不安。人越挤越多，我走向他们，打开了磁带录音机。

"兄弟，你没有证据，因为我从来没有做过这样的事情。"

穆罕默德说。

"没有人能证明给你任何东西!"回应了哈基姆。

"哦,是的,兄弟,你……嗨,如果你有证人,你可以证明给他们。"穆罕默德说。

哈基姆转向围观的摊贩们,寻找他的证人。"我是今天早上7点就来了吗?"

"兄弟?……兄弟?"穆罕默德呼唤道。

"今天早上7点钟你们在这儿看到我了吗?"哈基姆重复道,"是还是不是?你几点到这里来的?"

"的确。"穆罕默德说。

"你**是**什么时候到的?"哈基姆问。

"我来的时候所有人都在这里了,这没问题。这不是我说的问题。我说的是你对我指责。"穆罕默德说。

"你几点到的?"哈基姆紧逼道,"你是几点到的?"

"我到得晚了……"

"你是几点到的?"

穆罕默德坦言:"我比所有人都来得晚。"

"你**大概**是几点来的?"哈基姆继续问。

"我没多久以前刚刚到。"

"多久以前是没多久以前?"

"你想玩法律游戏,哈基姆?你先到的!"

"是这样!那你为什么把桌子放在那里?"哈基姆问。

"我从来没有伤害过你,兄弟,"穆罕默德回答说,"你指责我试图伤害你。"

"你这是在兜圈子,你还没有聪明到跟我兜圈子。"

"不,兄弟!真理是真理,真理是光明。"

"我可以保证你一件事,"哈基姆说,"你今天如果把桌子放在那里,我就让警察没收了它。我现在就能告诉你。你看着。他们怎么玩我,我就怎么玩。"

哈基姆的评论引起了震动,他不顾耻辱地把警察的介入作为解决问题的方式。由于哈基姆是黑人书籍的行家,被视作一名优秀的"种族人"(race man)——那种对"'这一种族'有强烈责任感的人,强烈到认为大多数事件,尤其是涉及到白人社会的公共事件,都对其他黑人的福祉有切实的影响"[9]——任何人都不太可能成功地将哈基姆的动机视作反黑人的。为了颠覆先前基于黑人集体意识的非正式体系,哈基姆把讨论限定在狭义的操作层面上("你几点到的?"),而穆罕默德则希望把讨论维持在抽象的层面("不,兄弟!真理是真理"),这样他就能避免直面规则是否需要改变的问题。他希望将讨论维持在一定的层面上,以暗示群体团结将面对潜在的危机。[10]

"我来到这里,是为了和真理一同与所有谎言作斗争,"穆罕默德说,"这就是我在做的事。"

"你知道他们把这叫什么吗?"哈基姆大声说,"他们把这个叫作修辞。"

"他们把这叫作一个兄弟与另一个兄弟谈话。"穆罕默德说。

"你知道吗,让我说完:从现在开始,谁先到这里或者随便其他地方,他们就可以开始摆摊。"

"如果你想这样做,就这样做吧。"穆罕默德回答。

"我**就要**这样做。"哈基姆说。

"对,这取决于你。"

"我不需要你的许可。"哈基姆说。

"不。你知道吗?你知道吗?你这么做是因为你想得到白人的许可!"

哈基姆已经准备好了。"如果你不在乎白人,你为什么要和我为了一块地方吵架?你为什么不在线外面摆摊?"哈基姆问。[11]

"我的兄弟,"穆罕默德说。"你知道我有十八张嘴〔要喂〕……十八张嘴,兄弟,你知道的,还有一张又要来了。嗨,兄弟,我已经在这个街角干了十一年了。你真的连这也不尊重吗?"

"我不怕你。我要让你知道,从现在开始,我要在这个街区的任何地方摆摊。"

" Allah-u-Akbar."穆罕默德说,意思是"真主伟大"。

说到这儿,第六警区的两辆警车停在了路边,大概是路人招来的。

"这是怎么回事?"一个警察从其中的一辆车下来问道,他是个白人男性。

"你好吗?我正在和**这个**人讨论问题。"哈基姆说,转身背对这位警察。

"我们正在讨论。"穆罕默德说,他也把后背转向了警察。他们两个的身体姿势向周围的所有摊贩发出信号,说明他们都不会寻求白人警察来解决内部争议。

"不,但是你不合规矩。"哈基姆说。

"我没有不合规矩。"穆罕默德说。

"你不！你已经很久不按规矩来了！"哈基姆说。

穆罕默德说："伊斯兰教是规矩。我以一个穆斯林的身份在说话。"

警察试图在男人之间周旋。

"警长，一切顺利，我们没问题。"穆罕默德说，"我们只是在这里进行讨论。"

"我只是想向他解释，这个街区的这个拐角不是他的。"哈基姆说。

"我们已经知道了。"穆罕默德说。

"他认为自己拥有这个拐角。"哈基姆说。

"不是这样的，"穆罕默德回答道，"你说谎，不是这样的。这样的话，如果你愿意，你可以当种植园男孩……当着奴隶主的面。"

"行了，算了吧。"警察说着，驱散了人群。

穆罕默德对一个特定空间的要求早已得到承认，正如其他摊贩也要求"自己的"地方。现在，哈基姆在所有其他摊贩面前宣布"先到先得"将成为第六大道的新常态。但这不是一个可以很快或轻易被接纳的常态。事实证明，后来出现了更多的斗争。

无家可归的说了算

最早受益于新规定的人是那些睡在街头的人。他们首先占领了那些没有被《地方法案45号》限制的空间，而这样一来，那些晚上回家或到其他地方过夜的摊贩想要找到任何合法的空间，都处于非常不利的地位。

这导致了管理街头财产权的非正式系统的重大变化。我们知道，在一段时间内，有不少人以做"占位者"的方式的赚钱。他们通宵守着公共人行道上的位置，早上再卖给商贩。虽然一开始这样做是摊贩的要求，但现在露宿街头的人们就坚持通宵"占着"空间，无论摊贩是否要求他们这样做。曾经是"占位者"的人们就这样干起了敲诈勒索。

一个名叫里奥·波特的拾荒占位者解释说："你要想进入这个街区，唯一的方式就是经过我。附近有小贩来这里了，没那么多地方让每个人都支摊。所以我们设立了一个小队，每个人都有自己的特定地点。他们每个地点要付我二十美元。有一天一个卖漫画的人说，'哟，我再也不给你什么了。'我说，'但是，兄弟，你拿到你的地点了，现在给我我的钱。'他让我去他妈的，我抓住他的脖子就把刀架在了上面。在他反应过来之前，我就把他按在了道尔顿书店的墙上。街上的人喊着，'里奥，别杀了他'，因为他们在我眼里看到了死亡，因为我有能力杀人。我退了回去，放了他，他跑到了警察局。我蹲了三个月号子等审判，等着这摊事了解，最后案子被驳回了。"后来我从这个街区的别人那里听到了这个故事的类似版本。

虽然摊贩们曾经自给自足，维持着互惠规范和规则体系，但《地方法案45号》造成空间不足，进而导致了冲突，这些冲突看起来貌似是通过武器和和警察解决了。不用说，这种冲突造成了街头混乱的氛围。越来越多的摊贩为明确自己的权利转而诉诸正式法律和纽约警察局。哈基姆和穆罕默德转身背对警察的举动有强大的象征意义,但其中的意义似乎越来越不适用于他们的日常生活。

霍华德拒绝为空间付费

8月一个炎热的夜晚,长期以来一直在第六大道上摆漫画书摊的霍华德威胁穆德里克和其他摊贩说要叫警察,因为他们拒绝给他让出地方。

第二天早上,霍华德(他是白人)正站在人行道上,穆德里克走近了他,说:"我不喜欢你昨天说的话,我得告诉你。我觉得你不是那个意思,你不能告诉警察我们在街上干什么。那是不对的。"

"我来解释一下。"霍华德说。

"听**我**说。"穆德里克说。

"不,让我说。"霍华德说。

"是我找的**你**,"穆德里克说,"把话说清。你听**我**说!什么都不要告诉警察,我们必须在**街**上和大家说清。不要让警察来压着大家。"

"我不想这么干,"霍华德说,"但是,如果人们想继续下去……"

"那你〔昨天〕为什么那么说?穆德里克不依不饶,"我要听你说。就因为那句狗屁我昨晚睡不着觉。你想好了。跟我说话不便宜。"

"让我说完。"霍华德说。

"你先让我告诉你你惹上了什么，"穆德里克试图吓住他，"跟我说话你得花钱！"

霍华德无话可说，呆住了一两秒钟。穆德里克说："你现在开始说。"

"如果有人占着一切，把你的生意挤没了，"霍华德开始说，"你会告诉我你什么都不会做吗？"

"你总能弄到一个地方的，"穆德里克回答，"你只需要对这些家伙说，'我需要一点点空间。'"

"我甚至拿不到……像昨天……"

"你会有的！你只需要说'我想要一点空间'。你知道在纽约怎么解决空间问题。把你的东西放在那里，他们就会给你腾出空，你也为他们腾出空。你不需要找警察……你明白了吗？你会英语吗？我知道你会！"

"是的，我会英文。"

"那他们就会给你腾出空！"

"他们说这太糟糕了，"霍华德说，"我自己，我个人来说，一点都不喜欢警察。"

"这个游戏里没有喜欢不喜欢的事，"穆德里克说，"每个人都有足够的钱赚。"

霍华德说："底线是我必须赚钱。"

"你会赚钱的，"穆德里克说，"但你不需要找警察，让警察知道我们在这里做了什么。"

"我还什么人都没找过。但我的意思是说，如果有人总是这么对我，我就要……"

"你是说，如果他们不按你的心意来，你就非要去警察局了？"

"如果他们两个人支着七张桌子……"

穆德里克笑了起来。

"你觉得呢？你觉得我会当一个老好人？你也不会当老好人，"霍华德说，"听着，我不是在找麻烦，朋友。我〔要做的〕就是赚钱，如果我不赚钱，我就有麻烦了。"

"帮个忙，"穆德里克说，"听着，不要叫警察。"

"我谁都没叫。"

"叫警察是错的，不要把警察扯进来。我们在这里让一切运转起来，弄清事情。然后你却给警察打电话，这是胡来。"

"那么我们一起干着看吧。"霍华德说。

"这就是我想跟你说的，我们在这个鬼地方一起干着看吧。"

"这是底线。"霍华德说着走开了。

"别叫警察，"穆德里克喊道，声音大得整个街区的人都能听到，"那是错的，别当叛徒。"

穆德里克转过头来，大声对巴特罗继续说道："这孙子要告密因为他没占到地方。你要是想有地方就早上起来占他妈的地方。我一夜都在这里，你指望〔中午〕12 点来找到地方？滚你妈的。早没地方了。"

穆德里克作为一个黑人与白人交谈，他不能利用黑人集体意识来与对方达成不能叫警察解决摊贩之间问题的共识。相反，穆德里克试图先震慑住霍华德，然后在他拒不让步时，当着其他摊贩的面羞辱他。但霍华德明确表示自己不怕恐吓。作为一个中产阶级白人，他很可能有着穷困的黑人所缺乏的与警方抗衡的力量。接下来几个星期里他来到这个街区的时候，穆德里克和其他杂志摊贩都为他腾出了空间。

在接下来五年的时间里，将出现一种新的非正式体系，它与正式的合法体系有着错综复杂的关系。没有人试图阻挡霍华德的路。其他摊贩，比如一个上了年纪的白人付了占位人 BA 五十美元占位置，他从没有威胁过要喊警察。于是，有时这便会引起关于谁有权收"地租"的斗争。

一个体系的胜出

时间从新法律通过的几个月后来到了几年后，一个综合了新旧两种决定财产权归属的方案体系已然普及开来。穆罕默德依然占据着他在拐角处的位置，但是他一旦迟到，自己便会受到挑战。

四年后的圣诞节假期里，一场纠纷表明，那种公开的"场景"从未终结。那天我上午 11 点左右到达这个街区，发现罗恩和马尔文正在穆罕默德平常的地盘上摆摊。几分钟后，穆罕默德的妻子开着他们的货车来了，把他们 15 岁的女儿留在了拐角处，还留下了两张桌子和堆着满满货物的大手推车。

"不不不！"罗恩大叫道，"她怎么会来这里的？马尔文，别让人过来。我们少赚钱对你有什么好？我们的东西说什么都别挪，不然以后你还得给别人挪地方。"

"对，"马尔文说，"让她把东西放在线外。凭什么要把我们的东西放在线外？"

穆罕默德的女儿推着她的车默默地站在第六大道和8街的拐角处。

她可能听到了那两个人说话，但是一直没有靠过去，或者要个空间。

罗恩对我说："你看，米奇，我能理解这些人。我今天早上6点多来到这里，直到刚才我才摆起摊来。我一直等到了十点钟"。

"你等的时候在想什么？"

"我想，'我不想吵架，'你明白了吗？我打算在线外〔非法的空间〕摆，因为我知道穆罕默德想在这儿摆。但后来，肖蒂和康拉德像是打算过来了。我跟自己说，'穆罕默德昨天没有来，整个地方都是空的，我为什么要错过呢？'"

《地方法案45号》通过之前，人们要是想在人行道上开展一番事业，有很多空间可用。那时候很难想象，有一天肖蒂、康拉德和罗恩会"盯着"一块几个小时没有人用的地盘。

"你在等的时候是不是觉得，如果你在这儿摆起来自己就是一个坏人？"

"是的，就像是我要在他们的领地上动土一样。这是一种非正式的理解，这些家伙一直在这儿摆摊。"

《地方法案45号》通过四年以后，摊贩们仍然尊重着一个人在特定地点摆摊的权利，但前提是对方要"按时"到达。然而，随着罗恩继续说着以及伊什梅尔加入谈话，显而易见的是，即使是在这一点上人们也存在分歧。我的在场为他们讨论什么是合适的行为提供了机会。

"我给你再举一个例子，"罗恩说，"伊什梅尔能作证。伊什梅尔不在这里摆的时候，我就〔在他的位置上〕摆。但如果我知道他要来，我就不会先在这里摆。这不是因为我认为这是他的点，而是因为我知道他喜欢在这儿。所以我觉得，还是应该让他拿下这里。但如果我知道他不会来，我才不会干等一整天不挣钱。我会挣一点。"

"是这样的，"伊什梅尔说，"如果你在一个地方摆过，一直在那地方，你可以晚来两三个小时。但我这是有耐心。我们现在不争。因为，如果你要争就不是这么回事了。但如果我们为别人着想，我们能解决一点问题。"

"不，"罗恩说，"有的时候**你**得自己当心。你只能让一点……"

"问题是一个小孩，她自己一个人来这儿。"伊什梅尔打断他，指着穆罕默德女儿的拐角说。

"那是她父亲让她来的。"罗恩回应道。

"那是她自己的钱。"伊什梅尔说。

"这么冷的天**他们**让她出来，"罗恩答道，"我得要付账单……我得交房租……我在街上住过太多年了，我没打算重新搬回到街上。"

"我能理解小孩子。"伊什梅尔指着她说。

"如果警察现在在,他们会说我绝对有理由在这里,"罗恩说,"因为是我先到的。"

"这是贪婪,"伊什梅尔说着,马尔文也加入了进来,"你应该让一个桌子给她。你跟马尔文有两张桌子。"

"我们需要钱付账单。"马尔文说。

"我不关心,"伊什梅尔说,"那太不顾及别人了。"

肖蒂加入了马尔文、罗恩和伊什梅尔,站在了穆罕默德女儿的一边。"嘿,给她一点地方。"他喊道。

"肖蒂,她有什么账单要付?"罗恩喊。

"我不知道她有什么账单。"肖蒂喊。

"她要交房租吗?"罗恩问。

肖蒂凑近了罗恩。"下次我要用这个地方。"他说。

"从我面前滚开,"罗恩喊,"别挤了我的地方,指指点点。"

肖蒂退了下来。

"听着,我本来没打算在这儿摆,"罗恩说,"没人在这儿我才来的。就这么回事。如果你想放弃边上的桌子,你看着办吧,马尔文。"

"好,我把边上的桌子挪过去,"马尔文答道,"但我们别的都不动。"

"如果把我们的小桌子挪开,她怎么把她的大桌子放过来?"罗恩问。他转向她,说,"小姑娘,如果你换张小点的桌子,我可以帮你把那张挪开,你就可以在这里摆了。"

"就算我在这里摆也要超线。"她说。

"我觉得你不会有问题。"罗恩说。

有了这话,她过马路去了电话亭,可能是给她父亲打电话。

"我要争这个地方。"马尔文喊。

"我们不用争,小马,"罗恩说,"这里先到先得。"

摊贩们的喊叫声大了起来,路人们走到了马路的另一侧,以免穿过这些愤怒争吵的人们。

* * *

华盛顿广场公寓的格罗斯夫人对街区上的这些事一清二楚。"他们互相打架——用东西攻击对方,朝对方扔椅子,"她解释说,"我确实担心,因为我有一个 12 岁的孩子。他上学和回家的路上可能会存在问题,他们不受管制,不像是会为了让一个孩子走过去就控制住自己。这些流浪汉觉得他们有自己的地盘。像卖漫画的,这些摊贩有地方住,他们来了就跟流浪汉打架。这样一来他们**全都**要为了地盘打架。"

对这个社区来说,更糟糕的是,一旦空间成了稀有资源,就有越来越多的品质摊贩因为超线摆摊被警察没收货物。这些摊贩没有本钱重新进货,然而那些卖捡来东西的摊贩,再绕着可回收垃圾箱走一圈,就能屯一批新的杂志了。这赶走了卖高质量商品的摊贩:

"**花钱**进货的人,警察要是收了他们的东西,他们赔不起,"罗恩说,"只有从可回收物垃圾箱里淘东西的人赔得起。"

"对。"马尔文附和道。

警察心里非常清楚,拿走一个摊贩的新书就可以让他们倒闭。"他们会说,'我不怕传票,但我等着见法官的一个月可不能

丢了我的好货。我就要倒闭了,'"一个警察对我说,"很多人都觉得这种压力太大了。只有那些顽固分子才留下来。对他们来说,这就是做生意的成本。但大多数人都会走,或者搬去跳蚤市场之类的地方。"

这便是《地方法案 45 号》起作用的另一种方式,就像一开始的印刷品法规对普通商贩产生了意料之外的影响一样,《地方法案 45 号》这种起作用的方式也并非在中城法案倡导者的计划之中。与鼓励卖全新商品的摊贩在人行道上贩卖的意图相反,地方法案最后导致了大多数摊贩的消失。

《地方法案 45 号》通过后,格林尼治村成立了一个叫作格林尼治村联盟的商业改善区,希望让这个社区更吸引人、更干净、更安全。虽然这个商业改善区永远也不会有大中央合伙公司的资源、影响力或者才能,但它们会通过细微的改变让摊贩的生活变得困难。最显著的是,它从交通部取得了许可,在摊贩们曾经摆摊的地方种树,这进一步减少了人行道上的空间总量,导致了更多的空间争夺之战。商业改善区主席洪尼·克莱因(Honi Klein)的话很可能代表了这种对待街头人的"哲学":"我觉得法律应该修改的地方在于,第一修正案不应该保护街上的人。他们不是无家可归。他们从来就没有过家。"

第六大道上的圣诞节

1996年的圣诞节,是纽约连续第二个圣诞节没有下雪的冬天。在洛克菲勒中心的塔顶上,那些左右着国际交易、掌管着全球贸易的人们向下看,就能看到人行道上挤满了游人领略着滑冰表演和那棵著名的圣诞树。整个曼哈顿中城的人行道都挤满了人,一个街区的距离甚至都得走五分钟时间。这一片受第五大道联合会和大中央合伙公司商业改善区的影响,看不到摊贩、乞讨者以及无家可归的人。

向南几站地铁之外,在格林尼治村的第六大道上,美国志愿者协会的"人行道圣诞老人"在靠近8街的地方摇响了铃铛,让人们"帮助我们最需要的邻居"。半个街区外,一个从救世军来的圣诞老人正在摇铃。几步之外,基思·约翰逊在他的轮椅上大喊"帮帮流浪汉",接着抱怨起了制度化了的乞讨人,他们挤占了他在这个节日季的收成。

在格林尼治大道上,哈基姆的桌子旁,花店已经占据了通常康拉德卖杂志的空间,摆出了一打圣诞树卖。

街对面,巴尔杜奇的市场也占用了店面门前的那段人行道,摆着填满了美食的花篮。一队队的人们涌上街道,围满了街区,当地居民排队等待着购买那些精美的蛋糕、进口芝士以及其他的美味佳肴。

与此同时，伊什梅尔正在人行道上大闹。

你听说他们拿走了我的桌子吗，米奇？12 月 23 日早上 11 点左右我到那一片的时候，他对我说。他接着对哈基姆和爱丽丝说，他所有的家当都被纽约市警察局的警察在凌晨两点到两点半之间带走了。

他说，他们带走了我的杂志，也带走了我的私人物品。我去买了东西，买了些新衣服，还留着小票。他们全拿走了。他们也没有给我传票，什么都没有。他们就直接拿走了。

伊什梅尔说他这是受到了牵连，因为街上的另外两个人，垃圾乔和阿尔把东西放在了地上卖，违反了当地法律。对此，警察以清空第六大道作为惩罚，而不仅仅是收走乔和阿尔的东西。如果问题发生在那边，他说，别动**我的**东西。

伊什梅尔没有别的地方存放他的家当，所以他桌子底下的包里放着从全家福到衣物在内的所有东西。人们常常说，他们的一切都在桌子下面，说有一个包裹是求生包。"那个包就是我的生命。"沃伦有一次说。"那个包裹对谁来说都没有对我有用。里面有我的衣服、证件、洗漱用品，我要用来在街上生存的东西。这里有些人一直穿着同一件衣服，不在乎卫生问题。但我不这样。我的家教不一样。"

几个星期之前，伊什梅尔遇见了一个年轻的日本女人，名叫蒂娜。她是一名音乐学院的研究生，正试着做歌手养活自己。那时她已经是他在街头的常客了。在聊了很多天之后，两个人心生爱恋，就在事发那晚他们有一次约会。伊什梅尔用前一天的收入在 14 街上购置了新裤子和一件衬衫，好干净整齐地去赴约。"他〔警察〕拿走了我买的新衣服,"伊什梅尔解释道,"我今晚约会没得穿了。"

* * *

通过仔细研究这一事件,以及类似的那些事件,我们能够更好地理解纽约市如何管理无家可归的摊贩。正如我们所看到的,在市长鲁道夫·朱利亚尼赢得选举后,他进一步推进了当时已经开始了的警察部门的战略转向,包括对报警电话的回应,维持秩序,以及清除扰乱公共秩序的行为。[1]新的执勤模式又一次假设,严重犯罪滋生于一种对非暴力型的异常行为采取宽容态度的环境之中。这些异常包括激进的乞讨,拾荒,以及诸如开车门,拦出租,找停车位,以及在未经许可的情况下就在十字路口清洗汽车车窗之类的"服务"。[2]法律条文及其执行已经成为了"生活质量"运动的一部分,被广泛地描述为旨在"清理"城市。[3]它伴随着官方对"街头人"的蔑视。在这种气氛中,我们将看到,个别警察说话时似乎认为摊贩们能否使用街头空间取决于警察的酌处权;他们的存在是社区施予的特权,并受到巡逻片警的监管。警方从事的是一种微观管理,以确保摊贩在精确的线内摆摊,一直待在摊位附近,并且不把商品放在人行道上。

在第六大道上,修理破窗意味着警察与摊贩之间持续的面对面接触。警察必须依赖于摊贩的配合,而摊贩依赖于警察不滥用职权。我们即将看到,对双方的哪一方来说,这都算不上是对对方理想的期待。

警察用来管理摊贩的处罚体系包含了许多民事惩罚。在刑事处罚中,违法行为会导致入狱,在控制轻微的违法行为(比如把商品放在地上)警察使用的是传票和罚单,其结果往往是罚款。想要在街头工作却丝毫不触犯法规难以实现,而罚单和传票又未能对他们的行为产生长远影响,这导致警察和那些不遵守规则的人之间出现了信任危机。而这些危机导致了摊贩和警察双方面的不守法规。

"破窗"型执勤的支持者承认,这样的管理给了辖区的巡逻警察更多的权力,在他们自己的酌情处理范围内警察有时会骚扰穷人。他们同时认为,通过有效的教育,[4]这种对酌处权的滥用以及骚扰行为将会降至最低程度。但问题不仅仅是酌处权和教育。相反,问题在于这种执勤过程的结构之中。

现在让我们进一步分析这一切的运转方式。

拜访第六警察局

伊什梅尔问我那晚是否可以陪他去警察局,因为他想把东西带回来。他说想让我看看他在那里受到的是怎样的对待。在物品被扣押半小时后他就去过了,但现在他想再去一趟。马尔文和穆德里克告诉他,这样做对他不利,他必须找到一名法律援助律师起诉对方。但伊什梅尔说,他想让警察知道,如果他们找他的茬,他就会让他们也不好受;他不会逆来顺受。我说我会跟他一起去。

我们下午五点到达警察局后,我站在旁边听着。过了一会儿,我在等候区坐了下来,离开了当值警长的视线。在那里我可以粗略地记下他们的对话。

你好啊,伙计?伊什梅尔对警长说。我看出来,他们以前见过。

我昨天晚上来问过一张桌子的事。我的桌子被拿走了,而且当时不是无人看管。有这么回事吧?那个街区的问题是,有人在另一边把东西摆在地上了。警察摆起了架子,一直走到了我这边,拿走了我的桌子。

那个警察叫什么名字?警长说。

我想不起来了。但我记得他长什么样。他骑一辆踏板车。瘦瘦的,留着小胡子。我是无辜的。另外他拿走了我刚从商场买的私人物品。

他给你传票了吗?

他什么都没给我。他就那么拿走了。

事发的时候你在哪儿?

我正在往桌子走,另一个人在照看桌子。我离开之前,那个警察告诉我他不会动我的桌子。我离开去找点吃的的时候,我看见他调来了一辆车,接着他们就把我的东西扔进了车里。他们不还给我的私人物品和其他东西。我是说,他们拿了桌子,还拿了我的衣服。我来警察局的时候,他们让我坐下。我坐了一会儿,终于他们联系上了拿我东西的人,他知道我在这里,就说他把我的东西扔在了 14 街上的一个垃圾车里了。

听着,你了解我,对不对?警长说。

我认识你很久了。

我有没有过不尊重你的时候？

没有。

从没有过，对吧？

对，没有。

我一直都非常尊重你，并且，说真的，我不明白为什么会有人跟你过不去，因为你一直也很尊敬我。但跟你说实话，我不知道那个警察是谁，在找出他是谁之前我没法告诉你你的东西怎么了。我会四处问问，看有没有人知道你的东西是怎么回事，但如果它扔进了垃圾堆，那么我很抱歉，我什么也帮不上。你看，你知道我。你知道我怎么对你。如果我知道情况，我会明白地告诉你。

我明白，伊什梅尔说。

但我真的不知道。所以我只能说，我很抱歉。只要有一点消息我都会帮忙。但我这里没有传票号。

他就没有写传票。

你明白我不是在挤兑你，对吧？

是，你不是在挤兑我。伊什梅尔说。我尊重你说的话。我明白，如果你知道是谁、干了什么事，肯定不会袖手旁观。但我就是想让他别动我的东西。因为，我在工作的时候，这个警察，他告诉我有时候我可能会挡路，但只要桌子旁边有人，周围保持干净，地上没有东西，待在自己的桌子附近就行。我一直遵守着这位警官的要求。我当时太累了。你明白吗？他过来针对我，就好像我是别人家的狗一样。好像你可以因为别人的行为把我关起来一样。行不行？我没惹任何人。我没有惹他。

我百分之百同意你,警长说。但我连问谁都不知道,因为我不知道是谁。你明白我的意思吗?

我明白,伊什梅尔说。

我只能说,注意盯着他。一旦看到他,记下他的警号。

好的。谢谢你,我的朋友,伊什梅尔说。

放轻松。下次好运,警长说。

好的。下次见。

我在伊什梅尔之后离开警察局,与他在人行道上汇合。虽然我无法判断我的在场是否影响了当时的对话,但我在人行道上一次又一次观察到的两件事在这段对话中都有所反映:一是普遍存在的一种围绕着尊重的对话,二是摊贩们认为自己因为别人的行为受到惩罚。

很长时间以来,广播里都充斥着青年黑人男子的说唱歌曲,他们唱到自己被"羞辱"(dissed)了,或是警告他人不要"羞辱"(dis)他们。这些当然是指"被羞辱、不被尊重"(being disrespected),也就是自己被对待的方式与希望向他人呈现自己的方式之间不一致。当警察对伊什梅尔说"你了解我,对吗?我有没有不尊重你的时候?"时,他其实是在问,"我对待你的方式与你感到你有权被对待的方式之间有过不一致吗?"用街上的说法,就是"羞辱"伊什梅尔。[5]

社会心理学家理所应当地认为,所有人都会避免自己受到与自己有权被对待的方式不相符的对待。[6]在第六大道上,人们有时会在回应令人尴尬的场面时援引尊重的概念。还有的时候,尊重的概念更像是一个口头的惯用语，并不一定来源于实际的感受。事实上，在街头，一个人不应该被置于尴尬的境地的观念是如此普及，以至于即使是受到冒犯的可能性都会导致一个人使用这个口头惯用语。社会心理学家托马斯·J. 谢弗提出，一个人受到了羞辱而不愿承认的迹象之一是这个人无法释怀，以及这个人的想法、说话以及行动都变得非常迅速。[7]但在当值警长和伊什梅尔之间，这个惯用语频频出现，他们间却没有羞辱对方的迹象。采取这种策略来避免让对方难堪似乎是警察和街头摊贩间关系结构的一部分。

伊什梅尔与当值警长之间对话内容的表述经过了两人的仔细考量，指向的是街头的长期历史。他们多达 50% 的对话集中在尊重的问题上，而在这样的语境中，警官对伊什梅尔东西被扔进垃圾车的控诉做以"你了解我，对不对？我有没有过不尊重你的时候？"的回应时，丝毫不显得奇怪。

通过强调他一直以来对伊什梅尔报以尊重，警官表示出他已经将惯用语融入了他的举止之中。他把伊什梅尔作为一个有价值的人对待，而不是作为一个无名的黑人男性，是最重要的"尊重"的表现。伊莱亚·安德森在他关于黑人与警察关系的研究中指出："无名的黑人男性通常是一个模糊的形象，这个形象引起人们极大的警惕，人们通常认为他是危险的，直到他证明自己不是。"[8]许多黑人男性习惯了公共场合的这种待遇。在我看来，这位警长通过将伊什梅尔视为一个值得尊敬的人，而不是让他证明自己的价值，平息了伊什梅尔的部分怒火和失落。[9]

伊什梅尔对警官表现出的极大的尊重便是可以理解的了。

他想建立一种融洽的关系的目的不亚于想找回自己的东西，想让自己被看作一个受到了不公待遇而值得尊重的个人。他想让警察知道，如果他们拿走他的物品，他会去投诉。与其他不进行追究的摊贩不同，他会咬住警察。事实上，伊什梅尔不仅表现出尊重，他表现出了恭敬，后者是我一再目睹的警察和黑人在街头互动中的行为规范。[10]在纽约街头，我观察到，警察们在不同程度上要求这种尊重。警察经常滥用酌处权和法律，使得许多在人行道上工作的人切实地对警察权力感到恐惧。伊什梅尔认为，如果他对警察不客气，他们可能会报复。我们将看到，这个认识与他的生活经验相符。

"越过法律，私自惩罚"

"破窗"型执法对警察个人拥有酌处权抱有极大的信心，也就是，相信他们有能力使街道恢复秩序，建立一套有秩序的日常行为标准。[11]尽管警察一直都拥有极大的自主决定权力，但对轻微违法行为的关注使得他们在越来越广泛的情形下拥有权威。同时，这也使得警察与在街上工作的人们直接接触的机会多了起来，尊重的问题必须得以正视。当其他管理方式不奏效时，它便会促使警察越过法律，私自惩罚。

每一天，一些摊贩、拾荒者以及乞讨的人都会因为违反市政法规在非法地点摆摊，把捡来的杂七杂八的东西摆在地上卖（"摆破烂儿"），或是离开桌子不管。随着市长指挥警察部门关注"生活质量"问题,警方每天都会对这些违规行为发出传票。传票要求摊贩出现在环境管理委员会(Environmental Control Board)(一个民事法庭)面前。如果被判有罪,他将被罚款。

根据环境管理委员会的宗旨,罚款和其他民事处罚是敦促违法者改变行为的措施。绝大多数民事罚款针对的是违反建筑物和消防设施规定、空气和噪音污染限制以及卫生和石棉规范的业主。如果建筑物的业主对这样的传票不予回应,那么市政可以扣押他或她的财产。

然而,罚款类的民事处罚不太可能对第六大道工作的人起到效果。他们中的许多人不携带身份证件。(当警方要求提供证件时,拾荒者或摊贩时常会抽出一叠他收到的其他传票。)有些人给警察提供假名字,经常会出现警察熟知摊贩多年却只知道假名的情况。此外,只有10%的被传唤者出现在环境管理委员会面前。另外90%的传票得不到回应,对摊贩的罚款越加越多。

所有这些都让作为个体的警察感到沮丧,他们受到上层的压力,要在"生活质量"上做一些事情。当警察必须反复地让摊贩从街上捡起他们的货物,或是每当警察转过身,摊贩就把东西放在不该放的地方时,警察便会认为他没有得到自己应得的对待方式。警察于是不可避免地偶尔想要报复,例如,把一张桌子、箱子和杂物扔进垃圾车。[12]我们将看到,正是不受尊重的感觉最有可能导致警察超越他的酌处权的界限,而越过法律,私自惩罚。

一名负责监督摊贩的警司告诉我,警察有时候宁愿等着摊贩离开桌子,然后没收他的东西,也不愿意写罚单。在这种情况下，因为当时桌子无人照看，警察可以说东西是被遗弃在外的，于是可以把它们扔进最近的垃圾车或是警车车厢里的垃圾箱。这种处罚方式使得摊贩不敢离开他们的东西一步；更重要的是，这种方式对警察来说有道德感，让警察个人感到一种执行正义的满足感，他们曾经因为摊贩的态度和行为感到尴尬或是耻辱。[13]

在日常生活中，当我们说人们"越过法律，私自惩罚"（take the law into their own hands），我们通常指公民不通过法律途径擅自解决自己遇到的不公。[14]但正如许多越过了法律的公民不希望依赖警察来解决他们自己的纠纷一样，许多警察也不希望完全依赖于法律。法律有时令人沮丧。例如，当地法律规定，当警察没收摊贩的货物时，警察应该同时写下传票，给没收物做好标记，再把他们带回警察局。这要耗费一个小时，甚至更多。许多警察都认为这是无用功，因为摊贩可以给物品管理员付一点管理费取回自己的东西，而无需去面对环境管理委员会。这也使得物品管理员变得像是一个回收垃圾仓库。另外，大多数拾荒者从来不去取他们的东西——因为再捡一轮垃圾来补货要容易得多。

这些事情发生了一遍又一遍，摊贩与警察的关系变得越来越仪式化。警察有条不紊地给变成了商品的垃圾做标记，送进警察局，然后回到街上，却看到更多的垃圾正在出售，进而产生了自己没有受到应有的尊重的感觉。即便街头人因为这些处罚而受到诸多不便，但他们对警察的行为却几乎没有影响。一名警察扔掉一个人的东西比把它们放进警察局的仓库要容易得多。而且由于警察知道有太多的商品来自于垃圾箱，他便认为垃圾箱是它们应该去的地方。从警察的角度来看,在伊什梅尔离开桌子时把他的杂志存货扔掉——越过法律,私自惩罚——是一种超越无效的惩罚而迈向有效惩罚的方式。

报复的"合法性"

我和伊什梅尔从警察局回到街区上时,马尔文问道:"怎么了?我说得对不对?你学没学到你得找一个律师?"

"找一个**什么**?"罗恩问。

"找一个**律师**,"马尔文重复道,"他们拿了伊什梅尔的东西。他们找他事。"

"但他当时不在,"罗恩说,"你怎么办?他妈的撒谎吗?"

即使摊贩们会抱怨警察的行为,但也有的时候,在自己人的谈话中,他们会意识到,他们自己的不合法行为可能导致了他们不愿意看到的结果。这样一来,摊贩们便清楚地意识到,拿他们的东西是一种有效的惩罚方法。在这个案例中,伊什梅尔不愿意承认他当时离开了桌子,而罗恩认为这种否认说不通。

"我当时**在**,兄弟。"

"你当时在,伊什梅尔?"罗恩问。

"对。"伊什梅尔说。

"你不在。"

"你是在跟我说,昨天他们拿我的东西的时候我不在?"伊什梅尔说。

"你都不在那儿,你怎么说理?"罗恩说,"要是报摊的那个人离开了摊位,有人卷走了他的东西呢?你觉得他会说什么吗?"

伊什梅尔转向马尔文,为自己辩护起来。"马尔文,罗恩说的话跟我没有关系。他什么都不知道。他今天刚来。他是听别人说的。"

"所有人都这么说,伊什梅尔,"罗恩回应说,"人人都说你不在这里。你需要一个证人证明你在。没有人说你在。"

"你知道你有什么问题吗,罗恩?你太想证明自己是对的了。现在你就是错的。我有一个证人。"

"你在?"罗恩问,"那你为什么让他们拿?"

"为什么我让他们拿?他们拿是因为他们想拿。因为有些操蛋的主把破烂扔在地上,就跟你现在一样。他们说他们一见到这种摊子就要收了所有人的桌子。"

"那不是他们拿你东西的原因!"罗恩说。

"他们来这里拿了我的桌子是因为乔把他的破烂他妈的扔得一地都是。"

"那为什么他们不拿格雷迪他们的桌子?"罗恩问,"为什么就拿你的?"

"罗恩,听着,现在我不需要你火上浇油。你去管你的屁事。高高兴兴地干。我的玩意儿被拿走了,我他妈的不高兴。你别管了行不行?问题就在于你把你的东西摆在地上,而警察专门说了,如果他看到地上有东西,他就要把所有人的桌子都带走。"

"这才是问题。"马尔文说。

"说得对,马尔文,"伊什梅尔继续说道,"但问题也在于,

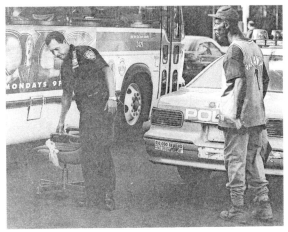

那个拿了我桌子的警察跟我说，'我绝对不会动你的东西。'我对他说，'我要离开一下。我要去洗手间，买吃的之类的。'他说，'你不用担心。'你看，这是下套。"

一个 25 岁左右的亚裔女性在一旁站着，等着我们结束对话。伊什梅尔看到她，对我说，"看着。这是我妻子，"这个称呼并不精确，他用了所有格来描述这位与他刚刚开始一段浪漫关系的女性。"你好吗，蒂娜？"

"嗨！"她说。

"他们拿走了我的东西，蒂娜！"

"我听说了，"她说，"你得告诉我是怎么回事！我等啊，等啊，等啊。然后我走了出来，我站在外面……"

"就是我准备带去看电影的那位。"伊什梅尔低声对我说。

"蒂娜，他们拿我东西的原因是别人把东西放在了地上，"伊什梅尔继续说，"他们就把我所有东西都拿走了。"

"所以你今天没有工作？"

"我不知道。我一整天都在照看着生意，处理法律问题……我去警察局拿我的东西了。"

"他们想留着它？他们不想还给你？"蒂娜问。

"他们连传票都没给我，亲爱的。"

"那是什么？"蒂娜问。

"一张纸，上面写着他们拿了我什么东西。就像一张收据。蒂娜，我一整天都在忙。"

交谈又持续了一分钟，蒂娜靠近他，亲吻了他的嘴唇。"好吧，我明天会再来看你，伊什梅尔。"

"我会想着你的。"他们拥抱了一下,接着她离开了。

马尔文和罗恩回到了他们的顾客,伊什梅尔去吃了一片比萨,接着去"淘"一批新杂志。

* * *

无论事实如何(我们还记得伊什梅尔告诉当值警长的是,当警察搬走他的东西时,他正走向桌子),这段话说明了伊什梅尔和罗恩了解街道的规则:警察可以在某些情况下寻求报复。伊什梅尔拒绝承认他离开了他的桌子,这表明他默认无人照看的桌子可以**合法地**被拿走,即使没有这样的市政法令。通过常规性的自主行动,警察便能够控制"生活质量"。在摊贩的心目中,这样的行为已然是合法的了。

当法律对警察来说"什么也算不上"

两天后,在圣诞节当天下午,我又见到了伊什梅尔。我到的时候,哈基姆正站在街角。伊什梅尔已经在他通常的位置支起了桌子,就在第六大道和 8 街交汇的街角。十分钟后,X 警察(接下来我会这样称呼他)走了过来,说了以下意思:伊什梅尔,伙计,你得收了摊。[15]

我不收。他答道。

伊什梅尔显然没有表示出这个街区上的人们通常有的顺从。我拿出我的磁带录音机录了起来,虽然伊什梅尔和警察都没有看到。

第四章 管理街头人 | 329

"你必须收了。"警察坚持道。

"我不收。没有哪条法律让我收。我不会收的,伙计。如果我不能工作,你为什么可以?"

"伊什梅尔,过来一下……"

"我不去。行了吧,我得靠这个吃饭……"

"听我说。"警察说。

"这里就我一个。"

"听着!"

"我什么都没做错!"

"听着。伊什梅尔,听着。总警司说他一个人都不想看见。现在,我无论如何都得在这里收桌子,把你的东西放进车里。但我不会这样对你。我希望你能自己主动收拾。因为,听着,如果他来的时候你在这里,他会把你的东西都拿走,可能还会抓你之类的。你知道的,那就太不好了。"

"抓我?"

"听着,一年所有的日子里我最不想的就是在今天收你的摊,因为今天是圣诞节。但我得执行命令。就这样。所以,请不要让我为难。"

"我没有为难你。是你在为难我。"

"我知道。但是他让我今天出来这么干的。就这样。"

"但你觉得这么做是对的?"

"不,我不觉得。但我必须执行他的命令,伙计。你知道的。他是我上司。如果我不遵守他的命令,这个人什么都干得出来。你明白吗?"

第四章 管理街头人

"你是说他会把这写到你的档案里?"

"是啊,因为不遵守命令。听着,你知道吗,你搬去对面那条街怎么样?但别在第六大道上。这样他就不会拿你怎么样了。谢谢了。"

说着,那位警察走开了。伊什梅尔冲他的背景喊。

"第六大道怎么了?"

"伊什梅尔,那边比这边好多了。你说不定还能卖掉几本书。比在这里等着被没收、关起来好多了。"

"我还会因为这个被关起来?"

"听着!那是因为不遵守命令,行不行?带着你的东西去对面的街。去那边碰碰运气。现在那边比这里好多了。怎么样?"

"好吧。"

警察走了。伊什梅尔走向我和哈基姆。我们在街角站着。

"米奇,你听到了。"

"怎么回事?"哈基姆问。

"他说我要是不遵守命令就会被关起来。"

"什么命令?什么法律?"哈基姆问。

"总警司的法律。"伊什梅尔说。

"总警司说你今天不能来?市政法规里有哪条说你圣诞节不能工作了?"

"他没告诉我。"伊什梅尔说。

"有没有什么紧急情况紧急到你不能在这儿工作了?"哈基姆问,"他是这么跟你说的吗?"

"只是他的总警司跟他这么说的。我问他他自己是怎么想的，他说他知道这不对，但他得执行总警司说的话……他刚说，如果我不听他的，我会被抓的。"

"你会被捕？"

"因为不听话。"

"也就是说，他们要带走你和你的桌子？"

"是啊。"

"厉害啊，"哈基姆继续说到，"他让你离开的法律凭证是什么？你在合法的摆摊区域。除非他说有紧急情况，有几百万人要上街。但他是怎么说的？"

"他说我今天不能在第六大道因为第六大道今天不能摆摊。如果你非要待在这个街区，总警司就要带走你和你的东西。没有法律规定。但我不想跟这些人麻烦。我要收摊了，我今天不想被抓起来。"

"好吧，如果你这么觉得，那就收了吧。我就是告诉你，他们今天是一出，明天是一出。所以你得让他知道自己是谁。你看，他根本不管我。因为上次我让他吃了苦头。如果你不了解法律，他们就会对你乱来。"

"嗯，我确实不了解。"伊什梅尔说。

* * *

伊什梅尔开始收拾他的杂志了。几分钟以后，大约一半的东西已经捡起来了，那位警察折了回来。

"你知道吗，这对我影响真的很大，"伊什梅尔一边收拾一边对警察说，"因为这是我圣诞节出来摆摊七年以来，我第一次听到这种话。我不知道总警司是凭什么这么规定的,我很确定没有法律这么写过。14 街就有摆摊的。这是假期周末。有什么区别?我要是得关,那报摊呢〔指着报摊的方向〕?为什么他不用关?他也在第六大道上。"[16]

这位警察静静地站着,伊什梅尔继续说道。"这就好像从我嘴里抢走我的面包,伙计。我得要跟总警司确认才行。这不对。如果这次这样可以,就还有下次。这不对。法律上来说这不对。"伊什梅尔继续道,"它取代了所有规定。这侵犯了我挣钱糊口的权利。得了吧。我针对的不是你。我是说那个不顾法律的人,你得给他跑腿。七年了,我从来没听说过这种胡话!"

"伊什梅尔,你是唯一一个在这儿的人。"警察说。

"他们知道我是唯一一个。其他人决定不来了。如果他们有桌子,我保证他们今天会来。但他们的桌子被收走了……"

"他们的桌子被收走了?"警察问。

"是啊,他们的桌子被收走了!"

"什么时候的事?"

"前两天早上。"

"他们把东西堆在地上了吗?"

"没有。是没人看着桌子。无人看管的时候拿走是合法的。"

"你知道我警告过他们多少遍这个了吗?"警察反问道,走开了。

* * *

伊什梅尔收拾东西的时候,我反复阅读了我那份已经翻皱了的关于管理印刷品摊贩的市政规定。我确信哈基姆是正确的。除了一些会使在街上做以停留变得危险的特殊情况，比如游行或者示威活动期间，警察没有合法的理由可以将摊贩从合法的贩卖空间驱逐出去。

我用了许多年的时间学习这些法律条文，以及与相关专家对话。在我看来，我所目睹的可能正是警察在对违反"生活质量"的行为执法过程中履行酌处权的一个例子。这位警察通过多种方式为自己的行为辩解（总警司让你收摊，你是今天唯一一个出来的人）而闭口不谈法律——因为，事实上，法律并不会站在他一边。但因为伊什梅尔不了解法律条文，于是也就不那么自信（"我确实不了解。"他对哈基姆说），他担心要与冒着被抓或是收到传票的风险与警察争辩。也许，他认为，作为一个无家可归的黑人男性，即使他是对的一方，警察也未必会承认这一点。

我想了解更多的情况，于是我在伊什梅尔刚刚被赶走的地方摆了摊。他正拖着桌子要走，我向他接了一个小桌子和一叠《国家地理》杂志。[17]

五分钟后，像伊什梅尔早些时候一样，我站在了桌子后面。我穿着一件皮夹克，磁带录音机的麦克风伸出了正面的衣兜。我想知道警察还会如何使用他们的酌处权来提升"生活质量"。

爱丽丝走近了我的桌子。"米奇，你看，就是这么回事。这些条子跟屎一样。就是因为他们没有别人可欺负了。"

摊贩们离开了桌子，靠在了大约二十英尺外的道尔顿书店的门前。"如果他们关了你，那我们就跟你一起进去。"伊什梅尔冲我喊。

五点过两分钟（我看了表），一辆第六警区的警车驶过，一位白人警察坐在乘客的位置上，望着我。车开过后，一个摊贩大喊："只要有一个白人在这儿就行！"

我暗自想，如果这是一个意在检验上层中产阶级白人与贫困且无家可归的黑人是否会被区别对待的测试，那么这个测试的设定并不完善。首先，那位警察直接让伊什梅尔收了摊。作为一名每天对黑人摊贩执法强硬的黑人警察，他会让人发现自己允许了一个白人在同一个地点摆摊的可能性小之又小。第二，他可能会注意到从我衣服口袋伸出来的麦克风，从而影响到他说的话。

我在桌子边站了十分钟后，他和他的巡逻搭档走了过来。

就在我等待的时候，包括哈基姆和伊什梅尔在内的大约十个黑人摊贩站在我附近给我加油。

"该上场了！"伊什梅尔喊道。

"哟！如果他们关了你，我们会一起去的。"阿尔鼓励我说。

接下来，警察到了我的桌子前——或者，就像摊贩们常说的那样，"揭我的底"。

"伙计，今天这儿不许卖东西。收了吧。"

"您说什么？"我说。

"今天不许卖东西。收摊了。"

我从口袋里拿出了一份市政法规文本。"我正在行使1982年的《地方法案33号》以及1993年的《地方法案45号》赋予我销售印刷品的权利。"

"收起来,"警察说,"今天不许卖。"

"我在规定的区域内吗?"我问。

"我再跟你说一遍。"

"我在规定的区域内吗?"

"我再说一遍。收起来。"

"根据什么法律?"我问。

"今天不能摆摊。收起来。"

"为什么?"

"听着。之前在这儿的人已经收起来了,好不好?你要是不收起来,我就要把你的桌子收走了。"

"告诉我要收起来的理由。我有权利在这里。我只是想知道为什么要我收摊。"

这位警察抽走了我手里的市政法规。"你听着,**这个**,现在对我来说,**这个**什么都不是。"

"但**这**是地方法案!"

"我不管。收了。"

"请问我可以拿回我的《地方法案》吗?"

"你收了就给你。"

"不,我不会收的。你怎么能说法律对你来说什么都不是?"

"因为**他**收摊了。"他大声说,指着伊什梅尔,后者在街角听不见的地方。

"我的摊在线内,对不对?"

"听着,"警察回应道,"在第六大道上摆摊是这个社区给予你们的特权。"

"特权?"

"对。"

"我摆摊依据的是法律。我可以拿回我的条文了吗?"

"听着。"

"你刚刚没收了我的财产。"

"听着。收了。"

"警官,把我的财产还给我。"

"等我还给你的时候你就能拿回它了。"

说到这里,他与他的巡逻搭档走开了。接着他们对着无线电讲起了话。

"他们跟你说什么?"阿尔大喊,"他们要给你罚单吗?"

"没有。他收走了我的那本法律册子,也不还我。"

几秒钟后,之前路过的同一辆巡逻车在桌子后的路边停了下来。

"听着,伙计,我们跟你在一起。"一个摊贩喊道。

X警察走到车前,与坐在乘客座位上的警察交流了整整一分钟。接着,那位警察,一位五十岁左右的白人,走下了车,摔上了门。他绕着我的桌子走着,检查着桌上的东西。

另一个巡逻警察来到了附近,径直走到了摊位,仔细地检查起了杂志。他对警察X说:"他看起来是好人。"

与此同时,警察X把我推到一边问我:"你叫什么名字?"

"米切尔·邓奈尔。"

"米切尔·邓奈尔。米切尔,请让我在这边对你说几句话。这是刚刚发生的情况。对吧。有一位先生在这里。我让他挪去了街的另一边，因为——"

"我可以拿回我的法律册子了吗，请问？"

"你会拿回它的。"

"我必须站在我的桌子旁边。请在桌子这里对我讲话。我销售印刷品依据的是地方法案。我必须站在我的东西旁边。"

"米切尔，因为是我们在讲话，你可以离开你的桌子。没有人会动它，可以吗？现在，就像我之前说的，刚才这里有一位先生。我让他去了街的另一边，因为显然他们今天不希望第六大道上有人。"

"谁？"

"米切尔。听着，你只需要听我说。"

"好吧，我在听。但你必须明白，我对你很失望。因为你先前告诉我法律对你来说什么都不是。"

"听着。"

"我可以拿回我的那本法律册子了吗？"

"你听不听？还是你就想跟我东拉西扯？"

"如果你尊重我我就会听。我想拿回我的那本法律册子。"

就在此时，坐在乘客座位的那位警察向我们走来。我称他为Y总警司。

"这是你的法律册子，拿回去。" X警察说。

"听着，" Y总警司说，"不管上面说什么〔指着那法律文本〕，**我们**决定你能在哪里摆摊、哪里不行。所以不要对警察耍态度。"

"我没有。"

"听好了！不要跟他们耍态度，他们比你熟悉法律。你可以拿着它〔指着法律册子〕去中央拘留所。大圣诞节的，你不会想要这么干的。快服从警官，不要摆架子。你明白吗？因为他们最不想做的事就是把你告上法庭。"

"好的，警官。"

"我们不想今晚把你扔进监狱。"

"好的，警官。"

"我告诉他了你现在可以留下。摆好杂志，做你该做的事。但是**是我们**，不是你，决定你应该在哪儿。你明白吗？"

"我可以问您一个问题吗？"

"当然可以。"

"你知道为什么他过来告诉我我必须搬走吗？我的意思是，我的摊在合法线内。"

"呃，其实，是因为到门口的距离。"

"我仔细地量过了。"我说。

"那是多少英尺？"

"应该大于 20 英尺，现在这也大于 20 英尺。"

"不，没有。从那扇门到这里不到 20 英尺。"总警司说。

"你看到那划好的条线了吗？那是警察划出来的摆摊界限。"

"仔细听我说！它被涂改过了！"

许多摊贩聚在了总警司身后，听他在说什么。一个人喊道："那是 21 英尺。我也是一个摆摊的，所以我才在听。"

"听我说，"总警司说，"从那扇门到这个桌子是多少英尺？"

"21 英尺。"

"敢不敢赌?这样吧,你现在可以留下。行不行?问题先放着。"

"好的。"我说。

"我不想跟你在圣诞节争吵。"

"好的。"我说。

"你知道就好!"总警司说。

说完,警察们离开了。

* * *

"我看到他把文书还给你了,"阿尔喊道,"那一点说得好。现在伊什梅尔也可以把东西放回去了。"

"伊什梅尔去哪儿了?"我望着街角,问道,"他还想把桌子放回来吗?"

"他说他会等到你离开。"哈基姆说。

"好的。"

我离开了桌子走向伊什梅尔。"这是我的磁带录音机,如果你想要的话。"我之前突然想到,与 X 警察的这次碰面可能不是伊什梅尔最后一次与他对峙。

"好的,我一直开着好了。"他接过机器,放在了他桌子下的牛奶筐里。我走进了一间还开着门的咖啡馆,贝果小卖部,去暖暖身子。

* * *

我一个人坐在一张小桌子旁,回想着这个街区发生的事件。

虽然我事先没有仔细考虑过在伊什梅尔的位置上摆摊我能得到什么，但我一直希望理解警察如何使用他们的酌处权来执行市政法规，禁止印刷品摊贩和无家可归人员出现在第六大道。我试图采访警察，但一直被告知，若要进行访谈，我必须得到纽约市警察局新闻部的许可。经过了几个月的等待，当我终于得到了一次许可，负责监管摊贩的警长与我坐在第六警区警察局的背后，回答了我所有的问题，但不知何故却没有说出任何有意义的话。这让我想起了我读到过的别人的经历，包括在美国警察研究界的带头人保尔·切维格尼（Paul Chevigny）的经历。"必须要承认，纽约警察局很难研究，"他写道，"它的官僚化程度之高，使得它面对公众和学者都表现得平淡无奇。一切都要通过特定渠道完成，几乎没有任何人在没有上级同意的情况下与外部人谈话；而一旦获得批准，也几乎不透露任何实质性内容。"[18]

作为一个社会学研究者，我原本希望使用的例子是在警察和摊贩都不知情的情况下所录制的他们之间的对话。同样地，我原本也希望看到哈基姆和其他摊贩在没有任何干预或是我的参与的情况下是赢是输。不过，似乎我与警方的碰面具有分析价值。

因为我拥有地方法案的文本并且理解它的含义，所以我目睹了一个极端的例子，也就是，即使有人在他们眼前挥舞着法律条文，第六警区的警察也在极大程度上能利用自己的酌处权来规避法律。但是我怎么**知道**这种滥用酌处权的典型性？例如，有可能这位警察之所以对我下了特别的功夫，想让我离开这个街区，是因为他想向伊什梅尔和其他摊贩证明他不会偏袒白人摊贩。还有可能，如果是一个普通的黑人摊贩在警察的面前挥舞着法律册子，他将被允许留下。

最后，当然，尽管这让那位警察感到尴尬，我还是被总警司**允许**留下了。我无法得知这是因为我熟悉法律并且拿着它的文本，还是因为我是一个受过良好教育的白人男性。当然，在日常生活中，种族、阶级和教育是相互关联的：中产阶级白人比有色人种的穷人更有能力运用法律。一场彻底的实验将需要再次进行一次试验，需要哈基姆待在桌子前，以便测试当受过教育、了解法律然而具有较低社会地位的人在对警察提出挑战时会发生什么。缺少这一点，我能够想到的最接近于这一试验的是对哈基姆在相似情况下受到的对待的一些观察。

在1993年《地方法案45号》通过后哈基姆写给我的一封信中，他给我讲述了他在巴尔杜齐美食市场摆摊的事情。经他的许可，我在这里引用这封信件：

> 昨天我来到纽约，在距离巴尔杜奇市场入口处20英尺外、离十字路口11英尺处摆起了摊。
>
> 现在没有其他地方能工作了。
>
> 很久之前我就知道，如果有必要，我就搬去巴尔杜奇所在的街区。我从没有告诉过任何人我研究过"村里"的每一个街区的位置和基础设置状况。我不会等着其他的摊贩做任何事。我独自行动。反正也没有人会帮我。没有人。我手里握着这张王牌很久了。我知道巴尔杜齐市场前有一块合法的空间。

十分钟之内，一名波多黎各裔市场保安穿着一套廉价的《玩具兵进行曲》里的那种制服对我说："我想好好说话。你不能在这里。你得离开。"

"这是公共空间，"我对他说。"这是**合法**的摆摊区域。我也不想来这里，但我不能在下面的街道工作了。所以，你得叫警察。"

最后警察开着一辆没有警察标志的酒红色车来了。有两名巡逻警察，还有后座上的警长。

他们带来了测量尺。

你离十字路口够 10 英尺吗？

不止是英尺，而且我离商店的出口 20 英尺远。

他们量了起来。我戳中了她的要害！她摆出了一副"我受够了这个见鬼了聪明的黑鬼"的表情。

一名巡逻警察对我说："你挺了解法律的，是不是？"

"是啊，我看它就像人们看《电视指南》。但警官，我也不想在这儿。"

警长坐回了她的车，离开了。他们**不能**动我。他们没有动我的**法律基础**，不然要冒**吃官司**的风险。她很清楚。

巴尔杜齐的经理不满意，我不小心听到他说"这太滑稽了"。

如果警长以为她可以像她以为的那样"编出来"，她就会骗我，让我离开。但她**意识**到我做了功课。

神智清醒的非裔美国人都不应该相信任何警察说的话。拿起法律来读。知道你的基本权利。

我发现了什么呢？我发现这里的人们不知道如何查阅基本

的法律，并且他们支付不起专家咨询。

因为我通常被当作黑鬼，许多白人，即使是好心的白人，也认为我愚蠢。愚蠢的意思是：没有能力达到一个白人所能达到的谋略智慧。

哈基姆的信有力地说明，伊什梅尔与我之间决定性的区别也许不单单是种族，而是受教育程度以及对法律条文的自信。更重要的是，如果警察们与受过教育的中产阶级白人摊贩谈及法律时如此漫不经心——"对我来说这个什么都不是"——似乎有理由推断他们对待无法引用法律条文的贫穷、未受过教育的黑人的方式远远更具任意性。

在更广的贫民区治理的历史背景下看待此事，我们会有更多收获。在20世纪60年代中期的经典社会学研究中，恩戈·比特向我们展示，在贫民区，法律多多少少都会被任意地使用，但主要是"作为解决某些紧迫的实际问题、保持和平状态的根据"。[19]巡逻者认为他们的目标是帮助贫民区的人们，并助其从事服务性活动。警察的"粗暴如果是**由个人感觉**决定而不是由紧急情况所导致，则被认为是糟糕的匠人"。[20]警察不指望或是要求得到尊重。[21]他们使用法律来"防止贫民区的人们在他们已经经历的苦难中陷得更深"。[22]警察们不仅知道街上的人的名字，而且作为警察个人，他们对街道上的人们了解细致入微，并以此来保证贫民区的治安。监督人员明白这些个人的了解至关重要，所以他们表现出"在他们的工作经验中强烈的不愿插手下属工作的倾向"。[23]

有些在第六大道上监管摊贩的警察知道他们的名字；其他人并不知道。无论如何，今天第六大道上的警察比贫民区的巡警们所具备的细致了解要少。他们不认为他们的工作是帮助挽救活生生的人，或是对这一片的人们进行细致的了解，以便在困难的情况下派上用场。他们的领导更不尊重这种细致的了解，只是从远处发出命令。

警察的面子

就在我在咖啡馆思考这些问题的同时，伊什梅尔支起了他的桌子，把录音机放在了筐子里。几分钟后，警察 X 回来了。

"你上周为什么惹我？"一名摊贩靠着道尔顿书店的砖墙，喊道。

"你不专业！"另一个喊。

"不要再欺负兄弟们了。"另一个喊道。

"我认识伊什梅尔三年了，"警察答道，"我从没跟他有过过结。其他人跟他过不去，但不是我。他从没有给我过任何麻烦。今天，我是带着尊重问他。我说，你看，头儿说他不希望任何人在这里。你当时很激动，我可以理解。对不对？你很激动，但是你尊重我，我也尊重你。我从没有说过你违法，对不对？"

"对，你没有过。"伊什梅尔说。

"他会告诉你，我是这里最好说话的警察。是你们挑战了我的底线。每次我拿走你们的东西，你们就重来一遍。要是换另一个警察,你知道我指的是谁,你们的破烂早就被踢得满地都是、扔在街上了。我不想这么对你们。当然这也让我很生气。但我不会拿你的东西。快照我说的去做吧。"

"你是说问题在我们?"阿尔问。

"对。"

"那让我说几句,"阿尔说,"我们觉得警察也有问题。单单因为你跟这里的几个笨蛋有过结并不意味着伊什梅尔是个笨蛋或者我是个笨蛋。"

"我说过你是笨蛋吗?我只是说我不希望你把东西放在地上。"

"我明白你在说什么。但我们对个别警察有意见。"

"好吧。"

"因为是你过来,今天是你执勤,我们就按你告诉我们的做法做,我们知道你怎么想,一切都正常运转。明天或者哪一天,别人来执勤,他会说,'把你们的破烂儿拿走'……就这样,每一天我们都不知道怎么可以、怎么不可以。我们想要平衡的关系。你知道我们怎么说?我们说这早晚都会发生。这里是美国。"

"等等,"警察说,"伊什梅尔,如果你是一个警察,然后你说,'不要把东西放在地上,'我说,'好的,伊什梅尔,没问题。'我同意了,当着你的面捡起来。你一走开,我又把东西放回地上。这种情况发生好几次,你会怎么反应?"

"我肯定认为你不尊重我。我肯定收你的东西。但我是在问你,你允许不允许我放回我的桌子?"

"可以。听着,伊什梅尔,我不知道你认不认识刚才在那里摆摊的人。你认识他吗?"

"谁?"

"那个摆摊的。你认识那个在那边摆摊的'白面包'吗?"

"我不认识。"

"这么说吧。我让你离开是因为总警司说他不想看到第六大道上有人。好吧?同时,你离开后,我看到了那个人。我请他离开。他说,为什么?我说,因为你不能在这里。他说,我有权利在这里。于是我说,'我现在关心的不是这个。'你必须离开。如果我要求你离开却让他来在这里摆摊,那这对你是不对的。我说,别废话,你必须离开。我告诉我的同伴,"如果有可能,我希望伊什梅尔回到这里,而不是他。去他妈的。我他妈根本就不认识这个白鬼。'"

"是啊。"

"我他妈的认识你三年了,伙计。"

"是的。"伊什梅尔说。

"你什么麻烦都没给我惹,对我抱有最大的尊重。为什么我应该让他留下?"

"对,这就是我在说的。"伊什梅尔说。

"我们分歧很大。你当时在那里,总警司过来了。"

"你的总警司?"

"对,总警司说,如果我的巡逻警员不希望你在这里,我们就可以不让你在这里。我刚他妈的要把那小子的桌子踢到街上。但就在那时总警司来了。我跟他说,你知道吗,记下我的名字和我的警号,我不在乎。你知道吗,你不应该在这里,没什么好说的。他说,哦,这是法律赋予我的权利。我说,我现在不在乎你的权利。因为我这样说,他就被冒犯了。然后他就像他妈的蔑视我一样,我不喜欢那样。因为,老实说,如果总警司没有过来,我要把他的头敲下来,好吗?"

伊什梅尔大笑起来。"你疯了,伙计。"

"他妈的,我又不认识他。"

"这就是我不明白的地方。"伊什梅尔说。

"你看,现在我感觉很糟糕,因为他让这小子留在这里,所以现在,他妈的,你把所有的东西放回来,去他妈的。我现在感觉很不好,因为你刚才不得不离开。"

"好吧,伙计,这也是这儿的一部分。我很庆幸我没有被抓。"伊什梅尔说。

一阵沉默。几秒种后,警察重新说了起来。

"然后,这些人跟我说,'你上星期为什么冲我大喊?'我说,'我跟你说了四次,不要把东西放在地上。每次我一转身,你就又放回了地上。'他们说,'不对。你不专业。'你什么意思,我不专业?我是在问你,不是告知你。你知道我什么样的。"

伊什梅尔换了个话题。

"是啊,但问题是,我以前见过他摆摊,工作。"

"这是我第一次见他在这里。"警察说。

"我猜他可能看到了这边的情况,琢磨他可以摆摊,"伊什梅尔说,"但既然都过去了就过去了。我只是想做我该做的事。所以我才需要回来再问你一次我能不能摆摊,这样我就不用担心我的东西又被收走了。"

"摆吧，摆吧，"警察说，"你知道什么吗？"

"什么？"

"那个人〔指着哈基姆〕——有一次他他妈的反抗我，让我成了一个白痴。一看见他胡来，我就要给他写传票。我要告诉这里的每个警察。一有机会就整他。伙计，这里没有人这样对我。"

"别为他费事了。"伊什梅尔说。

"但是伊什梅尔，那不对啊。"

"有许多事情都不对，但它是会发生的。我们又能怎样？要解决问题，我们能做的唯一的事就是做个正直的人。对不对？"

"行吧。"

"不管怎么说，我们来把今天过好点吧。"伊什梅尔说，"今天是圣诞节，对吧？"

"暂且这么说。"

"好的。"

两个人安静了一会儿。警察打破了沉默。

"伊什梅尔？"

"什么事？"

"给你。去买瓶啤酒吧，算我的。"警察说，他的声音有点颤抖。

"一瓶啤酒？我不想喝啤酒。我只想要两根法兰克福肠。"

"看你。买两根法兰克福肠，算我的，兄弟。"

"这可是五美元！"

"好了，伙计，听着。我星期五可能还会来。我们会谈谈。"

"我们必须谈，"伊什梅尔说，"因为我非常尊重你。"

"你知道，"警察说，"这些人，他们说，我怎么这样？我不专业。他们他妈的根本不知道我。"

"是这样的，"伊什梅尔说。"他们需要知道你。他们不像我那么知道你。他们没有跟你相处过。他们不知道你**到底**是怎样的。"

"但你知道吗？如果我要是警长会怎样？你知道那坨屎早该被赶走了。（他指的是那位哈基姆一说知道法律她就退了下来的警长。）

"这就是我的意思，"伊什梅尔回答说，"警长早该走了。"

"而且你知道这是怎么回事，"警察说，"我不喜欢挑兄弟们的事。你明白我的意思吧？因为我们大家都很难？但这些人，他们对我太过分了，伙计。他们连自己人都不尊重，又怎么得到别人的尊重？"

"但你得理解他们当时的心情。他们在这里风吹日晒太久了，受到太多欺负了，他们受不了了。他们现在就像会走动的炸弹。那并不是针对你，警官。"

"我明白。"

"并不是因为你。而且现在他们到处走动，是因为他们被管得太多了。"

"好吧，伙计，"警察说，"我去第六大道别处转转，可以了吗？"

"放轻松。"伊什梅尔说。

"好的，改天再聊。好好吃肠！"

过了一会儿，伊什梅尔对着麦克风说话了。"我希望你录到了这段，米奇。我们谈得很好。解释了很多事情。"

* * *

伊什梅尔和警官之间的讨论似乎充满了情感：官员对于摊贩认为他不专业所可能造成的后果感到痛苦，伊什梅尔自己对该官员展现出的羞辱而感到尴尬，以及他为自己受到这位警察的不公平待遇而感到的愤怒。这名警察是一种职业亚文化的一部分，这种文化青睐遵从，而且是通过遵从他上级的指挥，他才能得到积极的评价，从而感到自豪以及共感，从而导致更进一步的遵从。[24]警务人员会对同侪提供几乎无条件的支持，这已经成为了共识，然而在这一方面，他的同僚（即总警司）对他缺乏支持，导致该警察事实上说同事的坏话，包括对那位因为哈基姆证明自己熟悉法律便让他留下了的警长。这名警察认为，如果他是警长，他早就把所有人的东西都踢到街上了。

当摊贩们挑战他，说他不专业时，这名警察的第一反应是全力保卫自己（即使以攻击他的同事为代价）。他似乎是在对他职业世界的成员（通常情况下自豪和共感的来源）不站在他身后的震惊做出反应，同时他也感觉到，他恰恰是在受自己管辖的人面前被当成了一个傻瓜。这导致了警察与一名无家可归的摊贩之间发生的这段极不寻常的对话，在这段交流中摊贩扮演了知己，甚至治疗师的角色。

这种交流表明了黑人警察参与"生活质量"运动、监管黑人摊贩所面临的困境。在维护自己方面，该警察指向了摊贩的行为，以此作为他对他们采取行动的基础。在这里，我们看到的是极度的沮丧之情，因为他不得不执行法律，而这看起来毫无成效。

这名警察在为自己辩护时非常自信，也许是为了防止摊贩进一步羞辱他，提及自己的不专业性。他可能认为，如果他不这样做，他的耻辱将会被这条街牢记。但是当他在其他摊贩的听力范围之外时，耻辱感便变得很明显。为什么伊什梅尔似乎回应以同情？当他说摊贩们不是以他的方式真正**了解**这位警察时，他对这名警察的支持是否是出于对他自己未来在街上与警察打交道的某种计算？（这名警察已经明确表示，他要对哈基姆进行报复。）或者他是否真的是为这名军官感到尴尬，能够透过这个早先让他收摊的人的眼睛看世界？没有理由说为什么这两个动机不能同时影响伊什梅尔的回应，也没有理由反驳它们中的任意一个。伊什梅尔似乎不仅仅想做一个同情的倾听者：他积极地为警察提供支持，到最后都十分顺从，反复确认他现在是否能够摆摊。反复提出这个问题可能是伊什梅尔努力的方式，希望让警察感受到他仍受尊重。

当警察递给伊什梅尔五美元，让他用来买啤酒，他似乎是在承认他也为伊什梅尔所受到的对待感到惭愧。他让伊什梅尔受了委屈，并且"欠"了他的。但是一旦他拿出了五美元，他似乎也需要为这个行为挽回颜面。以一种得体的方式，他区分了伊什梅尔和像哈基姆这样违抗自己人的人。对哈基姆的指控揭示了黑人警察处理黑人警务困境的特殊逻辑：这些黑人摊贩如果不尊重自己人，他们怎么会受到尊重？正如警察所说，不仅仅黑人摊贩感到黑人警察背叛了他们,摊贩们的逻辑也正好可以反用在他们身上。一个黑人摊贩违抗一名黑人警察是一种特别的背叛。我们在这里看到,所有相关的人的自尊都与做一个好"种族人"(race man)息息相关。[25]进行这个区分就成了警察向伊什梅尔道歉的方式;他道歉的原因不是别的,而是伊什梅尔无论如何都表现了尊重。正是通过尊重的视角来看第六大道,第六大道的许多事情才得以被理解。正如警察对伊什梅尔说的那样,他面对所有摊贩为自己辩护的方式都是:"你尊重我,我尊重你"。

* * *

很快,伊什梅尔手里拿着几根法兰克福肠,走向了哈基姆。"听着,你得跟米奇说,我跟他最近几天不能说话了。那个条子很不高兴。他生气了。他说的话都录下来了。你最好赶紧走。"

"是啊,我知道他生气了,"哈基姆说,"但他得冷静下来。因为他受到的指示一点执行的可能性都没有,最后因为白人上司来到这里告诉他,'我们不能这么干',他只好成了一个白痴。这是他的错。他明明可以轻而易举地打个电话搞清楚,但他没有这样做。"

"是的,他没有这样做。"

"那然后呢?车里的白人们钻了出来,他在别的黑人面前又被人当了一回白痴,这是他的问题。"

"然后那家伙给了我五块钱,这也不算吗?"伊什梅尔喊道。

"那个条子?该死的!这太复杂了!"

"那不然你觉得我从哪儿搞来两根法兰克福肠?"

"让我问你这个问题,"哈基姆说,"你今天工作吗?"

"是的,我要过去拿我的东西。"

"嗯,你应该做你应该做的事。"

"米奇在哪里?"

"在咖啡馆里面。"哈基姆说。

"嗯,我得把录音机还给他,"伊什梅尔说,"行了。我要去摆摊了。把里面的东西拿出来给他。警察问我认不认识米奇。我说我不认识。"

"我会带着它进咖啡馆的。"

"圣诞快乐,哈基姆。"

"圣诞快乐,伊什。"

* * *

用"破窗"型社会控制取代人行道上的自愿型社会控制的成功伴随着一种傲慢。这个想法的支持者(包括许多商业协会、警监和其他具有重大影响力的决策者)已经进入了由乔治·凯林和凯瑟琳·科尔斯的《修补破窗》所预言的新阶段,这样的影响力也许是威尔逊和凯林在《大西洋月刊》上发表最初的文章时始料未及的。新书的二位作者指出,社会控制的未来不仅有赖于把暴力分子或罪犯赶出人行道,而且还要清除"目中无人、难以控制或是不按常理出牌的人:乞讨者、醉酒者、吸毒者……游荡者和有精神障碍的人。"在其他地方,他们的清理目标则是"无证经销"。[26]

正如我们所看到的，第六大道上的许多人通过苦心经营成功地开始了"更好的"生活，而这些人正是乞讨者、醉酒者、吸毒者和游荡者，也包括有精神障碍的人以及没有执照的摊贩。这一按照"破窗"理论执法的新阶段得以进行的前提在于，必须把这些人从我们的人行道生活中移除出去，因为所有这些行为都可以被认定为是"无序"的。在没有实质证据的情况下，我们不应该再接受这样的论断了。事实上，如果我们花时间去了解标签中的人，那么证据所指向的恰是相反的方向。在论证一面破碎的窗户将导致街道上一系列更严重的危害这一点时，威尔逊和凯林并没有切实的证据，也没有说过他们有这样的证据。相反，他们是从津巴多在帕洛阿尔托和布朗克斯区所做的遗弃汽车实验中展开的推理。现在，在采纳了他们的构想的城市，犯罪率下降了50%，威尔逊和凯利关于"破窗"的说法似乎是不证自明的。

我的目的并非反驳"破窗"理论。事实上，威尔逊和凯林最初倡导的反犯罪计划使得许多城市能够尽早"发现问题并且把问题扼杀在摇篮阶段",[27]其他让公民参与问题解决过程的项目,[28]也都可能有助于犯罪率的降低。但是，针对试图在人行道上"诚实谋生"的人们所展开的"破窗"计划是这些方案中最经不起推敲的部分。在第六大道，我们可以看到这些政策意料之外的后果。

根据威尔逊和凯林的说法，在津巴多的演示中，一旦路人产生了"没人在乎"这辆车的印象，他们就会想要打破窗户并任意地偷走零部件。威尔逊和凯林用这个演示来主张，不加修补的微小混乱将导致一个区域不断升级的犯罪和衰败。

当津巴多在帕洛奥图和布朗克斯用废旧汽车进行破窗实验时,他只对一种混乱形式感兴趣,即破坏行为。破坏指的是对财物明显没有来由的破坏,这种行为是一种无序的形式,核心是实物的破坏。威尔逊和凯林从津巴多的实验延伸开来,从一个相当可信的推论出发,即一些潜在的犯罪分子看到被破坏的实物会产生一个区域"没人在乎"的想法。于是这些人认为他们可以实施犯罪而逃脱处罚。

但是,威尔逊和凯林作出了一个明显站不住脚的假设,而这一假设在对他们观点的广泛应用中都未能得以辨析。他们使用津巴多的废弃车辆演示,这一实验仅仅局限于**实物性**的失序,但他们用来说明一些列关于**社会性**失序的观点,例如游荡、无家可归、摆摊、吸毒以及乞讨。他们假设实物性和社会性的无序在其效果上是相同的。但是,如果没有充分证据,我们现在不应接受这一假设。

威尔逊和凯林使我们相信,"没人在乎"是造成严重犯罪的机制,以及,社会性无序,就像实物性无序会产生的影响那样,意味着潜在的犯罪分子会有"没人在乎"的想法;而我们也愿意去相信这种结论。[29]他们写道,"未经调查过的乞丐,在事实上,就是第一块破碎的窗户……如果一个区域不能让一个惹人厌烦的乞丐停止干扰路人,那么小偷就可能会推理,这里的人就更不可能打电话报告一名潜在的抢劫犯,或是在遇到抢劫时插手制止。"

我的研究使我对这一假设持怀疑态度,我怀疑在给予潜在犯罪分子的信号中，破碎的玻璃窗、墙上的涂鸦与街上的乞丐或是无家可归的摊贩之间是否能进行有效的比较。与破碎的窗户不同，社会性的无序由人类活动产生，例如第六大道的摊贩、拾荒者和乞丐，他们能够思考，赋予事物从"每个人都在乎"到"有的人在乎"再到"没有人在乎"的意义。

把"破窗"理论应用于第六大道上，它经不起推敲的地方似乎在于，这个观点关于**看到**破窗的人们的行为的，而非同时也关于那些本身就**是**破窗的人的行为。作为一个由实物性无序类比到社会性无序而形成的理论，它是无法成立的。潜在的犯罪分子（看到社会破窗的人）的反应与作为社会破窗的人的反应之间不能割裂开来，而后者在第六大道上建立起的行为期望与威尔逊和凯林所提出的截然不同。即使是拒绝尊重行为规范的乞丐，当他们拒绝接受终止对话的信号时，他们也知道他们来到了哈基姆、马尔文和贾曼不在场时的所能到做出行为边界。同时，摊贩和拾荒者们也都在看着他们。

更合理的假设是，实物性无序比明显的社会性无序更能传达"无人在乎"的态度。我认为，威尔逊和凯林也许可以提出了一个合理的论点，即财务损毁作为一种象征，告诉了潜在的违法者，现在在这一区域进行此类活动正当季。[30]但威尔逊和凯林怎么知道，是哪扇**社会性**破窗告诉了潜在的违法者他们可以实施违法行为呢？"社会无序"与遭到破坏的公共电话不一样。在第六大道工作的人可能被视为破窗，但这项研究表明，他们中的大多数实际上已经成为了公众形象，他们为彼此和陌生人（包括其中有犯罪潜质的那些人，话说回来，他们中的许多人也曾是）建立了一系列的行为期望，表明"有人在乎"，并且他们应该努力过上更好的生活。

用"破窗"理论解释街头生活看起来貌似没有问题，因为它的应用是如此广泛，以至于几乎不会失败。实际上，对于无序缺乏系统的定义，对它的使用不具科学性，误差很大而且通常人们疏于观察：像伊什梅尔与警察在圣诞节发生的事情很少被注意到，人们也闻所未闻。更好的方法是更准确地定义无序。我特别希望看到的一种"破窗"型管理工作，但同时它不会"不尊重"那些从事商业活动的无辜的人。

第五章

建构得体生活

简街一瞥

自简·雅各布斯写作《美国大城市的死与生》以来,格林尼治村的人行道并没有发生彻底的改变。尽管经济不平等,文化差异以及极端行为都会使人行道上的生活变得困难重重、不可预知,但是在这一带附近的一些地方,人行道生活依然为陌生人提供了支持和信任。

伊什梅尔与警察的事件过去一年之后,他仍然在第六大道他常在的地点摆摊。我想看看在那些没有明显种族和阶级不平等的地方,在人行道上的公共形象被视为是体面的、对路人不构成威胁地方,人行道生活是如何运行的。在奥维·卡特的陪伴下,我来到了简街(Jane Street)。这里距第六大道只有五个街区,是简·雅各布斯时代西村的核心区域。我们拜访了来自佛蒙特州肖勒姆的一户人家。他们姓罗普,住在西村街头的一辆露营车里。罗普一家从感恩节开始,就一直住在简街与第八大道的交汇处,向纽约人出售圣诞树。

比利·罗普和帕蒂·罗普已经来这个街区十年了。他们带着三个孩子,分别是7岁的艾丽,3岁的亨利,以及2岁的蒂米。他们在家接受教育,因此可以在感恩节和圣诞节之间离开佛蒙特州。

罗普一家把他们的香脂树和花旗松放置在了两个街区长的

区域，摆在比利制作的 2×4 的木架子上，好让树不占用人行道。路边放着一把锯子和几把剪刀，以及各式各样的底座。纽约人把它们买回去，可以让树立在公寓里。

罗普一家是根据 1984 年的《地方法案 17 号》设立摊位的，其中规定："流动摊贩可以于 12 月销售及展示针叶树……但在此类情况下，必须首先获得人行道上临街的房屋所有人的许可。"[1]罗普一家得到了西村委员会的许可，该委员会负责管理临街的简街社区花园。

人行道也许不是专门为此类经营活动而设计的，然而一切却都运转得井井有条。这里总会留出一条清晰的行人通道，即使这条通道很窄。

我们在 12 月 23 日第一次遇上这家人的时候，比利正靠着他露营车的一侧。

"你最初是怎么来的？"我问。

"这有点运气的成分，"他解释说，"我们在佛蒙特州认识的人里有的在曼哈顿卖树，我们打听了好几年。这只是一个想法，是件冒险的事情。我们真的很幸运来到这个街角。我们不知道这是格林尼治村最好的街角，也不知道利润可观到我们连着回来了十年。"

一个想跟比利说话的女人打断了他。他热情地向她打招呼。

"嗨，你好吗？"

"你知道西 12 街 299 号在哪儿吗？"她问。

"知道。就是那边那座巨大的建筑。你只要往前走然后右拐就行了。"

"所以你熟悉附近所有的建筑?"我问。

"是的!我经常给人指路。"

"但你是从佛蒙特来的!"

"我觉得人们都会认为,如果我在附近,我一定认识附近的路。这也没错。我送货。我认识所有的餐馆,以及大多数主要建筑物的地址。我送货的时候去过其中很多地方。我免费送货,很多人都很惊讶。"

他客户不断。来了一位四十多岁的白人女性和一个小女孩。

"嗨,你好吗?"

"我们想要一棵树,这棵多少钱?"

"这棵五十。这是又大又丰满的 A 级高级香脂树。我把它挪出来,你们近点看怎么样?"

小女孩认为树太小了。

"当然她想要大的,"比利指着另一棵树说,"看看那底下有多少空间放礼物!是不是?"

女孩笑了起来。

"你能新切一道口吗?"女人问道,希望他把大的那棵树的最底端的一寸砍掉。

"可以。您需要我把它包起来吗?"

当地人似乎对这些卖树人感到舒服。为了让他们获得这样的感受,比利也做出了自己的努力。

他的妻弟乔·吉尔马丁正在帮忙。乔从拐角处摆了更多树的地方带过来一家人。他说:"他们来自德国,十月份刚刚搬来。"

"这是 Tannenbaum,对吧?"比利问,用到了德语中的"圣诞树"。

"你知道得太多了!"客户说。

"我们收他们德国马克好了,"他对妻弟说,"给他家的感觉!"

我问:"从佛蒙特来这里,跟家人一起住在没有洗手间的露营车里,是什么感觉?"

"我们来的第一年,最早路过这里的一拨人里有个人说,'喔,你带了个小宝宝。你在附近有朋友吗?'我说,'没有,我们谁也不认识。''哦,好吧,这样吧。我母亲在这边有间房子一直空着。我改天把钥匙给你。'"

"你指望过在纽约发生这种事吗?"

"没有。我个人来讲,我以为这会是困难之一。我以为我们只能尿在瓶子里,在餐馆开门的时候用餐馆的洗手间。但是,结果,那个人只是三个主动要给我们公寓钥匙的人里的第一个。你知道,我只是个陌生人!我对纽约有着那种典型的毫无新意的态度:我以为纽约难以立足,在这里熬三个星期有我受的。结果它是个比我在佛蒙特住的地方还可爱的'村子'。比如说吧,嘉宝在拐角开了一间五金店。我要是去买了点东西,但少带了三四块钱,他会说,'明天再给我!你反正在这儿。'嘉宝是犹太人,他们不买圣诞树。但他们每年都会来,在这里停留一会儿,让我给他们做个花环之类的。人很棒。"

一个中年白人女性走近了桌子。

"那棵是什么树?"

"这是一棵宾夕法尼亚州的花旗松。"

"它多少钱？"

"这棵六十五美元。"

"真美。"

"是啊。这些树都很美。那，这些高耸又漂亮的圣诞树，你大概想买一棵多少钱左右的？"

"四十块。"

"四十块？我能给你弄一棵四十块的香脂树。想看看吗？"

一连串的人流路过，比利与这位中年女性不由地向后退了一步，离树更近了点。

"人们喜欢走过来闻一闻。"比利解释说。

"女人说她晚一点会跟她丈夫一起过来，比利开始给我讲他的销售策略，如何让顾客感到舒服。

"我发现人们习惯我稍微多说一点。我自己不介意保持安静，但如果我发现有人介意，我就会话唠一点：'你的屋顶有多大？看看这棵：下面有很多空间放礼物。'多说几句，一方面这是好的销售方式，另一方面，这是我友好的天性。你知道如果对话中间出现了空隙，尤其是在跟一个陌生人说话的时候，那是多么让人难受？要是是一阵漫长的沉默呢？许多人的直觉是随便说点什么，打破沉默。我是那种一点也不介意这种情况的人。你知道，如果我们两个在这里站着然后"——为了说明效果，他停了两秒——"什么都没发生，我不觉得有什么。但我发现很多人都会因为长时间的沉默而感到不安。"

"这种情况在纽约比在佛蒙特出现得多吗？"

"我觉得是。所以，在这里，你会发现自己培养出了一种处理沉默的新技巧。"

一位住在附近的女士带着她的小女孩走了过来。

"嗨。你好吗?"比利问候道。

"我很好。玛丽想跟你的孩子打个招呼,可以吗?"

"当然。他们在〔车里〕。艾丽正在编辫子。亨利最近太淘气了,正在被收拾。你们进去就可以了。"

"现在是不是不合适?"女人问。

"不会,不会。想进去看看吗?〔打开了门。〕从这儿爬进去。"

小女孩看见罗普家的狗桑托斯时,她犹豫了一下。

"大狗是不是有点吓人?"比利问,"还是你只是害羞?"

她没有说话。

"我也很害羞,"比利对她说,"艾丽,来跟这位年轻的女士问好。"

一位名叫芭芭拉的女人路过说:"我们下午三点可以一起做姜汁饼干,如果你女儿想来的话。"

"你们还在以前的公寓住?"比利问。

"嗯。你知道地址——"

"谢谢你,芭芭拉。"

* * *

比利看了儿子亨利一眼,让他拿一个笤帚,沿着人行道清扫花旗松的松针。

我问比利他从哪里进的树。

"呃,许多圣诞树卖家都从一个人那儿进货。事实上,我不应该说了。就是一个做圣诞树生意的朋友……我不应该说他的名字。他不喜欢公开。"

另一个邻居,特莉,带着狗走了过来。"你好,桑托斯,漂亮的狗,"她说,"我能拍拍他吗?"

"当然,"比利说,"来,把星星给我。"

两只狗肆意冲对方叫了起来。

"你想玩吗,亨利?"他父亲问。

亨利正指着挂在露营车侧面的滑板。

"你穿对鞋了吗?"他父亲问道,说着把滑板放在了地上,"去吧,伙计。"没等他说完"小心点",亨利已经溜出了街区。

比利将我介绍给了星星的主人。"米奇,这是特莉。她是最早几个深夜出来遛狗而认识了我们的人之一。"

"哎,我在这附近住一阵子了,"特莉回应道,"比利在这里工作时,我就能享受到凌晨一点半出来遛狗的生活了。因为他总在街角。因为有人站在那儿。"

"但,如果没有人在那儿……?"我问。

"哎,你会凌晨两点随随便便出门遛狗吗?"她回应道,接着对比利说,"找些别的东西全年在这里吧!"

"很多人都希望我能长年在这里卖东西。"比利说。

"嗨,那你卖多年生植物!"特莉接道。

"我想过了,特莉。没有别的跟圣诞树一样挣钱的东西了。圣诞树就像是魔法。我卖不了那么多花。"

比利的妻子帕蒂也参加了进来,她的兄弟乔拎着一棵树走过了女士们身旁。他现在单身。不卖树的时候,他会和路过的女士讲话。她们也毫不犹豫地予以回应。

1　乔：嗨你好〔吗。
2　女士：　　〔很好。你呢？
3　乔：深呼吸。闻一闻松树。
4　女士：很好闻。

从几个不同的女性那里得到积极的回应后，乔解释："你能看出她们之中谁在这儿住得更久，因为她们很时尚。尤其是那些穿黑色高跟鞋的人，天寒地冻的时候，她们也只穿一件薄薄的皮夹克和丝袜。你一眼就能看出来。"他指着一棵树喊道：

1　乔：它看起来怎么样？
2　女士：很好，非常好。

两位上了年纪的优雅女士走近乔，用浓重的纽约口音对他说，她们想找一些树枝。他让她们去街角看看。她们一前一后地走着，好躲开树木。"展厅太挤了，抱歉。"他说。

她们特意要找小亨利。

"他去年做了，做得很好。"其中一个说。

比利解释说，亨利管理着树枝这一分支业务。比利以前把树枝送人，也是对公共关系的一种维系，不过后来亨利接手了树枝。他很快就收集了一些树枝，两位女士准备付钱。

"我们会多给你们几根，以防万一。你可以把它们插在花瓶里。"比利说，为罗普一家对顾客永远"不会厌倦"的印象又多加了一分。

"现在，我该给你多少钱？"其中的一位女士问亨利。

"一美元。"他说。

"先和你父亲谈谈。"

"这是亨利的生意。"比利说。

"不，不，不，给他一点提示。"

"他想收多少就收多少。"

"你认为两美元会更好吗？"问女士。

"一美元。"亨利说。

"你可以给他一美元，再给他一点点小费，感谢他的好意。"比利说。

"他有银行帐户吗？"问另一位女士。

"当然有！"比利说，"他正在攒钱买摩托车。也许我不应该告诉你。"

"我再想一想……！"那位女士回答。

"我有一百多美元了。"亨利说。

"这是给爸爸的树枝钱，这是给你的摩托车钱，怎么样？"

亨利不说话。

"你该说什么？"比利问。

"谢谢你。"亨利说。

"非常感谢！"比利说，"圣诞快乐！过一个最棒的圣诞节！如果你需要更多树枝，欢迎再来。"

几秒钟后，亨利走向了父亲。

"爸爸，为什么女士们要给你树枝钱？"

"因为是我砍的跟修剪的。"比利边把钱递给儿子，边回应道。

比利和我在街角独处的其他时间里，我请他多讲讲他和家人如何使用当地洗手间的事。

"如果是白天，我通常会去波西纳〔位于简街 35 号的熟食店〕，就在后面，员工洗手间。或者去简街客栈。"

"他们让你进吗？"

"哦，是的，他们爱我们。他们张开双臂欢迎我们。两个地方都给我们免费食物。夜晚的时候，他们关门了或者太忙了时，街角的小酒吧就有一个。他们喜欢我们去。不想被钥匙麻烦时我就会去这些地方。但一位叫安吉拉的女士在那栋楼里有一间公寓。从第一年起，她就是给我们家门钥匙的人之一。她很好。她时常拜访我们，还会来佛蒙特跟我们住一周之类的。非常好的人。然后，在第二栋楼里，我有上面一个公寓的钥匙，那里的人……那里没有人住。是一个小单间，有一个漂亮的白色沙发，好玩的是，我会用上面的那间，我的妻子从来不去那间。我的妻子去安吉拉家，而我从来不去安吉拉那里。孩子们有朋友住在街角，他们经常去那里洗澡之类的。所以很好玩，我们都去不同的地方。"

"你的露营车怎么接电？"

"看见那条线了吗？"比利回答道，"穿到街对面的那条。它接到菲利普〔菲利普·波西纳，街对面的熟食店的老板〕的地下室。看到他的长椅下面了吗？我自己的电路和断路器在那里，

所以我不干扰他的用电设备。"

"他让你交钱吗?"

"他什么钱也不收。"

"你认识他多久了?"

"嗨,这都第七年了。头三年,那里是一个叫普利希拉的女士,她对我们是一模一样的。后来她把生意卖给了菲利普。她对我们一直很好。第二年我们来到这里——这个故事很酷——我来了,从我们之前的对话里我知道她已经转手了生意。所以我走上前去说,'嗨,我是比利。我们是卖圣诞树的。'菲利普说,'太好了,欢迎。'我们握了手。'你需要什么吗?有需要的吗?浴室、电之类的?有需要的东西吗?'我琢磨普利希拉已经给他打过招呼了。直到去年我才发现,我们刚来的时候他根本不知道我们是谁。他只是看到了我们,握了手,立即有了好印象,对我们敞开了心扉。"

建构公共人物

在人行道上,人们之间的某些相似之处似乎对提供帮助的行为的产生来说至关重要,因为它们让陌生人意识到互动的对方是体面、不具有威胁性的人。[2]

罗普一家与第六大道上的新公共人物之间的明显区别之一是他们的种族。有些人可能会猜测,两组人受到的对待不同部分或完全是基于这个因素,即西村居民(大多数是白人)

与罗普产生了即刻的亲切感是因为他们也是白人,而也因此不太可能与黑人形成这样的融洽关系,即使后者在阶级和行为上与他们相似。如果这样的种族相似性意味着融洽的关系,那么我们就会猜想,如果罗普一家来到一个富裕的黑人社区,他们也将无法建立起即刻的融洽关系。我在很多中产阶级和工人阶级黑人社区受到过非常热情的对待,在那里,我和街上的人看起来很不一样,所以我不愿意假设中产阶级黑人不会帮助罗普一家。

可以说,对这两个群体的不同反应**主要**是基于阶级的。罗普一家与简街的住户在阶级上相对更相似,而第六大道的那些男性却不是这样。但是与比利·罗普一样受过教育、善于表达以及举止得体的哈基姆告诉我,从没有人给过他公寓钥匙,即使他与许多街上的白人长期保持着友好关系。

另一种可能性是,罗普一家的其他方面拉近了他们与简街的人的关系。也许两种情况加起来——他们卖圣诞树以及他们是一家人——使简街的人们感觉亲切,认为他们是与自己一样的得体、守法的人。又或者,也许哈基姆只是没有比利·罗普那种几乎是学者式的理解,去分析言语与沉默在使当地居民感到舒服中的重要性。也许没有这样的理解,人们便不太可能在一瞬间建立起亲切感,以至于无法信任到能给钥匙。

另一种真正可能的原因是,它不在于种族、阶级或行为本身,而是出于所有人(包括黑人)在街头对黑人的反应。有充分的社会科学证据表明,在街上,比起黑人害怕白人,白人更害怕黑人。[3] 还有研究发现,在一些公共场合,黑人对黑人要比对白人更警惕，包括在黑人社区。[4]戏谑地说，杰西·杰克逊也说过，当他在黑暗的街道上听见身后的脚步声，如果回头看到白人，他就会松一口气。值得一提的是，我第一次见到哈基姆时，我默认他无家可归，我想这在很大程度上是因为我是从街头的角度看待他的。

新公共人物的挣扎

让我们想象一下，假设佛蒙特州的一个传统黑人家庭（"黑人版罗普一家"）在简街上卖圣诞树。现实生活中的白人罗普一家与当地熟食店的老板菲利普·波西纳立即就建立起了融洽关系，后者马上就让他们用他的浴室、电和电话线。如果读者接受上述推理，那么"黑人版罗普一家"想要与当地居民产生立即的融洽关系，就必须被认为是得体的、没有威胁的人。尽管有共同的家庭价值观和其他阶级上的相似之处，在一种叠加在种族矛盾的历史之上的、在公共场合恐惧黑人的文化中，融洽关系的建立障碍重重。在目前的情况下，我认为西村的居民不太可能会在第一次见面时，就为"黑人版罗普一家"提供钥匙。[5]

在居民了解他们之后，也许"黑人版罗普一家"会收到公寓的钥匙。然而在此之前，人们可能已经先看到了"黑人版罗普一家"在杯子里小便，或是认为他们不给孩子们洗澡，于是，当地居民便不太可能把他们视为体面的人。经济阶层和种族群体之间的紧张关系并非一次全部显现。它的呈现要经过一系列的步骤和过程，而对此我们在生活之中常常疏于注意。这个过程一方面是通过所有参与者共同经历的历史呈现的，但对于这一历史，黑人和白人的看法截然不同。[6]这个过程同时也正发生在这些街道上，尽管并不总能被看见。

其他当地居民也许首先会问这个黑人家庭是从哪儿搬来的圣诞树。一旦一个社区看到黑人家庭冒着孩子健康的风险进行"病态的"行为，他们可能会质疑为什么警方允许他们用香脂树和花旗松占满两个城市街区。他们可能发现当地法律规定，只有12月才能在人行道上出售圣诞树。他们可能会问警察为什么允许这个黑人家庭从11月就开始这样使用人行道。一些操心的邻居可能会打电话给纽约市的儿童与家庭服务机构，建议将这些"在家接受教育"、生活在简街露营车里的黑人儿童送去寄养。第六警区可能会警告这个黑人家庭，让他们必须离开。用不了多久，警察——为了报复他们自己的沮丧——可能就会把黑人版罗普一家的工具和滑板和树木扔在垃圾车后厢。

他们境况中的这些元素都会使黑人版罗普一家蒙受污名，而社会心理学家已经发现，被污名化了的人比那些没有遭受污名的人得到的帮助要少。[7]换句话说，黑人版罗普一家可能永远不会收到当地公寓的钥匙，因为得到钥匙意味着要到达到人们眼中非常高的得体程度——我们已经看到，这是非常困难的。

而且，那些住在公共空间的人的行为时刻在路人的目光下，受到路人关注。我们在前一章已经看到，那些在公开场合行动的人更容易被指控为不得体,甚至是违法的。另一方面,那些可以在公寓的私人空间里行使基本身体机能以及进行越轨行为的人就更不容易显得不得体,或者因违法而蒙受污名。[8]

在简·雅各布斯的叙述中,那些保卫着人行道安全的内部的眼睛(built-in eyes)是当地的店主,包括肉贩和锁匠。我们无法知道的是,这些人中有多少人在提供保证街道安全的眼睛的同时,是通过在自家店铺的卡车背后处理"赃物"获取私利的。我们也不知道有多少生活安定的人们处在权力要位上,能够"远离犯罪事件并进而掩盖自己曾参与其中的罪行",[9]或实施第六大道上的人无法实施的越轨行为,比如如家庭暴力,税务欺诈或是内幕交易。当我们修复他们的家和营业场所的"破窗"时,我们自然会产生一种印象,即在街道空间发生的"越轨"行为次数一定更多。但真是这样的吗?还是只是这里更公开,并进而以保障有住所的人的安全为名,将街头人打上"越轨"的标签?

这些不仅仅是反问或是辩题,而是说明新公共形象想要建立自己的得体形象有多么困难。格林尼治村的大多数居民都有时间和空间来保护他们免受不正派的揣测。罗普一家有自己的时间,在露营车换来的隐蔽性之下,也有一些私人空间。第六大道上的许多摊贩则两者都没有。没有时间或空间来使自己显得得体,他们所从事的事情就更可能被视作是不体面的。

最终,他们的不正派、不体面形成了反馈,左右了他人如何对他们采取行动、如何看待他们的社区结构。随着越来越多的当地行人拒绝施助,他们为人所不齿的行为也恶性循环到极端。例如,出于经验,一个人深信自己不被允许使用洗手间,于是他就在赖以谋生的公共场所小便。在这样做的同时,当地居民又一次确信,像他一样的人是不体面的人。随着居民的反应变得越来越冷淡和坚决,街头的人们便相信这些居民超出了他们可以社交的范围;因为他们不能改变附近的人们的想法,所以他们抓住机会反抗那些构成了常规社会交往的社会习俗。还有一些人从事"互动破坏",更进一步强化了人们认为他们不能被委以信任的意识。

相比之下,随着社区里越来越多的人期待着能每天见到这些卖树人,开诚地鼓励他们的工作,罗普一家发现,想要举止得体变得越来越容易。比利和他的家人有了谋生的地方,而社区有了正是他们想要的那种公共人物。

正如社会凝聚力和社会冲突的建立,得体的形象也是在时间和空间的过程中建立起来的。罗普一家和第六大道上的摊贩们被对待的方式更有可能是种族和其他被统称为"阶级"和"公共行为"的一系列因素互动的结果。作为一名白人,这单独的一个条件不足以使一个人得到陌生人公寓的钥匙;但是作为一名在公共场所的黑人,这大概足以确保这个人不会立即获得钥匙,而这使得某种程度的"越轨"行为(比如在公众场合小便,或在人行道上换尿布)成为必然,进一步导致了没有人愿意为他们提供钥匙、电力、免费食物、餐厅的洗手间,或者与警察周旋的余地。

爱丽丝和她的黑人外孙女

我们能想到的最接近"黑人版罗普一家"的例子是爱丽丝与她的外孙女。爱丽丝是菲律宾裔,她与一个黑人有一个女儿,名叫珍妮。珍妮 21 岁,她从高中辍学了,但(在哈基姆的鼓励之下)完成了 GED 学位。她领了几个月公共救济,后来在 8 街的一家服装店找到了工作。

珍妮有两个孩子,分别是五岁的玛西莎和两岁的莫妮莎,她们的父亲是黑人。她说,每小时 5.5 美元的工资不足以照顾孩子。爱丽丝挣的钱也不够养孩子,而孩子们的父亲显然起不到什么作用。最终,爱丽丝只好一边在街头工作,一边当起了临时保姆,无论天气冷热。

因为孩子们肤色偏黑,很多路人都以为哈基姆是她们的父亲,而爱丽丝是继母。有的人以为她就是保姆,因为她是菲律宾裔,不是黑人。还有常路过这一带的人把她称作中国女士。

现在玛西莎上学了,爱丽丝必须离开她的街区去接大孙女(有时候带着莫妮莎)。爱丽丝大约下午 1:15 离开街区,花至少一个小时在路上,2:30 到泽西市接她。这就意味着爱丽丝必须付双倍的路费:不只是每天 4.3 美元,而是每天 8.6 美元。偶尔哈基姆不在,没法帮她照看桌子的时候,她在离开前还必须收摊,把东西放回储藏室。

尽管照顾两个外孙女且工作养活她们(跟她们的母亲)拖

得爱丽丝疲惫不堪,她依然每周工作七天。我问她她过得怎么样,她耸了耸肩说:"我就是工作。"

有的时候爱丽丝太累了,带不动莫妮莎,或是在漫长的一天过后孩子变得烦躁不安。莫妮莎无法按时睡觉,必须像穆德里克和伊什梅尔那样适应街上的噪音以及在室外睡觉。当她需要换尿布时,她会说:"湿了,湿了。"如果爱丽丝太忙,康拉德会帮她换。

带外孙女到人行道上来有时也是一件很花钱的事。天气炎热的时候,爱丽丝从家带做好的食物和牛奶需要非常小心,因为这些东西很快就会坏掉。她一天要花大约二十美元在她和外孙女的食物上。

爱丽丝从附近得到过的最慷慨的援助来自于理查德。理查德是一位五十多岁的白人男子,隔几个星期他就给她几袋硬币(通常加起来有三十美元左右),补贴孩子们;还有一位打扮讲究的退休了的白人男性,他会给孩子们买糖和冰淇淋。一个名叫吉尔的白人女性给过爱丽丝一件她妹妹不要了的套头衫。有时当地的费拉拉糕点店的经理(波多黎各裔黑人)以及去吃寿司的餐馆经理(华裔)会给他们草莓、西瓜、苏打水或者寿司。不过照顾孩子们最多的还是像康拉德和穆德里克这样的摊贩,他们有时候会从麦当劳给她们买冰淇淋、饼干、糖以及食物。有时候穆德里克还会给她们一点现金。

与罗普一家不同,爱丽丝从社区获得的帮助很少。从没有当地居民邀请过她的外孙女们到家里与他们自己的孩子玩耍。从没有人给过她公寓的钥匙,这样孩子们就能去睡一小觉,用洗手间，或是方便爱丽丝借用冰箱。在暴风雪和暴雨之际，也没有人给过爱丽丝附近公寓的钥匙。

罗普一家对当地居民和和商业有很大的依附性，后者并不质疑他们的育儿方式；而爱丽丝有时却会引起威胁性质的评论。"这些孩子不应该来街上。"一位女士握着她的小男孩的手说道。

"那**你的**孩子跟你在街上干什么？"爱丽丝问。

"我是他妈妈！"女人说。

"我也是，"爱丽丝说，"她们是我的外孙女。"

女人走开了。

"他们以为这些孩子是从街上来的，"爱丽丝告诉我，"或者以为我们是些吸毒的家长。那是他们的想法，因为他们不**认识**我的孩子。"

一位年长的白人男性路过时对爱丽丝说他为她感到遗憾。他说他认为孩子们不应该在街上，也不理解为什么爱丽丝没有选择。

最近，一位三十多岁的白人男性看到爱丽丝在人行道上教训莫妮莎（路上过往的白人时常这样做），喊道："应该有人收拾**你**！下次我要收拾你，叫警察。"爱丽丝一直害怕有人会投诉她对外孙女疏于照顾或是虐待她们，尽管她并没有这么做。

基于种族、阶级以及公共行为（包括一家人在人行道上卖圣诞树）的原因，罗普一家很快就融入了当地居民中，然而爱丽丝，也许是因为她的外孙女是黑人，她们的出现始终不能赢得当地居民的心，即使在圣诞节假期也不例外。也许是因为她一直在，也许是因为她卖的不是圣诞树，又或者因为她不是黑人，看起来不像她们的外婆。我们无法确知。但我们可以确知的

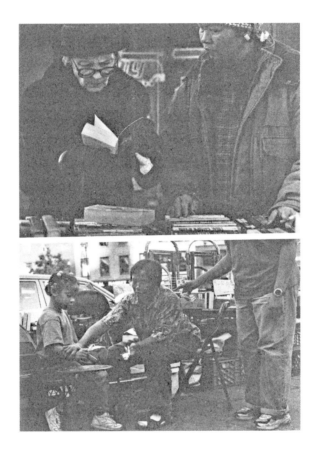

是，爱丽丝与她的外孙女得到的一切都是通过**十分的**努力，使自己成为一个值得信任的公共人物。对爱丽丝来说没有任何东西唾手可得，她从当地商店店主得到的所有援助都来自于她为他们努力工作的公众形象。有一次，爱丽丝很忙，而康拉德没有帮她给去吃寿司店的老板向停车收费器里投币，爱丽丝说："康拉德，因为我们用了这家店，你得与他们合作。我们必须努力工作，让他们知道我们值得信任。我们**必须**回报一点**东西**，这样我们才能用他们的设施。"

值得注意的是，两家帮助她的门店都是由少数族裔运营的。我们无法确知这是否是一个巧合。例如，正如我们前文提到过的，只有通过帮助去吃寿司的中国老板，她和她的外孙女才能不受限制地使用他们的洗手间。也许如果她帮白人向收费器里投币，她也能得到这样的帮助。无论如何，尽管哈基姆与去吃寿司的老板很少说话，通过爱丽丝的关系，似乎他也被允许使用他们的洗手间而无需消费。

从罗普一家的情况来看，恰当的行为举止、家庭价值、圣诞树以及中产阶级地位与他们是白人这一点相叠加，似乎足以使人们**立即**产生一种他们是得体的、不具威胁性的印象。这促进了融洽关系的生成，从而使得罗普一家更有办法进行正常的生活，造就了简街上充满善意、互相帮助的场景。

结　论

"她们必须自己看着办。"这句话是穆德里克为自己对一些女性做出评论的粗糙辩解，但是，不管怎么说，在行人对街头人的实际态度这一点上，这都是一个有用的隐喻，帮助我们提出基本的问题：普通公民**必须**自己看着办吗？

近来动用刑法控制轻微违法行为的历史表明，在一定层面上，行人不需要看着办。在纽约市，在未经驾驶员同意的情况下清洗车窗，或是在自动取款机旁乞讨都属于违法行为。世界各地的城市都将纽约市的"零容忍"战略视为控制公共空间的典范。在拉斯维加斯，在赌城大道上招徕客户的人们不再被允许散发传单；在圣巴巴拉和西雅图，在许多市区的人行道上坐下，都被视作违法。在圣莫妮卡，想要乞讨的人必须至少离他们的目标对象三英尺远。这样的法律，加之城市要求人们从领取福利转向参加工作，表明都市可以且将要对社会最边缘群体提出更高程度的服从。

许多政治家错误地认为，只要他们通过更多的法律，使这些原本名声就不好的、在人行道上工作的人们生活更加困难，那么这些人就会消失。但我想我们可以看到，首先城市为人们提供生存方式的功能难以去除。市议会倾向于清除人们常居地的各种元素，比如削减乞讨的权利，竖立起标志，告诉市民不要给无家可归的人们钱或食物，立法反对在垃圾箱里捡拾，或是减少人行道上可以摆摊的空间；他们想要找到最薄弱的环节，那个他们以为一旦断裂就会摧毁这一群体生活的环节。

当然，在人行道上工作和/或生活的人们不会被如此轻易地被赶走，即使人们想这样做。那些想"诚实谋生"的人们将继续发挥他们的创造力、能力和文化性知识，正如第六大道上的人们所做的那样，生存下来。在共生体系如此之小、自给自足（如宾州车站）的情况下，那些运营者总可以找到它最脆弱的环节——睡觉的空间——来摧毁他们的群体生活，但这种"解决方案"只会促使人们寻找像第六大道这样的驻地，以及诸如贩卖印刷品之类的其他谋生途径。这个环环相扣的网络有能力重新组合。

那么，怎么办？我们需要一种新型社会控制策略。其核心可以是对行为责任制的不懈追求，但也可以是全体市民开启新的认识，更宽容地对待和尊重在人行道上工作的人。

公民可以从试图理解人们的动机开始，理解那些让自己感到不安的人为什么要做别人认为是冒犯的事。这些行为通常与富裕阶层会做的事情不那么不同，例如上层中产阶级人士亦会在高尔夫球场或公路的路肩上小便。有时候，在街上工作的人更受关注，仅仅是因为他们没有中产阶级和更高阶级的人们认为是理所当然的时间和空间资源。在人行道上工作的人很少与他们居住在房屋和公寓里的邻居发展出坚实、融洽的关系，后者很少为他们提供支持。生活在公共场合，他们显得越轨是因为他们的大多数行为举止都在人们的目光之下。无论是销售赃物、使用毒品还是大声吵嚷，几乎他们所从事的一切行为都会使自己看起来比当地商店的业主或经过的人更不雅观。有时，他们做出如此行为是因为他们已经蒙受污名，进而无法获得基本资源，无法使用洗手间，或是与上层中产阶级白人进行日常社交，后者居住在这里，也把这里称作家。

虽然我们认为"破窗"理论具有可行性，而且已被用于降低犯罪率，但我们不应该从这些成功的案例中获得错误的教训。特别是，我们不应该先入为主地认为我们在街上观察到的越轨行为是由某种造成犯罪的无序氛围所导致的。的确，有时可能确实如此，但将街头摊贩与传统的城市居民做比较，我们经常会发现，街道上所谓的不体面行为并非他们独有，且由无序氛围引发的不得体行为并不比普通居民多。

理解何为"看着办"意味着，了解街头生意得以形成的那些力量有助于我们厘清，对许多穷人来说，美国究竟成了什么样。今天在第六大道上工作的人与许多前人一样，生活在由各种政治、经济和历史条件相互作用下的环境中，包括住房隔离，贫困的空间集聚，去工业化，以及种族隔离。毒品改革的失败在这些人行道上尤其显著，最集中表现为对持有同一种毒品的两种不同形式——霹雳可卡因和可卡因粉末——的区别惩罚。正如我们所看到的，吸毒对一个人生活的多重影响，吸毒者反复触犯刑事司法系统，以及酗酒的人和瘾君子失去他们原本赖以生存的日工和低收入工作，都可能影响到这些人的生活形式。对人行道上的人们采取激进和不容忍的方式并不会改变这些大环境，反倒正是这样的环境持续地使人们来到像第六大道这样的街头工作。

最后，他们中的一些人将不被普通城市居民所认可。同时，理解为什么这些互动令人不安非常有用。令人不安并不总是因为存在任何实质上的威胁，或是说了冒犯人的话，而是因为在寻求权力和尊严的过程中，实际的对话伦理被遗弃了。少数实施"互动破坏"的人败坏了街上其他人的名声。考虑到交织其中的种族和阶级差异，这种对话从本源上来说就很容易形成紧张关系，但很少会造成伤害。对违反实践伦理的不宽容也许会改变一些行为。没有人**必须**看着办。采取技术性的粗暴态度往往是那些明白事情来龙去脉的人的解决小法。

在人行道上，摊贩、拾荒者以及乞丐中已经发展出了经济角色、复杂的分工以及鼓励他们尝试"更好"的生活的导师。这就是人行道上隐性的社会结构。对我的许多读者而言，当然对我自己来说也如此，人行道上这些寻求救赎的侧面令人惊讶。乍看之下，它令我们惊讶是因为街头的可见行为创造了一种犯罪气氛。因此，今天很多公共政策便想当然地认为，即使不经系统研究，我们也可能知道哪类人会使生活更安全，而哪类人只要出现就会导致严重的罪行。但是，我们无法认定某类人会构成"破窗"，尤其是在对他们如何生活一无所知的前提之下。我们同样也不能认为，公共人物的角色需要由像罗普一家这样的普通得体人物承担，尽管他们每年秋天的造访对这一社区非常重要。

当然，这些街区的确有一些"破窗"，但主要是对那些匆匆路过的人来说看起来破了的窗户。因为美国人在生活中不断地使用种族和阶级分类,所以许多市民把实际的破窗推广到所有看起来差不多的窗户,并认为一个看起来很不堪的人一定已经自暴自弃,尽管实际上他正试图尽可能地让自己变好。只有通过了解人行道上丰富的社会组织及其复杂性,公民和政客才可能会意识到,我们用几扇破窗的存在作为破坏整个非正式结构的理由,这种想法会带来多么巨大的损失。

作为"破窗"理论的补充(而不必然与之相抵触),我将提出一个"修缮窗户"理论,它明确地遵循着"破窗"逻辑,不过是在相反的方向。当政府放弃其帮助出入监狱的人找到家和工作的责任时,这些人如果想要把自己变成能为社会作出贡献的人,他们就只能靠自己了。一些对普通的看客来说看似无序的行为实际上会带来社区控制,而非导致其被破坏。

因此,我们可以看到以下过程。一个人从监狱出来后,在第六大道乞讨。他观察着别人的杂志摊,很快学会了如何"淘"垃圾,找到人们愿意购买的杂志。通过与客户间的积极关系和做自己的老板产生的自主感,加上感受到"诚实谋生",他便能够开始收获自尊。一段时间后,正如马尔文、罗恩以及格雷迪做到的那样,他就可以搬出街道,住进公寓里。

现在,他想保持这种与社会的积极关系并非顺理成章,特别是如果正式社会控制的力量不断地试图削减他经营的机会。反之,如果他能得到一些鼓励,那将非常重要。如果居民把他的行为看作一种积极的贡献,他们就会尊重他,而他甚至会对此感到不习惯。与此同时,其他从监狱中出来,或是除了抢劫不知道还能如何维生的人就会看到积极的行为模式,并开始模仿他们。"修窗"与"破窗"可以并存。一个想要认真修复无序状态的城市要做的就不仅仅是只从表面上理解无序的含义。

非正式结构实际上使一些人能够劝导或帮助他人，使他们的生活能够运转起来。在倾听第六大道上的生活史中，我得知的最令人惊讶的事情之一，是他们中有许多人指导过对方如何"淘"杂志，如何摆桌子，以及如何"诚实谋生"。守法的自我支持模式是有可能通过模仿进行生产的，就像通过模仿生产"破窗"一样。摧毁非正式结构的代价是，削减了积极、鼓舞人心却又饱受误解的榜样作用。这意味着我们需要重新思考无序与犯罪之间的关系。连接这两个变量的"破窗"理论未必不正确，然而使用种族和阶级分类来定义无序的趋势必然是错误的。

我们的福祉将因为允许更多的人——而不是更少的人——参与非正式的经营活动而得到改善。城市政府如果能意识到这样的活动不可避免，理解它们运作的方式着实令人敬佩，那么市政可以更好地规范那些想在人行道上实现"诚实谋生"的人。当然，纽约市议会减少摊贩的空间不是为了带来公共的无序。修复"破窗"的支持者肯定也不希望警察变成对无家可归的摊贩实施破坏的人。

这实际上意味着什么呢？这意味着秩序不能被视为目的本身；相反，秩序是社会管理的一个副产品，它基于的是对不稳定的复杂城市生活的理解。城市不应对行人拥挤制定过于严格的标准，而法官在将行人拥挤用作清除高价地段的街头摊贩的借口时也应谨慎。在我采访一个小型商业改善区主任助理时，他承认，他的老板为使她的社区免受摊贩影响，试图提出，摊贩会阻碍行人的自由流动，即使她并没有证据。交通运输部门或街头小贩审查小组制定的标准使商业协会能够轻易地提出街道过于拥挤，这些提法通常高度主观、充满猜测（而被描述为客观和严谨的）。我也观察到商业协会在人行道上摆放花盆、树、自行车架和报刊架，使摊贩无法在原地工作。我们应该建立新的标准，人们不能在人类谋生的地方轻易地种植植物。

商业改善区甚至可以鼓励哈基姆、马尔文和罗恩这样的新公众形象的出现。与其用摆放植物和新架子来阻止摊贩，不如建立简单的永久性售货台，并配置长凳，让小贩们可以存放商品。即使认识到每一个良好的意图都可能会产生一些意想不到的后果，他们也可以考虑建立更多的公共厕所，就像巴黎街头放置的那些一样。商业改善区必须明白的是，非正式经济和社会生活非常有价值，同时也不必然在审美上令人不悦。

任何面临高度的经济不平等、种族主义、文盲率和毒品依赖，以及不具备条件让人们从精神病院或监狱过渡到工作和家庭环境的社会，都会面对大量无法符合正规机构要求的人。鉴于此，一个社会正确的应对方法不应是将自己创造出来的被遗弃者驱逐出公共空间，一个存在极度贫困问题的城市若要创造福祉，其重点就是能让边缘人有自主经营的机会。

总有人在面对令人气馁的社会条件时选择放弃。但正如我们所见，在第六大道上工作的人们不屈不挠地坚持着。他们正努力着，不放弃希望。我们应该向他们致以敬意。

第五章　建构得体生活 | 391

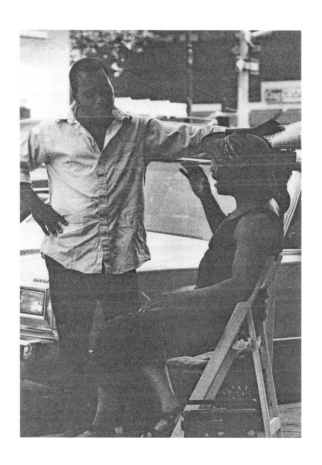

后 记

哈基姆·哈桑

前面的书页所关注的这些街道是大都会的避难所,在这里工作和生活的男女,他们的身份隐藏在公共空间之中。在行人的眼中,这些男人们和女人们不过是《国家地理》杂志上照片的真人版。就好像他们在这些街道上出生,没有过往,也没有其他生活经历。

我决定离开企业、在第六大道上出售书籍,这对我的家人和朋友来说是不可理喻的。有一天傍晚,我的一名黑人前同事看到我在卖书,他走到我面前,带着漫画式的怀疑问道:"这就是你现在在做的吗?"我不想回答这个尴尬的问题,所以我回答说:"不,我只是帮朋友看着东西,他去洗手间了。"

实际上,我已经流亡街头。在我来到第六大道之前很久,我的流亡就已经开始了。为了逃避企业里日常生活的繁文缛节,1988 年,我开始在罗宾逊希尔曼律师事务所的文字处理部门做夜班校对。没有任何事情比那一晚的经历更让我意识到我的努力是一场徒劳。那天晚上,因为临近假期,我没有什么工作要做。我坐在秘书的工位上读着一本《商业周刊》。一位白人律师走到我身边。他靠在我的肩上,一个字也没说,也读起来。他正吃着的爆米花屑落在我的头上。我对自己说:"伙计,我应该站起来,把这个人抽到昏。"在我衡量这个选项的那一瞬间,我想象着急救人员抢救着他毫无生气的身体,以及一大群电视记者和警察在走廊里采访着我同事的场景。我一句话都没有说。我的沉默只不过是向给我提供面包的人所做的一系列让步中的又一步。

1991年,在一次雇员评估会上,我突然被行政服务主任解雇了。主任是一位中年白人女性。为什么?她说我被一个律师指控为能力不足,但她拒绝指认是谁。我仍然记得她抑扬顿挫的语调,"我很抱歉,但我们不得不让你走",就好像那是一首歌的副歌;我也记得我是怎么坐在她桌子对面的椅子上,全身僵硬,为这未能预见及其直接产生的影响而瘫软。我记得她盯着我的脸的样子,我的沉默让她说出:"你看起来能冷静地接受。"

行政服务主任不是我的上级。她是怎么认定我是无能的呢?她的标准是什么?我在夜班工作,很少看到她,除非她工作到很晚的时候。夜班校对员和文字处理者与她或法律人员几乎没有接触,与他们打交道是我上级的职责。

在这次会议之前,我的主管和我开着正常的办公室玩笑。在我受她管理期间,她从来没有给过我任何口头或书面的通知,告诉我我的工作不能令人满意,她也没有出席评估会。

无能?这三年里,我在截稿期限和巨大压力下工作,与其他三名校对员在一间牢房一样大的房间里校对法律文件这又算是什么呢?行政服务主任认为我脸上的表情意思是平静,而那其实是震惊。那天晚上,我离开了这个保守的世界,好挽救我仅存的属于自己的部分，重新建立一个新身份。

* * *

米切尔·邓奈尔记得，我们第一次在我的书摊对话时，我告诉他我有一台罗乐德斯旋转名片架（Rolodex），他当时非常惊讶。他的意外是有着社会背景的。但是如果我没有对米奇提到罗乐德斯这个词呢？因为罗乐德斯这个词往往使人想到坐办公室的人，而因为人们认为我是"街上的人"，我用这个词就显得扎眼。它导致了米奇对我的看法的转变。我在这里想提出的是，如果不是我们的那次谈话，就不会有这本书，因为那次谈话挑战了他关于我和我的社会地位的预设。

在第一章中，米奇回忆起他当时说服我作为这本书的写作对象——在当时，是唯一的对象——所遇到的重重困难。确实，我那时仿佛听到了母亲的命令。每当她不得不离开，留我和兄弟姐妹独自在家时她就会说：我不在的时候谁来都不许开门。

如果我违反了母亲的规定，打开了门，我又是基于什么来权衡米奇的意图呢？我该如何防止他仅仅把我作为资料来应用，不让我对书中材料的选择和描绘上提出意见？一个研究对象如何能参与进他并不信任的民族志研究中去，并以高于研究对象，又不成为作者的角色幸存下来？

因为我认为我在企业工作中灾难般的的经历是种族主义的后果（现在许多白人都会把此论断比作寓言故事中的那句"狼来了"），我问自己："我可以指望米奇这样一个白人社会学家能首先理解，为什么那段经历使我成为了第六大道上的书贩吗?"无法回避的是,种族是一种切身的经验;同时,如果我犯下错误,不给米奇机会,仅凭种族就否认**他的**人道关怀,我就无从知道他能否准确地写下我的生活。

我不知道米奇将如何记叙我在这些街区上的生活。他会延续传统的社会学研究吗?历史上,这一传统中几乎无法将黑人——尤其是贫困的黑人——描写、理论化成复杂的人类。奇怪的是,即使在读过米奇的书《斯利姆的桌子》后我依然感到担忧。尽管书中对工人阶级黑人的生活有深刻的洞见,但现在是我自己的生活岌岌可危,而非那本书中所描绘的人们的生活。

在几个星期的时间里,我与米奇在我的书摊旁随意地聊天,一有可能我们就会在餐馆里聊,好不被打断、尽兴地聊。这些最初的对话围绕着我人生的基本信息,更重要的是,我讲了促使我变成一个街头书贩的原因。那些对话是真情的流露。米奇的回应并非带着冷漠的距离感,尽管在我之前的想象中,冷淡是社会学家的标志。他专注地倾听。我开始尊重他的善解人意,很快我就信任了他,相信他能够写我的生活。

三年前阅读了最初的手稿之后,我认为,发生在我书摊边的事件和对话本身无法反映出这些街区的社会结构的复杂性。我给米奇手写了一封很长的信,罗列了我的考虑。我准备好了,以为他会认为我已经越过了自己作为一个"研究对象"的界限。我清楚,我对简·雅各布斯的"公共人物"这个有趣观点的引用影响了米奇的研究计划,但是,鉴于我是一个"研究对象",我进行理论化的空间又有多少呢?

不久之后我们通了电话——我在能看着桌子的公用电话亭,

他在他的办公室。米奇告诉我，他很欣赏我的社会学见解，并对来信表示感激。他提出，如果我们一起开一门研讨课，相互切磋并且与学生一起探讨书中提出的问题，可能会很有收获。没过多久，米奇获准聘请我作讲师，与他共同教授一门为期十周的本科生研讨课。这门课程标志着一个开端，从此第六大道上的男男女女不再仅仅是被收集的数据资料。

就这样，前一天我还在第六大道上卖书，第二天我就来到了加州大学圣巴巴拉分校，隔着一张巨大的会议桌坐在了米奇对面。这是一个全新的领域，因为我从没有过任何在大学里教书的经历。在那之前，我曾开玩笑地告诉米奇，说人行道其实就是我的教室，我正在考虑收取学费。

选修这门课程需要通过"指导老师批准"。我和米奇选出的十九名学生来自不同种族背景，他们对这门研讨课的组成方式表现出浓厚兴趣，并且愿意挑战一系列艰深的阅读作业。在这些阅读材料的选择中，以及从街头产生的问题中，种族当然是我们的讨论中不可避免的一部分。

我们鼓励学生们从布置的阅读材料出发进行课堂讨论，以防止一堂讨论课变成闲聊。布置的阅读材料由两部分构成，一部分是关于街头生活的理论和概念性探讨（《美国大城市的死与生》《街头智慧》《都市财富》以及《无家可归者》）①，另一部分是工人阶级和中产阶级黑人会在我的书摊上购买的"黑人书籍"（《拉皮条的人》《吸毒邪神》《自愿为奴》《非洲：文明

---

① 原书名分别为 *The Death and Life of Great American Cities*；*Streetwise*；*Urban Fortunes*；*The Homeless*.

之母》《让我想要大声叫喊》《分面包》《种族之重》《遭遇权威》等等)①。

与米奇共同教课并非易事。不仅是课堂准备工作量巨大，而且它让我切身感受到了他作为一名大学教授的责任重担。教授本科生是一门学问，老师必须时刻准备着应对一些学生不成熟的智识问题。标准训练以及培养批判性思维则是职责的重中之重。

学校给了我一间办公室，我在那里工作，也在我的答疑时间与学生会面。头四次研讨课上课前，我都会坐在办公室里，深受焦虑的折磨，我会服用两颗泰诺对付头痛来袭，即便十多年来我日复一日地在我的摊位上与普通人或者名人展开过对话。

不过我很快就习惯了这种新的社会环境。研讨课进行得很顺利。爱丽丝和马尔文在学期中间来访了两周。从学生的问题和回答中，书稿的缺点显而易见。为什么杂志摊贩的生活没有包括在初稿中？乞丐们怎么办？无家可归的人呢？为什么这些人不干脆去找工作呢？白人对这些人有什么要说的吗？他们与附近居民间的互动是什么样的？我是怎么弄到我的书的？真的可以信任一名白人教授，相信他能写黑人而不屈从于刻板印象吗？这些都是难以回答的问题，我和米奇在课间充分地讨论了它们。研讨课和我们对话的结果便是米奇开始重新写书，重新回到第六大道，记录其他人的生活。

爱丽丝为我详细讲述了大家对我这趟旅行的普遍看法，它证明我拨回纽约的电话其实没起什么作用。第六大道上的人简直

---

① 原书名分别为 *Pimp*; *Dopefiend*; *Volunteer Slavery*; *Africa*; *Mother of Civilization*; *Makes Me Wanna Holler*; *Breaking Bread*; *Race Matters*; *Confronting Authority*.

无法相信我真的与米奇共同教授了一门课。他们以为我在圣巴巴拉度假,享受着高端的生活。

长期的对抗关系是摊贩和杂志摊贩间的社会阶层差异呈现出的特征(正如《空间战争》一章所述),我与杂志摊贩有很好的关系,但这种关系远不够完美。米奇如果想要进入他们之中,他需要一个担保人,来帮助他获得信任并确保他的安全。这就是为什么马尔文至关重要。马尔文作为他的担保人比我有更大的可信度,因为他和米奇事先不认识。

马尔文和我向米奇交代了他在这几个街区做田野一开始要注意的事情,告诉他要做好什么样的打算以及什么情况需要躲开。这些人中有许多人相信米奇很"富有"(这是我经常听到的话),他们想好好利用他。在这些街区上,生活过一天是一天,通常取决于人们从发善心的人的那里可以得到多少钱。在田野调查的早期阶段,米奇究竟是不是在写一本关于他们生活的意义的书是次要的。他们的问题是:我能从他身上得到多少钱?

他们有的人经历过一天一人卖了一百美元杂志,然而在黎明之前,钱就在毒品或者酒精上花光了。他们总是找米奇要钱购买早餐,不过早餐有着各种各样的隐藏含义:从去"格雷的木瓜"店买一个两美元的奶酪鸡蛋火腿三明治,到买一瓶圣艾德斯麦芽酒,到一两口可卡因。

就钱而言,这些人都没有意识到所有与这本书的研究相关的开销都是米奇从自己的薪水中出的。他没有研究经费,也不打算等有了经费再开始研究。当我告诉马尔文这件事的时候他十分震惊,但是我知道即使我告诉别人这件事,也不会有什么影响。

米奇终于学会了如何对那些看起来潦倒的人要钱的请求说不。他以对研究目的认真态度以及作为一名社会学家的真诚建立起了良好的信誉。当我时不时从我的摊位瞄一眼街角,或偶尔从友好网吧(一家现已关门的网吧)二楼的窗户望出去,我看见他进入了杂志摊贩的世界。我可以看到他为马尔文工作,渐渐地,一步一个脚印地,他进入了那张桌子周围的生活。那里有一个"看不见的"社会世界,大多数行人意识不到它的存在,而后来我才知道,我对它其实也所知甚少。通过高强度的调查,米奇成功记录下了这个微妙而复杂的社会结构。回想起来,公平地说,他得到这些人接纳的过程实际上比我预想的要容易得多。

在第六大道上生活的"第一代"人物阿尔弗雷德·罗宾逊告诉我,如果不是这几条街上的男男女女一致认为米奇所作的工作很重要,那么他就会成为这里的一个"受害者"。说到底,如果一个社会学工作者轻易地认为自己在田野中投入的时间足以使自己成为"他们中的一员",那么这不仅是一个令人遗憾的错误,而且会带来严重的麻烦。街头就是街头。不要搞错。米奇从一开始就明白了这一点。他从来没有假装过自己是除了他自己以外的任何人:他是一个人,一个试图了解我们生活的意义的社会学工作者。

这里的男人们和女人们(包括我自己在内)中没有一个有过类似的合作,但是为了使奥维·卡特进行拍摄,他们同样也必须信任他。一般而言,在街头工作和生活的人不喜欢、更不用说允许别人拍照。有些人不喜欢那种使自己的生活被简化为旅游景点的做法,另一些人则将照片视为警察的一种监视手段。许多人认为,除非他们"得到报酬",否则摄影师就是在"占他们便宜"。

　　奥维是《芝加哥论坛报》的一名黑人摄影师。他是一个细声细语的人。他花了超过二十五年的时间拍摄内城,特别关注吸毒等问题。这将是他和米奇合作的第三个重要项目。我可以肯定地说,身为黑人的地位并不是奥维进入这些人们生活的唯一原因。例如,贾曼最初表示不愿被拍照。我记得奥维与贾曼站在格林尼治大道上的 24 商店(现在的去吃寿司的所在地)门口,说起了不情愿拍照的事,而我就在那个街区工作。那是一场激烈却又热情友好的对话。在十五分钟内,贾曼改变了主意,正直诚信的他对奥维及其想法心生敬意,而这些想法又与这个项目息息相关。奥维在芝加哥拍摄的那些人与第六大道上的人们非常相似,然而我估计他将如何在这些街区获得接纳时,却从没有联想到过他之前的丰富经验。与米奇相比,他与这里的人们之间建立起融洽的关系几乎是瞬间的事。

　　在米奇写完这本书的新一版草稿,精心挑选完照片后,他回到纽约,在华盛顿广场酒店租了一间房间,邀请了每一个参与到这个项目之中的男人和女人。他朗读了书中的章节,征求他们的意见。这不是件容易的事,但它证明了(尤其是当所有参与者都听到了他们自己说的话)这本尚在写作中的书准确描绘了他们的生活。米奇在听到大家的建议后作出了自己的判断。

　　我不知道的是,我对于成为一个介于研究对象与作者之间的人的渴望竟会影响这本书的构思和写作方式。让我说得更具体一些:我参加这个项目的决定使我发现,米奇作为一个**社会科学工作者**,与他展开对话是有可能的。这不是一个小成就。

这是从"学者最明白"的范式迈出了一步。有纽约大学和纽约社会研究新学院的研究生来我的摊位,他们经常浪漫化了的"研究对象的声音"是一回事;社会科学工作者从根本上想要倾听的意愿则是另一回事。

米奇的研究迫使我意识到,我没有我以为的那么了解这几条街上人们的生活,尽管我挨着他们工作了许多年。例如,我非常惊讶地发现,这些人中的一个小群体实际上已经相互认识了超过十五年,并且是从宾夕法尼亚车站及其附近"迁徙"来到的第六大道。由于杂志和图书摊贩之间存在社会差异,我对这一群人的信息并不知情。如果米奇没有和居住在这些街区的每一个人交谈过,那么他就没有办法确定,更不用说记录他们共同的历史以及他们从宾州车站到第六大道的迁徙。在我看来,他们迁徙的故事提出了深刻的问题,因为它表现出了他们极强的适应能力以及在公共空间创造适宜生存的环境的能力。也许,归根结底,每一种迁徙都是一个生存和适应的故事。然而,与他们相遇的人们,包括决策制定者,似乎从没有想到过这一点,他们认为通过施行削减摊贩的空间的法律,或是那些让他们过得不舒服的市政法规,就能清除掉摊贩。

当我读到《简街一瞥》一章的初稿时,我才发现比利·罗普和他的家人竟可以住在停在简街(一条窄得不能再窄的路,一点不夸张)上的一辆露营车里,而那里的居民是如此看重罗普一家,甚至给他们自己的公寓钥匙,这令人难以想象。我向米奇解释说,我从来没有收到过任何居民公寓的钥匙,而且即使我收到了,我怀疑我也不会接受。我有限的信任不会允许我这样做。也许这并不重要，重要的是钥匙，它象征着居民们接受了罗普一家。

一边是警察不让伊什梅尔在圣诞节卖杂志，一边是比利·罗普在卖圣诞树，这样的对比令我愤怒。让我再说一说比利·罗普与我作为公共人物之间的差异：尽管他在简街获得的广泛接纳令人钦佩，再加上不可否认的是，他的在场的确能创造一种"街上的眼睛"的意思，但我在第六大道上所演的角色却与他截然不同。因为我没有那些能让自己在第六大道上被立即接纳的种族、阶级和稳定家庭（我没有孩子）的条件，所以我不得不凭借我的谈吐、形象以及毅力来树立我的地位。没有迹象表明，我或者任何其他人被第六大道完全接受。

尽管在街上工作是心甘情愿的，但是这样工作了七年多几乎要了我的命。爱丽丝曾在人行道上递给我一封信，通知我说我们的关系已经结束了，她和**我们**街区上的另一个摊贩恋爱了。两天之后，我决定离开第六大道。虽然是这个消息加速了这个决定，但当时我已经在贫困和没有医保的情况下忍够了，而且步入中年却没有经济保障的前景令人恐惧。我必须要走了。

离开第六大道不比来到这里时容易。一个人不会先是在人行道上工作七年，再一下子就回到正式经济。我以为我可以。我试着进入出版业、公立学校教育或城市政策研究行业，然而这些尝试依然受内心痛苦的阻挠，因为我对企业界处处阻挠我谋生的白人充满蔑视、满心愤懑——也正拜他们所赐，我才来到了第六人道。我的志向与愤懑之间的这种冲突是我故事的核心。它依然没有解决。它可能永远也得不到解决。

我仍然在试图明白，米奇是如何在纽约的大街小巷上，与他记录下人们建立起关系的。这些街道上充斥着种族和阶级冲突，大多数跨越这些障碍的尝试都遭到了破坏。这是否意味着人们有时能找到办法——不如说，产生意愿——解开他们在这些街道上的恐惧和偏见？这是否取决于双方带着尊重互相倾听的愿望？又是否纯粹取决于一个研究对象的决心，在这里也就是指，我自己，决定不要被简化成为一个理论框架或是"数据资料"？鉴于巨大的不平等、种族间的误解，以及充斥着每个街角的暴力行为，我相信这里总有运气的成分——这种运气，正是学者和不同种族、阶级和性别的"研究对象"在"田野中"相遇时所需要的。

纽　约
1999 年 8 月

附录　研究方法陈述

"……我确信，研究思路的形成演变跟我们所读的研究方法指导并不是同步的。那些想法的出现一部分是靠我们把自己'淹没'在收集到的材料中，以及生活本身的过程中……"

威廉·富特·怀特《街角社会》（1943，1993）

"我只能提供我从此类研究中所得出的结论。我也只能用重复说过的话来开头……那就是，你在所有这些〔阐释方法的尝试〕中看到的都是合理化的解释，并且，我们提供这些阐释时所处的位置岌岌可危。"

欧文·戈夫曼《论田野调查》（1974年3月）[1]

《人行道王国》的演变

我的书架上放着一部书稿，里面记录了一个街边摊贩的日常生活，以及来他的摊子买书、聊书的人。我在哈基姆·哈桑的桌子旁边观察了两年之后写好了那部书稿；1996年，FSG出版公司同意第二年出版。

然而我却对此感到不安。最后，我告诉出版社的主编，我想从头开始再做一次研究，重新写一本书。为了解释个中原因，我有必要在研究的成形过程上多花一些笔墨。我也希望能借此机会探讨我遇到过的一些主要的方法论方面的问题。

与哈基姆共同教书

在写完了最初的那版书稿以后，我给了哈基姆一份，希望他能提一些意见。他读完后，指出了问题的要害：我的注意力太过局限于他一个人身上，而忽视了第六大道上的其他人。一边听他讲，我一边意识到，我们需要一个能持续讨论书稿中的内容的办法。那时我在加州大学圣巴巴拉分校教书，我向他提议在学校合开一门课。哈基姆不仅博览群书，而且就像他对杰罗米那样，在教育和与年轻人的沟通上很有一套。我在圣巴巴拉的学生能从他身上获益匪浅。我把这个想法告诉了系主任比尔·贝比（Bill Bielby），他为哈基姆安排了十周课程的讲师薪水。

与哈基姆一起，我们合开了一门本科生研讨课，名字叫作"街头生活与美国黑人的思想生活"。在课上，我们讨论了哈基姆在他的桌子前卖过的许多书，并且详细地讨论了我的书稿。我们向学生展示"黑人书籍"如何进入来哈基姆摊位的人的生活与讨论中。

作为一名教师，哈基姆有条理，富有洞见，在种族、阶级和性别的问题上对学生充满耐心，尽管有的时候讨论颇为激烈。

在课堂上，哈基姆觉得我对他过于关注，以至于并没有反映出他所熟知的人行道。（一些同事也建议我能多研究一些卖淘来的杂志的摊贩。）哈基姆建议我们应该请他的搭档，爱丽丝·莫林和马尔文·马丁参加讨论课。一个月后，他们来到了圣巴巴拉，参与了两周的课程。

随着我开始意识到，如果我能在书中更全面地展示街头生活，将大有收获，我的研究重心发生了转移。我问马尔文有没有可能让我访谈他认识的那些第六大道上的人；他说没问题。

马尔文在圣巴巴拉的最后一天晚上，我们走在沿海的卡布利罗大道上，说着我们在这里探讨过的内容，而这里的一切又是与第六大道如此不同。马尔文想到就要回纽约了，不由地抱怨起了他的合作伙伴罗恩。罗恩当时正在经历一个不那么可靠的阶段。每当马尔文离开他们的摊位，去外围投注赌上两把，他都需要罗恩看着桌子；但如果罗恩喝高了或者嗑嗨了，他可能就没法一直守着桌子。那样的话，警察就会把摊位收走。

听到这里，我有了一个想法：接下来的这个夏天，我可以给马尔文打工。如果我自己能当一回摊贩，那么我至少可以观察，做访谈，而他的摊位也就能有保障。于是我问他可不可以在他那儿工作三个月，挣来的钱全给他。他问："要是我让一个白人给我干一夏天的活儿，别人会怎么想呢？"最后，我们认为他应该实话实说。也就是，我是在那儿做研究，写一本关于那个街区的书。他说他再考虑考虑。

当我告诉哈基姆时，他对这个想法有所保留。他担心我在街上会不安全，马尔文会不会照顾不好我，或是那些最难缠和暴力的家伙能不能接纳我和我的工作。就在这时,马尔文从纽约的公用电话打了电话过来,答应了我的请求。我六月份开始工作。就这样,我们安排好了我夏天的实习。

融 入

1996年6月8日清晨6点,我来到了第六大道。我凭以前在这个街区时留下的印象认出了罗恩(但我们并不相识),他已经到了。我听说过他卷入过不少暴力事件,所以我想还是等马尔文来了以后再接近他比较好。

半个小时后,马尔文来了。他跟我打了个招呼,接着把我介绍给了罗恩。我这才知道,罗恩其实是在等我。一个名叫洛克的搬运工已经把他们的杂志箱子从马尔文的储藏室搬了过来。他们开始拆箱子的时候,马尔文叮嘱我学着点杂志的摆放,比如最能吸引路人眼球的外国时尚杂志要摆在最顶上。

我也干起活来,从包里拿出了录音机。罗恩看着它,一脸怒相。那一天他几乎都没有说话。我都没打开它,就把录音机放回了包里。

我穿着几天前上课时穿的衣服:蓝色衬衫,米色裤子和黑色的鞋。即便我不这么穿,也会显得扎眼。我的讲话方式和发音就足够让我看起来不一样了。就算我淡化这些区别,罗恩也会一眼看穿这样的举动。

所以我干脆没有进行这样的尝试。我在街上的时候,跟与朋友在一起、在家或是上班时没有什么区别。当然，在这每一个场景里我也不完全一样，我会强化一方面的特质而弱化另一些方面。不用说，在我刚开始工作的时候，我肯定也是这么做的，尽管我没有意识到。

当我自己成为一个参与观察者的时候，我获取信息的方式就不一样了。我参与其中，收集那些在场的其他人通常会觉得不重要或是理所当然的信息。我在头脑中有模糊的研究问题，默默比较着眼前发生的事情与社会学文献的说法。至于收集来的材料要怎么用，或是我想从中得到些什么，我也只有一个大概的想法。在有的参与观察研究里，田野工作者会让研究问题在田野里慢慢凸显。比如，我没法事先告诉马尔文和罗恩我对街边的男人跟路过的女人说话的方式感兴趣，因为在做田野之前我不知道这是一个问题。同样的，在开始研究之前，我也没有充分意识到自己对比较如今的街头生活与简·雅各布斯写作格林尼治村的时期的样子感兴趣。我只是去观察、记录，希望那些在人行道上工作的人们能允许我的在场。

在进入这些街区时，我面对的最棘手的问题是如何避免卷入那些他们之间已经存在的冲突。哈基姆与第六大道的每个人相处得都很融洽，除了穆罕默德。（见《空间战争》一章。）我与哈基姆联系密切；但要是我想认识这里的每个人，我不被人们认为与哈基姆有特别的联系这一点就变得十分关键。

这样一来，"融入"的行为让我有时候对自己与哈基姆的关系不那么真诚。可以说，田野调查是一种在道德上模糊的事业。尽管我从没有对我所写到的这些人说过谎，但我依然这么觉得。

既然（无论在研究还是生活中）每时每刻保持完全的真诚都不可能，对我来说，如何对我写到的人们表示尊重就成了问题所在。

我与其他摊贩之间的隔阂要远远大于我与哈基姆之间的。我为什么指望他们信任我呢？而他们也在想同样的问题。记录在我录音机上的一段对话说明了这一点。当时我已经采访了他们中的一个。那时我被叫走了，他帮我拿着录音机。几个月后，我重听那段录音，听到了我走之后的对话。（对话的参与人忘记了当时正在录音，要求我在此为他们匿名。）

"他这么做对你有什么好处？"X问。

"要我说，每个有点脑子的黑人都应该这么做。"

"他没有做任何对我们有好处的事，Y。"

"我不是说对我们有好处，"Y说，"是为了注意力。"

"不。那还是为了他们，他们白人。"

"你这么想？"Y说。

"嗯。我刚跟他聊完，我就发现了。主要都是为了他们。他们想知道为什么这么多流浪汉喜欢卖书……我跟他说是因为朱利亚尼来了，说人们不能乞讨了。接着回收物法就来了。投票通过的。"

"有道理，"Y说，"我就知道他要找你。我自己没法跟他说太多。我不那么会说话。"

"我告诉他在加利福尼亚也有人跟我们做一样的事，做得比我们大多了。他们是白人。你明白我的意思吗？"

"嗯。"

"他们在院子里大甩卖。"

"嗯。"

"他们就直接把破烂摆在院子里。有的人一年能挣一百万。但他们在院子里都放些啥？他们是那种卖雕塑的人。他们卖值钱的花瓶。他们有车。一整个星期他们都在逛街。"

"找东西，"Y说，"就像是说，我们是淘垃圾，他们是逛街。"

"对。很贵的东西。他们把东西拿来，放在院子里卖。每个星期都这样。每个星期六、星期天。能挣上千。他怎么不去问他们：他们怎么能这么做？他倒是来问我们！他想知道为什么流浪汉来做这些。这才是他关心的东西，而不是帮我们。他想弄明白一个他觉得**有利可图**的事情怎么就被流浪汉控制了。"

"说得好。"Y说。

"你得记住，他是个犹太人。以前什么都在他们手下。他们走到哪儿管到哪儿，以色列，德国，都一样。不然你说为什么'二战'里他们被打得那么厉害？还不是因为他们占了德国。所以到普通白人掌权的时候他们才会说，'我们受够了犹太人控制一切。'"

"但从古到今犹太人一直都是商人。"

"但他们喜欢掌控。"

Y大笑。

"当然啦，"X说着，发出一阵歇斯底里的笑声，"这才是他研究的东西。他想知道这些人是怎么做到的。我们怎么就没发现？"

X笑得太厉害了，没法说完下一句话。

"我不这么觉得。"Y说。

"但他并没有打算帮我们。"

"我不是这个意思，X。我是说他只是想专注于他的点。"

"我也是这么跟他说的，"X说，"每个跟他说话的人都以为他能帮他们反抗警察之类的。他们指着他能帮他们伸张权益。"

"不，我也不这么觉得。我觉得他的目的多多少都是为了说清楚这里到底是什么样的。这样人们才能理解像你我这样的人没有犯罪。我们不可怕。就像你说的，要是我们不能做这个了可怎么办？要是你现在不能卖书了你怎么办？"

听到自己被用这些刻板印象来谈论时，我突然明白，参与观察者如果希望自己的在场得到最基本的接受，并不需要对方完全的信任。我师从霍华德·S.贝克，向他学习做田野调查。他教给我的东西之一——我称其为贝克法则——是大多数社会进程都有某种结构，在这种结构下几乎总会随着时间的推进而催生出一系列情景。这些情景实际上要求人们去做或者说特定的事：因为同时在发生的别的事情需要他们这么做，它们比一个田野工作者的在场更有影响力。[2]例如，在一个摊主的一天中，从摆放杂志、"淘"杂志到如厕，绝大多数事情都是有结构的。这就是为什么有的时候，尽管我们并没有与对方像我们以为的那样融洽相处，我们自身的社会地位也与对方千差万别，但如我一样的调查者还是能研究学习一个社会环境。（后文将讨论到社会地位。）

我很难搞清楚 X 和 Y 之间的对话究竟意味着什么。可能他们"只是"在开玩笑，但我不这么认为。尽管我对听到的内容并不感到惊讶,我也没有想到在我工作的那个夏天 X 对我抱有那么多的怀疑。在这种意义上,田野调查跟生活本身是何其相似。我们可能会**感到**自己被同事和"朋友"信任、接纳,但完全的接纳很难用客观标准去衡量,而且在任何情况下都是罕有的。如果我们不能在我们的日常生活中指望这样的容纳,那么恐怕把它作为成功的田野调查的标准也是不切实际的。

同时,我想,我们这些进行跨种族田野调查的参与观察者一定要意识到,有许多事情是其他种族的成员不会当着外人的面谈论的。对美国黑人来说,"戴着面具"是一种必须。保罗·劳伦斯·邓巴(Paul Laurence Dunbar)写道:

我们戴着笑着说谎的面具,
它藏着我们的面颊遮着我们的
眼睛,——
我们向人类的奸诈还债,
撕裂和流血的心我们微笑,
唇语间有无穷的微妙之处。[3]

时至今日,邓巴的诗依然切中要害,因为,作为生存机制的一部分,许多黑人依然觉得他们不敢冒险与白人坦诚相谈。这样一来,如果我把表面上的亲近等同于事实上的信任,或是以为我所描写的黑人穷人会在我面前无所顾忌地卸下面具,我就会犯下方法论上的错误。

我相信,有的摊主后来之所以接受了我在第六大道上工作,是因为他们终究看到了我在做的事情，以及我如何做事。另一些人希望我留在附近是因为我是他们零钱或者借点小钱的来源（后面我会讨论）；还有一些人决定忍着我，可能是因为这样就会有一本关于他们、关于这些街区的书出版。但如果我说我了解他们的想法，或者他们完全地信任、接纳了我，无论这是什么意思，这么说都太天真了。

录音机的使用

在我写作初稿的时候，我收集的问题多来自于抽空草草写下的笔记，有时是他们对话结束后的几分钟，当天晚上，或者是一天以后。在我学田野方法的地方——在学校的社会学系——这是惯例。在我的研究方法教材里，我从来没有读到过关于直接引语的意义的讨论。

我也确信，如果想知道真正一句话真正的含义，我必须得想办法记下他们的原话。一种文化的意义是具体的，部分体现在语言之中，外人如果不留心他们的措辞和语句的顺序就无法捕捉到其内涵。把一句话里词语的先后顺序弄反，或是听错了词，读者就会得到与原意不同的理解。我开始想，作为一个追问意义的学科，对直接引语的注意是如此之少，几乎是不可原谅的。[4]

对参与观察者来说，尤其重要的是，要意识到同一个阶级和种族的人通常会用不经意的文字记录来描绘另一个种族和阶级的人，观察者稍不注意，就会错误地理解和呈现来自不同社会地位的人们的不同意义。

考虑到这些，我带着录音机来到了第六大道。人们可能会说，一个研究者要想在街上用这种设备，一定需要被他的研究对象充分信任。从我们刚听到的 X 和 Y 的对话来看，事实并不总是这样。不过我相信总体上这不无道理。无论是哈基姆对我的支持，还是马尔文和爱丽丝见到我在圣巴巴拉的样子，都意味着他们对我已经非常了解。即使 X 在录音里说我是在为"白人"工作，值得注意的是，他并没有怀疑到我是便衣或者警察的线人程度。他们相信我是一个研究者、大学教授，对我这一步的信任让他们允许我在人行道上打开录音机。

因为我的录音机一直开着，我不需要花很大功夫记住人们的精确用词，或是当场记笔记。我的田野笔记不仅仅基于记忆，还有听录音唤起的当时的场景。因为在参与一群人的日常生活的同时写笔记很困难，这无疑是巨大的优势。

我希望我在书中会指认到的每个人都意识到录音机的存在。有的时候，小贩、拾荒者或是乞讨的人们中会有一个把录音机拿起来，对着麦克风表演几分钟。我跟每个人都讨论过录音机，但过不了几天他们就又忘了。那些路过的行人（比如遛狗的人）当场往往很难通知周全，但如果我需要在文中指认他们，我会专门与他们讨论录音机的使用。至于那些被磁带录下了声音的警官，我决定甚至不去确认他们的名字。不只是因为我基本确定他们不会同意，而且我不希望妖魔化警察，或者产生一种不准确的观点，认为这些问题都来自于个人恩怨而不是系统性的。

我的责任在于，要分清哪些举动是为了录音本身而做的，而哪些不是。我在介绍录音机之前能做到这一点。关于杂志拾荒者的那一章里记录的他们与顾客的对话就是一个不错的例子。在与顾客说话之前，他们互相之间开的玩笑就是为了录音故意而为的。但一旦顾客到了桌子旁边，罗恩转向她，接下来的对话就与我目睹过的上百次这样的对话并无二致了。

录音机也许会扭曲一些内容，但它没有掩盖我作为一个社会学家感兴趣的东西：在街头持续开展的生活。这又一次说明了贝克法则：大多数社会过程的组织性都非常强，录音机（或者白人男性）的在场所带来的影响其实并不如那些来自具体环境中的压力、义务以及可能的遭受的处罚有影响力。

磁带录音还让我意识到了跟那些不想与他们交流的女性聊天这一话题的重要性。有一次，录音机正录着音，我问了穆德里克几个关于他吸毒的问题。在他告诉我他从来没有吸过毒的时候，他打断了自己，对着路过的女人大声呼叫。我见到过许多次他这样做。他不想讨论毒品，但他对我的话筒记录下他开的玩笑没有什么保留。他看起来很享受这么做，几乎没有意识到它会引起我的兴趣。我在第六大道上学到的大多数重要的事都是这样的。被访者以为对社会学研究重要的东西，与从实际的繁复对话和活动之中浮现出的有理论价值的东西之间往往有所偏差，研究者正是从这种偏差中获益匪浅。有的东西一而再、再而三地出现在我的录音中。它们对人行道的人们来说或是典型，或是偶然。（当然，我很可能从人们没有完全意识到他们自己在做的事，或是没有意识到对我的重要性的事中收获了很多。)

我与摄影记者的合作也教会了我用磁带记录下一次意外、一次对话的重要性。为了充分利用录音机,社会学家可以模仿摄影记者。摄影记者往往由不得自己选择,只能在事发的一瞬间拍下照片,因为他或她当时是在执行其他的任务,或者因为光线不足,或是因为事件本身独特、不会发生第二次。比如伊什梅尔与警察针锋相对的那个圣诞节。我到的时候,天阴沉沉的,只有伊什梅尔在摆摊。那时我正往伊什梅尔所在的拐角走,原本计划着晚些跟哈基姆和爱丽丝去看电影。我那天没有打算做田野,所以我本来可以把录音机放在家里。但为了充分发挥录音机的功能,我想最好随时都把它开着。那天我这么做了,如果不是录到的那盘磁带,我就无法如此深入地研究当时究竟发生了什么。

诊断式民族志

当我以杂志摊贩的身份重新回到第六大道的时候,我并没有组织好具体的研究问题。我没有想验证或是重新建构的理论,也没有想为特定的研究领域添砖加瓦。

为马尔文和罗恩工作的第一个夏天,引领我收集材料的是一些还不太确切但非常有用的感觉。我记录下摊贩们集体的或是他们之间的活动。我观察他们与顾客之间的关系;我跟这些人一起去"淘货",看他们从哪儿找来的杂志;我观察他们与警察的对弈，试着理解这些互动是**如何**展开的。我也与他们深入地讨论他们的生活。在这一阶段的研究中，我主要是想厘清在此环境中的各种作用力，以及理解人们之间的互动模式。一个大致的主题也引导着我在各个方面收集材料，那就是我共事的人是否挣扎着、或是如何挣扎着遵循"道德"价值标准去生活。

就我没有具体的研究问题这一点来说，它可能与社会学应该遵循的方法相悖。但我不这么认为。在许多社会科学研究中，尤其是那些涉及大量数据集的定量研究中，研究意图通常是在收集数据**之后**才浮现出来的。当然，调查工具需要设计，这些需要一些理论计划或者概念基础才能开始。（我对"道德"困境的关注就为我的材料收集提供了框架。）不过，一个精心设计的调查会帮助研究者在日后的研究中提出许多问题，甚至是计划之外的问题。我的经验正是如此。就像一个定量研究工作者在挖掘已有数据的过程中产生研究想法那样，我从我在街上看到和听到的东西中寻求想法。

接下来的秋天，在远离第六大道的威斯康辛麦迪逊，我意识到我可以把今天的人行道跟简·雅各布斯几十年前研究时的样子做一个大致的比较。这一片区域此时已经有了变化，而意识到这一变化的发生就成了我形成研究方向的起点。同时，我开始听我在街上录制的那些磁带，翻阅我所有的笔记。我开始记下看起来比较重要的各种话题。

我在麦迪逊的时候，奥维·卡特第一次从芝加哥去了纽约，拍摄第六大道上的场景。在我当小贩的夏天里，我每周都给奥维打电话，告诉他我看到了什么。现在轮到他给我打电话，告诉我他看到的东西。

因为奥维给我看了他的第一批照片，我渐渐开始明白了这里是如何运作的，因为他致力于捕捉人与人之间的关系和他们的环境，而不仅仅是个人行为。[5]例如，奥维拍摄了一个睡在都市旅行用品商店门口的人，但这不仅仅是关于一个人的照片，而是这个人处在他所工作的桌子的环境中的照片。这张照片让我想到在外面睡觉与占位之间的关系，从而又让我把关注点转移到"常住地"的形成及其在具体的情景下的作用。

奥维的照片也帮助我做出了更完整的描述。我想起了一些细节，比如货物保存在哪里，以及空间的重要性。他的一些照片就贴在我的办公室墙上。我继续听着录音带，翻阅我的笔记，试图找出一种方式来讲述第六大道上的生活。我在麦迪逊时发现的许多重要主题，都是我在纽约时所没有预料到的。例如（稍后将详细讨论），我在办公室里听录音带时，听到了马尔文谈起他被挡在餐厅洗手间门外的事。我也听到磁带常常提到的"去他妈的！"心态，这在磁带上比我所意识到的更为普遍。

秋季课程结束后，我回到纽约与马尔文和罗恩一起工作，一直工作到新年前夜。有了更清晰的研究方向后，在那片街区和随后的一些场合，我开始了对上述问题的研究。在此期间，我目睹了在《第六大道上的圣诞节》一节中讨论的伊什梅尔和X警官之间的事件。这个事件（和我的叙述）表明了亲身在场的必要性。如果我那个12月是在麦迪逊或圣巴巴拉度过的，或者如果我做的是基于访谈而不是基于参与观察的研究，我永远不可能得到这样的警察—摊贩关系的观点。[6]

最后，我有了很多独立的研究问题，每一个都有可能发展成专著或者文章，我把它们组成了一本书。我花了比其他任何研究都更多的时间来思考如何融合这些章节。

归根结底，这本书的结构是我考量新的解释的结果。我希望在我的主题下容纳新的信息和反证，于是我用三个章节讨论非正式社会控制，接着用四个章节讨论这种控制的局限。当我整理这些章节时，仔细研究反证并探索其他可能的解释方式的愿望当然使我获益良多；但正如卡尔·波普尔所说，"并没有什么产生新想法的逻辑方法"。[7]

我的同事埃里克·奥林·赖特（Erik Olin Wright）教授科学哲学方面的课程，他把我的方法称作"诊断式民族志"。我同意这种刻画。我的观察研究从接纳"病人"的典型"症状"出发。一旦我获得了关于这些症状的一些知识，我就回到田野，辅以新的诊断工具——比如摄影——并尝试"理解"这些症状（"理解"指的是"解释"加上"翻译"再加上"赋予意义"）。我也开始涉猎更广泛的文献，寻找能够对我的案例有所启发的想法。

在这个过程中，我开始明白，我所观察到的一些东西与"破窗"式的社会控制有关。简·雅各布斯所阐述的城市生活的原则实际上可能需要某种特定的人行道构成，但这些在我研究的地方并不具备。后来，我开始使用"工作和个性"、"对话分析"、女权主义理论、城市贫困的形成、情感社会学以及法律社会学等学术文献，把它们当作工具箱，用来理解人行道上发生的事情。

如果做一个有意义的比较，我的这种方法与迈克尔·布若威在《无边界的民族志》(*Ethnography Unbound*)中阐述的"扩展案例法"相似。[8]与此相对的是那种从以理论重建为核心的议程出发、寻找那些颠覆普遍看法的案例的研究。布若威倡导的则是另一种方法。他的方法提倡首先找到能够"突出研究情境中有些方面的异常"的理论，然后通过理解更广泛的作用力来重建（而不是拒绝该理论）。

布若威是一个以理论的敏锐而闻名的学者，我能理解这种方法对某一类民族志工作者的吸引力。但相反的是，我的出发点不在于重建已有理论。我去观察那些我想要解释的互动模式，并从对它们的诊断发展到对理论的重建，这个过程几乎出乎我自己的预料。

民族志谬误

在斯蒂芬·斯坦伯格（Stephen Steinberg）纪念赫伯特·甘斯（Herbert Gans）的《城市村民》出版三十周年的文章中，他提醒我们，参与观察者要警惕"民族志谬误"(the ethnographic fallacy)。[9]他认为，进行一手研究的人往往做不到像甘斯那样，他们常常纠结于文化的细枝末节。斯坦伯格警告我们，应该反对那种"完全依靠观察的认识论，或者说，一种通过你所看到的东西来定义现实的认识论"。他解释道，民族志谬误"以对表象的轻信为开端。虽然不能说总是如此，但民族志往往像是患了近视，对近距离的行为能做出清晰的描绘，却视而不见产生和维持这些行为的那些不太明显的结构和过程。"

斯坦伯格提出民族志谬误这一概念，源于他想要避免不恰当的具体性。在本书的研究中，我发现我写到的人们有时会对自己的失败承担起全部责任，因为他们无法理解生活中的阻碍或机会、可能面临的压力和限制，以及由此导致的那些不依赖于他们自己的结局。有时候他们也会不经意地说到这些阻碍，比如在同一句话中，穆德里克就既会告诉我他是自己选择了流浪街头，又会说到他来到纽约时找不到工作。但总而言之，如果我只是从表面上来理解他们的话，我就会得出结论，说他们的生活和问题完全是由自己造成的。

田野工作者为了避免民族志谬误，常会转而认为经济或政治因素就足以使一个人以特定的方式处事。这样的研究者虽然避免了民族志谬误，却是以引入了决定论为代价，而不是描述趋势、意向和限制。田野工作者试图避免民族志谬误的另一种常见方法是在单独的章节里讨论政治和经济力量，却不提供这些力量与他们在书里其他地方所写的生活和行为之间的联系的证据。

简而言之，读者们被要求相信，这些研究者不但了解他们的研究对象，而且也能正确引导读者去理解产生和维持他们行为的条件。但是，因为有清晰的证据，人行道上日常生活非常容易描述。相比之下，探讨形塑这些生活细节的社会性约束与机会就棘手得多。我们很容易知道罗恩从中学退学了，但想要表明他在九年级时做出的选择受到了多重因素的限制就困难得多,那是他的家庭结构及其居住环境之间相互作用的结果,涉及种族和阶级隔离、暴力以及失业。

于是,想要避免民族志谬误,学者们只能寄希望于读者的信任。一方面,民族志研究者非常努力地记录和验证大量的具体情节,并且在这个过程中描述"社会性"在日常生活中如何运作。而另一方面,当涉及到这些情节与那些约束与机会之间的联系时,学者们的说法看起来就相当勉强了。

我的处理方法是尽量不要被第六大道的生活细节为难住,以免忽略了它们与约束和机会之间的联系。我阅读以及重读了各路研究这些情形的理论家,从威廉·朱利叶斯·威尔逊(William Julius Wilson)、道格拉斯·梅西(Douglas Massey)、克里斯托弗·詹克斯(Christopher Jencks)、安德鲁·哈克(Andrew Hacker)、萨斯基亚·萨森(Saskia Sassen)、雷诺兹·法利(Reynolds Farley)、梅尔文·奥利弗(Melvin Oliver)、奥兰多·帕特森(Orlando Patterson)到罗杰·沃尔丁格(Roger Waldinger)以及斯蒂芬·斯坦伯格(Stephen Steinberg),保持自己对那些连接点的敏感度。

我当然希望读者能意识到,第六大道上的人们的生活是受社会性的力量塑造和维持,并由此变得愈发复杂,但我不认为有什么简单的方法来避免民族志谬误。如果只是因为这些约束与机会难以用坚实的证据证明,从而导致了民族志作者一味地避开分析它们,则会让人们误以为那些面上呈现出来的行为完全是他们自己造成的。但是,如果民族志工作者让理论先行,先入为主地阐释"事实",则又会让原本细致入微的工作变成一场空。

但我们能找到一个中间地带：我们可以尽力地捕捉那些个人生活与宏观力量交错的时刻，并且在不能明确那些力量究竟是如何渗透进个体生活时勇于承认自己的不确定性。我想，这是学者所能做出的最大的承诺。我希望我自己的不确定在恰当的地方得到了清晰的呈现。

联结宏观与微观的进一步问题：
延伸地点研究法

对个人生活的限制，比如住房隔离，对我来说要比那些中观层面的限制难以察觉得得多。我的大部分精力花在了中观层面的工作上：我重点关注各种制度，特别是那些对我的具体研究区域有决策权和影响力的。这也意味着我要在人行道上寻找那些与组织结构息息相关的联结之处，追寻它们的踪迹。我把我的研究策略称为延伸地点研究法（an extended place method）。

与布若威的扩展个案研究法做以比较，可以帮助解释我的研究方法。[10] 布若威同样对宏观与微观之间的关联感兴趣，并且他打破了两个原本不同的考量之间的区分：一方面是重新建构理论，另一方面则是发现微观与宏观之间的关联。我的观点是，虽然理论重建本身是一个很好的目标，但它并不是最有效或是最严谨的建立微观与宏观之间联结的方法。

那么，什么才是最有效的方法，以及我的延伸地点研究法又是如何延伸的呢？对我来说，要想理解人行道，人行道本身就只能是一个起点。后来,我需要把我的田野地点挪到其他的地方。在那些地方,发生的事情也参与到了改变第六大道形态的过程之中。例如,在听了没有固定居所的人们向我描述他们每天都要面对的公共洗手间使用问题,我拜访了当地的餐厅经营者,以探寻人行道上的生活与周边商业之间的结构性关联。我也和穆德里克一起去了华盛顿广场公园。那儿有一个可以用的公共卫生间,然而穆德里克却认为它不可接受。顺着这次访问,我对公园经理进行了采访。在这些例子里,在研究所设定的街区之外的采访都来自于在这些街区的参与观察,以及从人们的日常生活中看到和听到的这些问题的证据。如果不是把田野地点从人行道本身延伸开来,就很难理解我在人行道上目睹的公共小便现象。

有时,想要了解微观和宏观之间的联系还需要走到更远的地方。我和穆德里克一起去了宾夕法尼亚车站,他给我指了在当局清理流浪人员之前他过夜的地方。如果不深入理解美国国家铁路客运公司(美铁)的决定,我就不可能弄明白人们为什么向第六大道迁移。于是我花了很多时间和访谈宾州车站的官员。有的律师很熟悉那些起诉美铁的案子,我便去华盛顿采访他们。仅仅向人行道上的人们问他们的迁移是不够的。我需要的是更完整的图景。为了了解纽约街头出售印刷品的始末,我找到了爱德华·华莱士,他是前市议员,曾经帮助通过了一项维护一位诗人权利的地方法案。为了搞清人行道上的空间为什么被减剩了一半,从而导致小贩之间的空间争夺,我花了大量的时间在大中央合伙公司进行田野调查,这个组织利用自己的影响力在全市范围内裁减可供小贩活动的区域。第六大道上偶尔会出售被盗物品，为了在更广的社会条件下理解这些时刻，我需要检视整个纽约市文字出版物的幕后交易。

理解微观与宏观之间联系的最有效途径是人类学家乔治·马库斯提出的"多点民族志"。[11] 我称作的延伸地点研究法的关键在于我自己最终认识到，我所研究的人行道也"在"宾夕法尼亚车站、市议会、FSG 出版公司对斯特兰德书店的诉讼，以及商业改善区等等所有地方。

核实信息

我的研究方法最基本的原则之一就是紧跟线索，尽我所能核实信息，以确保我所得到的信息是有保障的。这里我只是做了任何称职的记者都会做的事情，但民族志工作者没有把它当回事。毕竟，我所写的这些人不是在宣誓。（而且，正如我们所知，即使是誓言中的人有时也会说谎。）在那些对我理解问题、构思本书至关重要的议题上，我采取了怀疑论者的立场，而非接受表面的描述。有时候，比如在从宾州车站到第六大道的迁徙一事上，我问了许多人，听取他们的生活经历。来自不同生活背景的人们一遍又一遍地向我描述了这同一个事件，这些故事才变得更有说服力。

一些小贩告诉我说，在来第六大街之前，他们占领了纽约大都会运输署的一节火车车厢。为了弄清楚这是否可行，我开始了一场看起来完全是白费力气的追寻。直到最后，我终于找到了一位宾州车站的官员，他对这些事的熟悉程度使我确信为什么他们的说法是可信的。再或者，罗恩告诉我他主动放弃了自己的公寓后，我和他一起去了新泽西州了解更多的情况。我知道读者会对罗恩的说法心存疑虑。正如我在书贩的那一章里写到的，我从建筑物维修人员那里获得了极具启发性的信息。

穆德里克给我讲述他的人生经历时（见《没有银行帐户的人》）说，他无法阅读和写作是因为小时候目睹了私刑。我搜索了关于他成长的年代南卡罗来纳州的私刑记录，愈发觉得这个故事难以自圆其说。我们应该把这件事中的故事理解为一个象征，这个象征更多地是告诉我穆德里克是哪种人，他过着怎样的生活。[12]

在研究过程中我受益于人文学科的发展，强调了故事和叙事的重要性。与此同时，我没有过多地被这些新发展所束缚，也就是说，我不认为从我的研究目的出发，审视这些故事的真实性是不合情理的或者无效。我尽量不在未经检验的情况下就把人们说的话作为历史记录。几乎没有人（无论有没有住所）会在他们最入微的生活细节上对一个研究者完全诚实。况且这并不完全是诚实的问题。糟糕的记忆力、一厢情愿的愿望以及对问题的误解都可能导致在我看来不太有用的叙述。

有些事情只能在研究过程中逐步核实，而且只有在人们对研究者建立了足够的信任之后才有可能进行。比如艾滋病这样的问题，它们涉及隐私。有些人对自己领取社会福利的身份也很敏感，能不说就尽量不说。一段时间后，人们开始给我看他们的福利卡，或是政府的信件，通知他们福利已经或即将被切断。还有人请我帮忙与福利系统打交道。这些事情随着时间的推移逐渐开始出现，主要是因为我持续在场。我逐渐了解到了每个人的福利状况，并且在《杂志摊贩》的章节里写了注释 2。

有时，核实情况只需要找到那些在街头有过短暂互动的人，以了解他们对这些人的感受。例如，看到和听到杰罗米与哈基姆的来往是一回事，但在这个街区以外的地方与杰罗米进行访谈，了解他如何看待他们，就完全是另一回事了。

最困难的一次信息核实是与凯莉的沟通。凯莉在这里遛狗，与她的对话构成了《纠缠女性》一章的基础。凯莉与基思互动的时候我的录音机是开着的。我分析录音的时候发现他们的对话值得一记，于是与她进行一次访谈就变得有必要了。

在接下来的那个夏天，我已经完成了这一章的草稿（以及与我的同事哈维·莫罗奇〔Harvey Molotch〕合作的另一篇更侧重于于对话分析的技术层面的文章），于是我回到了纽约，想找到凯莉，问问她怎么看待自己作为一个行人时所处的社会环境。[13]在我回来的第一天，我问基思他是否看过戴茜的主人（那位女性的名字不在磁带上），他说她每天早上 8:30 都会路过。我请他向她转达我想访谈她的意愿，因为他与她和她的狗有过很有意思的互动。"你采访那只狗，米奇？"他问，"太深刻了。"

在接下来的一个星期，我每天早上 8:30 之前都赶到那个街区。基思·约翰逊加入了一个戒毒项目，所以我独自一人在他的位子上。我记不清凯莉的狗是什么样的了，所以每当有女人带着小狗路过，我只能日复一日地向她们问起同样的问题：你的狗叫戴茜吗？只有这样我才能找到她。几天之后，人们大概觉得事情有点奇怪了。我自然觉得问陌生女性这个问题令人尴尬，而且我不明白为什么本应该每天都来的凯莉从来也没有出现过。

经历了失败的一周，我见到了基思，告诉她我还没有找到凯莉。他说他会留个神。第二天他跟我说我离开的时候恰好错过了她。结果，在我在那儿的那个星期里，她正好去度假了。基思告诉她她要被写进书里了。按基思的说法，凯莉当时将信将疑。她答应第二天会来。我们见面的时候凯莉显得非常愉快。她记下了我的电话号码，说当天会打给我。她说到做到。我们终于一起坐下来，她讲述了她作为行人的经历，提供了极具建设性的信息。对于我对她和基思之间发生的那一段诠释，她也提出了看法。同时，她还纠正了我对她房租和年龄的估计。

有的时候，"核实信息"意味着与他们乐意合作的家庭成员聊天，即使他们对亲人将成为一本书里的人物而感到惊奇。我和罗恩的妹夫和妹妹聊过天，也与穆德里克的女儿、女婿、外孙女以及格雷迪的前妻聊过，我还跟康拉德谈过，他十几岁的时候就与巴特罗相识了，还娶了巴特罗的远房表妹。我已经知道的事情与听亲戚们讲的事情相连贯，而亲戚的叙述则充满了惊人的细节。

1998年的夏天，伊什梅尔安排了他母亲琼·霍华德来访，以便我采访她。她住在地铁可以到达的布朗克斯区，但从没来第六大道看过他工作。她抵达后，伊什梅尔把她介绍给了其他人，并且很骄傲地向她展示了自己的生意。我们去吃午饭时，她问起了我的书，说："谁会买一本写伊什梅尔的书？他又不是迈克尔·杰克逊或者麦当娜！"她说她一直很想讲自己的故事，而且这些故事值得一讲。第二天，伊什梅尔告诉我，他母亲的来访是他生命中重要的时刻。他在进监狱前深深地伤害了她，现在她看到他扭转了生活，能够"诚实谋生"，他知道这对她来说是莫大的安慰。

出版民族志

　　基于社会学田野工作写成的书与很多记者一手采写的作品在体裁上有所区别，这种区别在于不同的体裁处理匿名的方式不尽相同。二十世纪二十年代起，美国社会学工作者通常对人名和地名采取匿名的办法，而记者的惯例则是使用真名。社会学工作者认为假名能够保护写作对象的隐私，记者则坚称真名是叙事真实性的保障，而且能让读者相信这些人物不是杜撰出来的。

　　我决定采取记者的而不是社会学工作者的方式。我从没有遇到过被要求隐去身份的请求。他们中的许多人很喜欢自己要被写进书里了的感觉，并且，话说回来，他们也早已被许多纽约人所熟知。更重要的是，在我看来，公开地点和人名意味着对证据提出更高的要求。学者和记者们将有可能去找这些人谈话，访问我所研究的地点，或是沿用我的研究的一些方面。这样，我的职业名誉就取决于有力的描述——我所说的有力是指，当事人或是到那里去的人认为合理准确的描述，即使他们自己不会这样写。

公开地名增加了责任。"出版或灭亡"（Publish or Perish）的压力是学术界快速生产的重要动力，如果研究人员不通过公开研究地点给自己责任上的压力，那么就更可能会出现对事实的歪曲。（许多报社都披露过，知名记者因为编造直接引语而丢掉了工作，为什么我们私下里会认为学术界能对这样的问题免疫呢？）同时，我也认识到，有时候为地点或人物匿名是有原因的，特别是当这样的叙述会令当事人蒙受羞辱或感到尴尬，或者当事人只有在确认匿名的情况下才同意发言（正如本书中写道的书籍行业的人）。但在我自己的工作中，当我问自己拒绝透露姓名真正保护的是谁时，答案一直是我自己。

我认为，在不知道他们被描述成什么样之前，人们无法做出明智的判断，决定他们是否愿意自己的名字和形象出现在书中。考虑到这一点，我将完成的手稿带到酒店房间，试着读给每一位书中提到了的人。我给了每个人一份书面声明，告诉他们书的版税收入会与每个人分享。但直到这本书即将完成时我才告诉他们这一点。

让人们坐下来仔细听这本书更庞大的论证，让他们对所有提到他们的地方保持注意力，并不是件容易的事。大多数人对他们在照片中的样子比对他们的文字描述感兴趣得多。我几乎得请求人们集中精力听我说的话。分享收益的决定也没有起到积极作用，有时候这反而让他们更没有动力仔细听，因为这让他们认定我是值得信任的。以下的对话虽然有些极端，但它能说明，就像其他很多尝试一样，我给人们看写到他们的段落以示尊重，但这种努力最后看起来并不尊重对方。在这种情况下，我最终坚持让这个人听我说完，把我的议程强行告知给这个对我的努力似乎感到厌倦的人。以下是我在一个圣诞节的录音，我用第三人称来讲述它。

基思：来吧。我们来谈谈这儿的生活是什么样的。

米奇给基思读起了声明。他读到第一行末尾时，基思说："好嘞。兄弟，可以了。你就是我的家人。你人在这儿。你跟我们走一样的路，说一样的话。这很好。你让人们注意到这儿发生的事，让他们知道我们不容易。我们不是懒人。才不是！就凭我们工作的努力劲儿，比你们华尔街的经理们还努力，对不对？我说的都是实话。你来这儿了。你让全世界都看到了我们才是社会的支柱，因为我们工作。我们做**实事**。其他人都不工作。坐在那儿接电话？那也叫工作？出来试试，翻遍垃圾堆，找到几本书卖，被老鼠咬。他们那不算工作。"

米奇继续读着，说："作为一个学者，我的目的是……"

基思打断说："我讨厌这种破烂。把我们拍到电影里。这是真的。"

米奇："……以及我们的社会在未来必将面对的复杂的城市问题。"

基思："我这么跟你说吧。这不只是郊区的问题。这是世界范围的情况。在纽约，没有人有理由活该遭罪。你都不知道你的书有多深刻，是不是？"

目前为止，基思依然没有听进去书的一个字。

米奇："我希望这项研究……"

基思：跟街角的一个朋友说话。开瓶啤酒，雷吉。

米奇：基思，听我说。

基思：我在听。

米奇："虽然我们无法预计任何研究的后果……"

基思：酷！

米奇："我没有指望这本书能挣大钱。"

基思：快给我合同吧，米奇。我跟你说过了。我这就签。我对自己要进书了感到骄傲。你跟我读什么都没用，我就是自豪我要进书了。这让我的家人感到骄傲。

米奇：〔继续读道〕"我希望你们能共享它的收益。"

基思：太谢谢你了！我什么都接受，因为那是票子。我喜欢！

米奇继续读。

基思：兄弟，求你了，打开啤酒。

哈基姆：这样吧。让他读完吧，然后你就可以该干嘛干嘛了。

基思：我在庆祝圣诞节，宽扎节！就这么定了。

米奇：〔继续读〕"……传记的性质。"你知道这是什么意思吗？

基思：知道。现在你能告诉我我在书里是什么样的了吗？

米奇：我给你看有你出现的每一部分。

基思：怎么样都行。这本书出了以后，我要像蒙特尔一样。做我自己的节目。我要叫它"保持真实"。我跟我兄弟哈基姆要变成强尼·卡森和爱德·麦克马洪一样。哟！唐·金？赶紧剪了头发哪凉快到哪待着去，因为我们来了。米奇，你没搞明白。你搞错了。对我来说这不是钱的问题。而是我做了一件好事。我得遭受这些来向我的家人证明，我能在这儿过下去。我不要那个。他们把你踢到马路牙子上或是帮助你，那都是扯淡。因为一旦你翅膀硬了，他们就瞧不上你了。你们啊！拍我马屁呀。我把坏事变成了好事。

米奇："如果你没有收到付款，也没有联系我，钱将在第三方银行里保管两年。"

基思：听起来不错。我宁愿收不到。这样的话有两年的时间我都随时有得取。这比社会福利好多了！

米奇："如果在两年后我依然没有你的消息，钱将被没收。"

基思：我什么都没有被没收。

米奇：如果我两年内没有听到你的回话，你的钱就会变成我的钱。

基思：你会听到我消息的。只要我还能呼吸，你就能听到我消息。米奇，赶紧把那张破纸和那根破笔给我，我签。

米奇：你首先要听书里说了什么。

基思：天啊。开瓶酒吧，谢谢了。我受够了。

米奇：我们得先完成工作。

基思：去你的！没有啤酒我什么都不签。

米奇："我希望你知道对我来说做这个新项目是多大的荣誉。感谢你的配合。"

基思：我很乐意，兄弟。我说过了，我奶奶可以走向坟墓时说，"我宝贝在那本书里。"

米奇：好，我们现在来过一遍书。

基思：我只想知道关于**我的**部分。嘿，雷吉，请拿啤酒来。

米奇：〔给基思读地图上对他的介绍。〕上面写着"基思是一个乞丐。他喜欢婴儿和狗。"

基思：听起来疯了。

米奇：是不好的那种疯吗？

基思：不是。就是这儿的样子。狗对你绝对忠诚。家庭、姑娘，所有人都会翻脸不认人，但狗永远跟你在一起。孩子不仅应该在家里收到教育，这么多坏事，他们也需要保护。

米奇继续翻着图片。

基思：我在哪儿？去他的所有人。我在找我。〔大笑〕我一会儿再看别人。我想看我自己。我天天都见他们！滚吧！

米奇：就要到你了。

基思：我想了解我自己。我希望这能拍成电影。你们得原谅我在这盘磁带上说的话，我现在喝醉了。现在是圣诞节，不管是谁现在在听这盘磁带，圣诞快乐！你好吗？

米奇：基思，你要是喝醉了，我们就换一个你没醉的时候再做这件事。

基思：这么说吧，我没喝多。我只是感觉很好。我完全能理解你说的每句话。我知道现在是圣诞节，还有很多人过不上圣诞节。

米奇：这张照片是罗恩照顾他姑奶奶。

基思：哦，兄弟，这够深刻。让我看看她长什么样。上帝保佑她。你很有深度。

米奇：嗯。现在，这个是你，站在银行门口，那位女士正在给你钱。

基思：我喜欢。这个好玩。

米奇给基思读乞讨的声明。

基思：我记得这个。是这样的。

米奇继续读。

基思：唷！那是我说的！一字不差。你写我写得好啊，米奇，写得真。你在书里说"去他妈的"了吗？

米奇：说了。

基思：我喜欢。

米奇继续读。

基思：〔大笑〕天啊！天啊。我从来没被人引用过。我的话要被印出来了。那就是法律。

米奇：下一章叫《纠缠女性》。

基思大笑。

米奇：这章叫《基思和遛狗的人》，里面有一些你的照片。

基思：我想看照片。哟，我今天就要买条狗。看啊，那是我的宝贝，戴茜。

米奇：〔读着手稿〕"有时一个人想尽办法与人搭讪……在日常对话里，参与者不仅仅只对提问作出回答。"

基思：天哪，我这么深刻！我到现在才知道我是个哲学家。说得太好了。

米奇："……通过一只狗交织的关系。"

基思：我太深刻了！我到了一个新境界。我得进入状态理解发生了什么。

米奇："接下来的这段对话证明了这一点。她是大学毕业生。她挺直了后背。'等一下，我得跟我宝贝说句话。'"

基思：哟，兄弟，你让我听起来像这篇文章里的怪人。"来，吻我。"你让我听起来像个变态。不是这样！我就是喜欢狗而已！

米奇继续读这段对话。

基思：〔大笑〕这太逗了。

米奇：〔读〕"'放下狗链。'随着情形的发展，基思通过狗把那个女人带到了身旁。"

基思：〔大笑，歇斯底里地笑〕狗领着那个女人！

米奇：〔读〕"基思用狗链领着女人。"

基思：哦，女人们最恨这种事了，兄弟。就这样吧，我要放松一下了。那些人讨厌玩女人的人，管他们呢。我觉得挺好。我喜欢。米奇你不用再读了。我想等书出版了以后再看。太酷了，很真实。硬邦邦的现实。

基思签了声明。他拿起了麦克风。"我进书了。我进书了。耶！耶！耶！斯坦，我爱你。谢谢你教我怎么做人。他是我丹佛的叔叔。米奇，谢谢你。奶奶，我爱你。我想爸爸。圣诞快乐。"

因为基思这会儿很可能喝醉了，我只好又找了他第二次和第三次，过一遍与他相关的部分。

给人们读他们所在的章节最困难的地方在于，在读到人们可能认为我把他们写得太负面或者不够尊重的手稿部分时，我会非常担忧和紧张。这是对写到的人们完全匿名的最有力的支持。如果不必直面当事人，一些观察者可能会感受到更大的自由去讲述所看到的真相，即使这样可能会让人受到伤害。但是，在阅读人们可能不喜欢的段落时，我已经培养出了相当厚的脸皮。最重要的是，我认为，如果我不能看着他或她的眼睛读出来,那么我就不应该发表关于这个有识别度的人的东西。

在我向书中写到了的人物读稿的过程中,他们时常让我修正关于人物的具体日期和事件。如果不是本人或是他们的家庭,这些修正并不会被注意到。有的时候,这些改正对了解这一街区和邻里的人事关重要。如果一本书要对涉及人物诚实,那么修改这些地方就非常重要。

在我呈现他人的过程中,我意识到文化人类学[14]和社会学中的女性主义方法[15]对此有着系统性的尝试,促使人们更清醒地意识到作者和被描写者之间存在权力关系。一种方法是在脚注中让书中的人们对书的内容做以回应,比如艾略特·列堡(Elliot Liebow)在他的《告诉他们我是谁:无家可归的女性如何生活》(*Tell Them Who I Am: The Lives of Homeless Women*)中所做的那样。[16]但我发现列堡书中的实验会让阅读体验过于单调,所以我想,在这里应该做另一种尝试:让哈基姆为本书写跋。他和我都知道他没法代表第六大道的其他人发言,并且他们中的一些人可能会反对被他代表。有很多理由去问其他人。但哈基姆作为他们中的一员,阅读过简·雅各布斯,熟悉第六大道,非常适合写下最后的结语。即便如此,哈基姆和我都知道,到最后,我才是作者。我们的实验不意味着我们颠覆了原本的责任。

关于社会地位的最后说明

在过去的十五年里,我一直致力于研究美国城市的族群关系，种族以及贫困问题。我认为自己是延续20世纪20年代芝加哥学派传统的城市社会学工作者，并且深受当今社会科学和人文学科发展影响。芝加哥学派主要派致力于亲身研究当地社区以及社会性的世界。我的学术研究先驱包括杜波依斯、罗伯特·帕克、W.I.托马斯、卡洛琳·怀尔（Carolyn Ware）、查尔斯·约翰逊、埃弗里特·休斯（Everett Hughes）、圣克莱尔·德雷克（St. Clair Drake）、威廉·富特·怀特、贺拉斯·克莱顿（Horace Clayton）、罗伯特·林德和海伦·林德（Robert and Helen Lynd）、霍华德·S.贝克、欧文·戈夫曼、艾略特·列堡、杰拉尔德·萨特勒斯（Gerald Suttles）、赫伯特·甘斯以及伊莱亚·安德森。我作为学者的首要目标是继承他们的传统，阐释当今美国城市中呈现出的种族和/或贫困问题。

作为一个中产阶级白人男性学者，我写的是贫困的黑人男性和女性，他们是我所处的社会中最底层、最被污名化的群体之一，我记录的是与我自己截然不同的生活。

这样的社会地位是怎样影响我的写作的呢？我已经注意到，在美国，黑人和白人在自己的种族内与有另一个种族的人在场时，讲话的方式不同。作为一个白人，如果我认为一个黑人对我说的话与对一个黑人研究者会说的话相同，那我就过于天真了。正因如此，大部分信息我采取了参与观察法而不是访谈法，比如说，不管我是黑人还是白人，不管我在不在那儿，摊贩们都得在楼侧面小便。我提了许多问题，但几乎从不简单认为关于种族的对话是诚实的。当然，也有的时候，比如杰罗米跟我讲他买黑人书籍的经历时，关于这个话题的讨论就很顺其自然。

我的社会地位影响我的工作的另一种可能性是，我所写到的人愈发强烈地认为我把他们的言语和照片拿来是出于自己的目的和个人利益，是对他们的一种"剥削"。我知道，由于白人剥削黑人的漫长历史，这样的关系在一些白人研究者和贫困的黑人之间非常突出。与我要描写的人们打交道，我很清楚这个问题的存在，而且一直试着与他们讨论这个问题但有时这完全是徒劳，因为双方保持坦诚对话有难度，有的人可能只是不想冒犯我。书一写完，我就向其中涉及的人们表达了分享版税的心意。但即使如此，这并不能完全消除剥削的感觉，因为研究者的行为是在复杂的历史背景下被诠释的。

我的社会地位（或者在这种情况下，由我的社会地位催生的立场）影响我的工作的第三种方式，则是我可能对与我截然不同的人的生活情况毫不知情。例如，在我第一个夏天与马尔文和罗恩一起卖杂志的时候，我一直走进本街区的餐馆上厕所。我有时会看到其他的摊贩在公共场合行使身体机能，但我从没有想过他们为什么这样做。我想，这个问题之所以从未进入过我的视野，是因为我的特权地位让它对我个人来说不成为一个问题。如果研究者是一个贫困的黑人，他或她被厕所拒绝过的次数可能就足以让他们说："这个问题需要说明"。

最终，我明白了我需要强调这样的污名和排斥。在听第六大道上的录音带时，我听到有人提到不让他们用厕所的问题。我听这些磁带的同时也在回顾与当地居民的访谈记录，他们抱怨一些摊贩喜欢在公共场合小便。作为一个把洗手间特权视作理所当然的白人男性，我以前可能以为在街头维生的人跟我的那些富有的白人朋友差不多,他们因为懒得走回俱乐部会所,便就地在高尔夫球场上小便。但是,因为我仔细听了录音带,我注意到情况远为复杂,从而进行了深入研究。我经常因为自己是上层中产阶级白人,为所看到的东西深受其影响而感到困扰,但我要强调,我更加无法确知的是那些自己看不到、甚至不知道自己忽略了的东西。

我尽量把自己来自不同社会地位的劣势转变成优势。我试着把自己当成一个实验对照组,用来比较在特定的环境下,我和街头的人们分别受到怎样的对待。当遛狗的人迅速响应我而延迟对基思的回复时,我知道是我们的社会地位以及举止的差别让遛狗人做出了区别对待。在圣诞节,警察区别对待一个受过教育的白人男性教授与一个居无定所的街头摊贩,这时我所处的位置能帮助我更好地分析这其中的根本矛盾。当我意识到我能毫不费力地走进公用洗手间时,我才能在那一章就这个话题进行有效的比较。所有这些例子里,通过对比得出的影响都不是绝对的,但正是**因为**我的特权地位,才使得它们能形成对比。

除了在有些情况下从我的上层中产阶级白人背景中获益,我还通过向黑人学者和知识分子请教来克服这些劣势,他们中的有些人正是在贫困的家庭中长大。有时候,他们的建议让我带着我从没有过的想法和问题回到田野研究中。比如,在理解为什么黑人女性没有像白人女性一样在街上受到穷困的黑人男性的骚扰时,我受到了黑人社会学家富兰克林·D. 威尔逊(Franklin D. Wilson)的启发。他认为,这是因为黑人女性与这些男性有着共同的种族历史,他们不认为自己有义务为这些人的困境承担责任或是感到愧疚,因而不会轻易原谅他们的行为。当然,白人学者也能有这样的洞见,但他们中没有一个人在读了我的那一章后提出这一点。我想,这源自于威尔逊独特的生活经历,以及他所熟悉的人和事。

与非裔美国摄影师奥维·卡特的合作也帮助了我。他的职业和生活经历让他提出了很多很好的建议。奥维五十二岁,出生于密西西比,在芝加哥和圣路易斯长大,后来加入了空军。他二十三岁时进入了《芝加哥论坛报》。他曾是一个旅居非洲的摄影师,但他职业生涯的大部分时间用在了拍摄芝加哥的贫民区。就在我们开始合作这本书之前不久,他的兄弟因为戒毒从街头搬去跟他一起住。正因如此,奥维对毒品导致的问题和痛苦感同身受。在我写作本书的过程中,奥维读过并且评论了每一个章节,我们在一起度过的时间帮助我注意到了第六大道上生活的许多方面,如果不是这些帮助,我不会意识到它们。

我在这些境遇中收获良多,但世上并没有一劳永逸地克服根深蒂固的种族偏见、缺乏经验以及他人怀疑的办法。也许,最好的起点是,清楚地认识到不同的社会地位对一个人的工作有着深远的影响,以及我们应该严肃对待这些不同之处。

进行干预

对社会科学工作者和进行社会学田野调查的记者来说,他们面对的最难以抉择的问题之一是何时对他们所写人物的生活进行干预才是恰当的。尤其是当他们的生活处在极度贫困之中。有的记者在事后向他们所写的人给予援助，他们也找到了符合研究目的的施助方法。[17]实证社会科学研究者执着地想保证自己能以不引人注意的方法量化社会现象，他们相信社会现象不是他们的产物，对于卷入他人的生活便感到更加不安。

在我刚做杂志摊贩的那几周，我发现很难对要钱说"不"，通常是特定的一些乞讨者和看桌子的人要零钱。在《泰利的街角》（*Tally's Corner*）的方法论附录中，艾略特·列堡写到了他遇到过类似的问题（在完成那本书时，他跟我现在一样也是 37 岁）。列堡说有的人"剥削"他，不是因为他不是自己人，而是因为他通常情况下比其他人有更多的资源。当他们中的一个人有了资源——比如说，钱或者车——这个人同样也会被"剥削"。[18]列堡作为一个研究者，"通常把钱或者其他帮忙的范围局限在……求助者能从其他有类似资源的朋友那儿所能索取的程度"。[19]

我试着保持一样的立场。但随着时间的发展，乞讨者和一些杂志摊贩越来越频繁地向我开口。没有人指望我比那些收成不错的摊贩给他们更多的钱，但有一些乞讨者变得希望我能经常给他们点什么。

哈基姆和马尔文说他们经常找我要钱是因为他们认为一个大学教授，又是犹太人，我应该足够"有钱"来给予这些小恩小惠。对我来说问题在于：我是否能告诉他们我非常理解他们的难处，**并且**使他们理解我作为一个社会学工作者的目的，而不是我花钱购买这种类似于理解的东西？如果不用纸币和零钱，我作为一个研究者应该如何与人沟通我的目的？频繁的要钱请求是不是意味着我没有展示出也没有得到相应的"尊重"，意味着我们之间只是交易？

最后，因为实际需求，我需要找到一种方法告诉一些人，我几乎买不起用来录音的磁带了，并且，作为一名教授，我能在纽约生活得起完全是因为朋友的好意，他们让我睡在空余的卧室或者沙发上。但这样的话我甚至都无法说出口。我深知我的薪水（即便并不很高）远比在街头的普遍收入高得多。而且，我住的（位于上东区的）空余卧室要比他们中的许多人度过夜晚的地方舒适得多。但时间教会了我如何说不，以及如何疏通给出这种答案的痛苦。

在一个人不能或者不应该干预时如何避免干预，与当一个人能够且应该给予帮助时是否要帮助且如何帮助，是两个截然不同的问题。有时人们经常请我帮忙，问我法律上的问题，在他们跟房东或者潜在房东打交道时做推荐人，在有人要被驱逐出住处时帮他们垫租金，还有一次帮忙找了律师，支付了费用。在这些情况下，我做了我力所能及的一切，但我从没有在对方提出的范围之外给出过意见、观点或帮助。

还有的时候，问题则是是否应该以及如何能投入更大的努力进行干涉。1997年夏末的那次就是这样的情况。在我做了两个夏天的杂志摊主后，我开始与诺兰·扎尔（Nolan Zail）就我的研究展开讨论。他是一名来自澳大利亚的建筑师，正在探索为纽约无家可归的人设计新型替代房屋的全新领域。我们讨论的核心问题之一是，像伊什梅尔这样居无定所的人，他们如何带着杂志和个人物品转移,以及如何应对商业改善区和警察们的投诉,后者会说这些摊贩看上去令人不悦,因为他们的货物和家当在桌子底下的人行道上散落一地。我问扎尔能否设计一款贩卖车,解决这些问题。

这是充分利用我们的知识的一个机会,能为改善第六大道的条件做出小而实用的贡献。当然这与改变导致这些问题的更大的结构性问题不同,但这可能会对伊什梅尔的日常生活带来改变。尽管如此,首先,我们需要探清伊什梅尔是否想要这样的车,以及他对为他做出这种努力的感受。我不能忽视的是,扎尔和我都是白人,而且伊什梅尔曾经讲过在他的一生中曾被许多白人以傲慢的方式对待。

扎尔建议我们与伊什梅尔见面,搞清楚他希望售货推车有哪些功能特点。后来,扎尔与伊什梅尔一起在人行道上度过了一段时间,以了解他作为一个居无定所的摊贩,桌子在他的日常工作和生活中的功能是什么。

伊什梅尔描述说,他需要足够的存储空间来保管他的商品和个人物品。他还表示如果能够提供一个单独的轻型架子,它将非常有用。他希望能把架子连在贩卖车上,用来放他淘到的东西。

两个星期后,扎尔设计出了一个推车,给伊什梅尔展示了草图,听取他的建议。随后他修改了设计,以纳入伊什梅尔的建议。在一次会面时,伊什梅尔表示希望以分期付款的方式偿还车的制造费用。费用当时尚未确定(我知道它总会得以结算),我们都认为这个办法不错。在此期间,伊什梅尔同意我以筹款的方式来支付购物车的生产费用。

当伊什梅尔对这款车的设计感到满意时,扎尔和我与一家大型铝合金食品车制造商约定了见面。在此之前,他已经承接过了一个与我们的要求非常相似的食品车。他对我们的想法的反应,以及我们在制作车上所遇到的困难,最终以另一种方式成为了我的研究材料,它反映了人们对贫困和无家可归的人的偏见。这也是另一个我能利用自己的白人特权的场合。如果我是黑人,我可能永远都听不到以下内容:

"好吧,我们来看看你想要什么。"他同意了我录音,在我们会面的开头这么说道。

"这是我们想要的设计。"扎尔把建筑风格的的草图放在他面前时,我说道。

"你给商业改善区 A 的头儿看过这个了吗?"(商业改善区 A 的头是纽约房地产界一个有影响力的人,这位制造商称,他是人行道小贩的敌人。)

"没有。"我回音。

"那,还是算了吧。"他说。

"他对格林尼治村的事一点也插不上话。"我说。

"米奇,你听我说!他们手里握着所有东西。房地产委员会控制着纽约市。他们**就是**房地产董事会。你要给他们看这个?你开什么玩笑?他们想赶走这些人!"

"他们想赶走这些人的原因之一是他们看起来不好。"我回复道。

"不是我们造不出来的问题,"他说,"正相反。如果我们推着这样的车上街,他们得杀了我。他们真会把我钉到十字架上。"

"钉你?"

"你看,你知道这是怎么一回事?很简单。他们想赶走街上的黑鬼。他们跟我说,'我们想让他们滚。他们对生意不好!'你还想让他们留下,**米奇**!你为什么要惹这么大麻烦?你这是一口啐在他们脸上!"

"我们说的是,"扎尔插嘴说,"这样做你可以改进他们的形象……何况它其实跟现在用的车差别不是那么大。"

"所以它能怎么改?"

"你看,有几个办法,"扎尔继续说,"首先,它有存储空间。第二,它方便展示。它的格局看起来专业一些,而不是撒得到处都是。"

"我们只是想让你做一个,权当是试验品。"我说,如果伊什梅尔用着好,我们想再订更多的。

"你想要什么我都可以做,"制造商答道,"如果你们让我这么做。但什么也改不了他们的样子!"

"它能让这类摊贩更美观。"我说。

"那他呢,流浪汉自己?"他问。

我们大概注定只能绕圈子。

几周后,扎尔打电话与制造商约定了后续会面,但制造商说他改变了主意。他不想参加我们的计划了。他不想让"无家可归的"小贩看起来更像食品摊贩,后者让自己的推车变成了真正的市场。他说他也担心自己引起纽约市的房地产利益集团的敌意,据他说,他们已经想从人行道上赶走食品摊贩。(事实上，一年后，朱利亚尼市长试图赶走曼哈顿下城和中城几百个地方的食品商贩，但最终在公众支持食品摊贩的群情激愤声中改变了主意。）

当我告诉伊什梅尔我们造推车遇到的麻烦时，他并不惊讶。从七年前他开始做杂志摊贩开始，就开始处理这种回复了。

最终，尽管我偶尔给一点零钱，尽管我试着做更多的事，但我的关怀必须在研究作品本身。至今，我无法说我在人行道上得到了多少"接纳"，"默契"或者"尊重"，或者在人际关系中我对这些人表现出了多少敬意。但我希望我最终得到的认可不是基于我给予或者没有给予的资源，而是在第六大道上工作和/或生活的人们是否认为我的研究是诚实正直的，无论他们以何种方式衡量。

注　释

引言

1. Jane Jacobs, *The Death and Life of Great American Cities* (New York: Vintage, 1961), p. 68.
2. 同上书, p. 47.
3. 同上书, p. 56.
4. 这里有一份杰出的论述: Stephen Steinberg, "The Urban Villagers: Thirty Years Later," remarks prepared for a plenary session at meeting of the Eastern Sociology Society, Boston, March 25, 1993.
5. 若想阅读一份杰出的东村民族志合集, 请参阅: Janet L. Abu-Lughod, *From Urban Village to "East Village": The Battle for New York's Lower East Side* (Cambridge: Blackwell, 1994); 此外, 有一份关于科罗纳政治文化的杰出民族志提到了皇后区工人阶级黑人中的生活质量论述, 见 Steven Gregory, *Black Corona: Race and the Politics of Place in an Urban Community* (Princeton, N. J.: Princeton University Press, 1988).
6. 这里有一份完整的分析: Lyn H. Lofland, *The Public Realm* (Hawthorne, N. Y.: Aldine De Gruyter, 1998).

书贩

1. 见 Patricia Williams, *The Alchemy of Race and Rights* (Cambridge, Mass.: Harvard University Press, 1991); Regina Austin, "Social Inequality, Physical

Restraints on Mobility, and the Black Public Sphere," a paper presented at "*An American Dilemma* Re-visited: Fiftieth Anniversary Conference," Harvard University, September 29, 1995; Regina Austin, "An Honest Living: Street Vendors, Municipal Regulation, and the Black Public Sphere," *Yale Law Journal* 10, no. 8 (June 1994).

2. 见 Joe R. Feagin, Hernan Vera, and Nikitah Imani, *The Agony of Education: Black Students at White Colleges and Universities* (New York: Routledge, 1996); Walter R. Allen, Edgar Epps, and Nesha Z. Haniff, *College in Black and White* (Albany: SUNY Press, 1991), p. 12. 一些影响深远的流行书籍谈到了非裔美国人在工作场所的各种经历，见 Jill Nelson, *Volunteer Slavery: My Authentic Negro Experience* (Chicago: Noble Press, 1993); Nathan McCall, *Makes Me Wanna Holler* (New York: Simon & Schuster, 1993); Sara Lawrence Lightfoot, *I've Known Rivers* (New York: Addison Wesley, 1994); Brent Staples, *Parallel Time* (New York: Pantheon, 1994).

3. 我查看了他在那本杂志中的文章《没人敢说这是背叛：黑人兄弟会》，这篇文章获得了林肯大学1982年度的媒体团结奖。文章认为，非裔美国人必须退出所有以希腊字母命名的兄弟会和姐妹会。

4. 哈基姆告诉我的人生经历，我从未怀疑过，不过为了这次研究，我还是尽责地调查了一番，因为我在报告别人告诉我的信息之前，需要确认其中比较引人注意的部分。（通常来说，我需要去调查某些我认为"引人注意"的东西，这更多反映了我自己的心态。）我想确认他曾就读罗格斯大学，并多年来在正式经济中工作。他认为这对我的研究项目来说是合理的，于是同意去申请他的大学纪录，并从他工作过的最后一间公司申请了正式的雇佣信息。一切都确凿无疑。我看到了哈基姆在罗格斯大学的最后一份成绩单，上面显示他完成了本科学位。根据一份用公司信纸印制的正式信件，他曾于1988年4月25日到1991年1月18日之间在罗宾逊希尔律师事务所担任夜班校对员，每天从晚九点工作到早四点。这份寄给哈基姆的信件来自于行政服务部主任，并声明公司除了确认他的受雇日期与时间之外不会再提供其他信息。

5. 见 Houston Baker, *Rap, Black Studies, and the Academy* (Chicago: University of Chicago Press, 1993).

6. G. William Domhoff, *Blacks in the White Establishment: A Study of Race and Class in America* (New Haven: Yale University Press, 1991).
7. J. A. Rogers, *From Superman to Man* (Freeport, N. Y.: Books for Libraries Press, 1972).
8. Timothy Holt, *Catch a Fire: The Life of Bob Marley* (New York: Holt, Rinehart and Winston, 1983).
9. Booker T. Washington, *Up from Slavery* (New York: Dover Publications, 1995).
10. Ronald B. Mincy, *Nurturing Young Black Males: Challenges to Agencies, Programs, and Social Policy* (Washington, D. C.: Urban Institute, 1994), p. 12.
11. 同上。
12. Judith Stacey, *In the Name of the Family: Rethinking Family Values in the Postmodern Age* (Boston: Beacon Press, 1996).
13. Sara McLanahan and Gary Sandefur, *Growing Up with a Single Parent* (Cambridge, Mass.: Harvard University Press, 1994).
14. 同上, p. 3.
15. 同上, p. 5.
16. Elijah Anderson, *Streetwise* (Chicago: University of Chicago Press, 1990), p. 69.
17. Max Weber, *Economy and Society*, Vol. 1 (Berkeley: University of California Press, 1978), p. 212.
18. Anderson, *Streetwise*, p. 72.
19. 见 William Julius Wilson, *When Work Disappears* (New York: Alfred A. Knopf, 1997).

杂志摊贩

1. 在关于这一主题的一项细致的研究中, Kathryn Edin 和 Laura Lein 发现证据证明, 单亲母亲中很少有人能只靠福利生活。(*Making Ends Meet: How*

Single Mothers Survive Welfare and Low-Wage Work〔New York：Russell Sage Foundation，1997〕.）她们会从男朋友、非正式经济、孩子的父亲以及亲人等处获得额外的支持。

2. 从我开始这项研究以来，福利法已经发生了重要的改变。1996年8月，克林顿总统签订了"个人责任与工作机会协调法案"，规定联邦公共补助有五年上限，并用"贫困家庭临时救助计划"（TANF）替换了"救助有受抚养子女家庭计划"（AFDC）。在新的法律下，领受福利的父母必须在福利开始后的24个月内参与某种工作活动。根据1997年8月通过的纽约州福利改革法案，所有成年人公共福利领受者都必须"尽可能快地"参加工作。纽约也已经开始审查福利领受者是否滥用毒品和酒精，未能遵守强制治疗的领受者可能会遭到惩罚，失去公共援助和医疗援助。

　　写下这行文字的现在，还不可能评测这些改变对我所研究的人行道造成了怎样的影响。有些人失去福利是因为他们"自愿且无理由地"（引用他们收到的信件）拒绝了工作福利制的分配。这些街道上的大部分福利领受者都因为各种残疾而被认证为无工作能力。第一波工作福利制的要求强迫许多福利领受者去工作之后，这些人仍然继续领受福利。然而在我写下这些文字的时候，下一波福利改革正在进行，这些人中也有人已经接到通知，说他们必须要在正式经济中接受工作。

　　有时，失去福利者会通过公平听证上诉，或者在惩罚期结束之后重新申请福利。其他人则向我出示文件，证明他们已经长达一年没有领受公共福利了。尽管有些人给我看了福利中断的通知，但也有人在告诉我此类经历时并没有出示文件。在此类话题上，如果没有文件证明，研究者不应该不负责任地作出论断。

　　很清楚的一点是，在格林尼治村的这些人行道上，生活并非与公共援助、医疗援助或食品券福利毫无干系，尽管人们对这些福利的依赖程度有所差异，且取决于他们在何时接受了调查。在任何时候，贩卖行为都为其中一部分人补充了公共援助的不足。在不同时候，同样的人也许在领受公共援助，也许不在；这取决于他们的案例在申诉或重新申请的哪个阶段。需要指出的是，并没有人离开街头去接受工作福利制度下的工作。他们的选择总是放弃福利，而不是放弃街头工作。

3. 在罗恩来自的街区以及类似街区，贫困率超过40%，超过50%居民是高中辍学生。(Paul A. Jargowsky, *Poverty and Place: Ghettos, Barrios, and the American City* 〔New York: Russell Sage Foundation, 1997〕. p. 111. 此外可参见 Gregg Duncan, "Families and Neighbors as Sources of Disadvantage in the Schooling Decisions of White and Black Adolescents," American Journal of Education 103〔November 1994〕: 20 - 53.)

4. 罗恩和我互相更了解之后,我请他帮我澄清一下关于公寓的故事。我们坐火车从纽约市到了新泽西纽瓦克,然后转公共汽车到了东奥兰治区他声称自己曾居住的那个街区。(在路上他告诉我,他像马尔文一样,因为一项残疾而被认证为无工作能力。他跟马尔文领受同一项公共援助,但他并没有得到公寓补助,因为他的正式身份是无家可归者。)

   罗恩声称他曾居住的街区是一个衰败的黑人社区,大部分居民是西印度群岛人。那栋楼在胡桃街 50 号,是带家具出租的公寓。坐在前面草坪上的居民看起来一副穷困潦倒的模样。似乎没人认识罗恩。他们说楼管跟他们一样也是最近才来的,他直到晚上才会回来。罗恩告诉我他曾住在哪个房间,我们也见到了现在的居住者。罗恩指着那张床,说他曾把床靠在另一面墙上。我们遇到的人里,唯一有官方身份的人是吉米・卡罗尔,他在这里做维修保洁工作。当我告诉他我们为什么来这里,他转向罗恩问道:"你拖欠过房租吗?"

   "是的。"罗恩承认道。

   "大部分住在这里的人在离开的时候会抛下一切。"卡罗尔说,"如果他们付不起房租,那他们就无处可去了。他们没办法拖着自己的家当到处走。他们离开的时候,我们还得把整间公寓收拾干净:电视、录像机、家具。"

   与罗恩的故事结合起来,吉米・卡罗尔的话很有启发。它首先说明了罗恩认为自己自愿来到街头并不仅仅是他在街头太久之后编造出来的,要知道此类证词有时会有这种情况(见 David Snow and Leon Anderson, *Down on Their Luck: The Lives of Homeless Street People* 〔Berkeley: University of California Press, 1993〕, p. 254.)。从罗恩在东奥兰治的房东的解释来看,当其他人相信自己付不起房租的时候,似乎也会丢下一切;像罗恩一样的人有时会在被执法人员驱赶之前自愿来到街头。我们不清楚来到街头对罗恩来说是否是最好的替代方案。根据他自己的回忆,当时并没有针对他的驱逐诉讼。也许还要过好几个月他才会被强行逐出家门,但他可能并不清楚这一点。

5. 有些人的故事可以作为"习得性无助"现象的例子，在这些现象中，结果"无法控制"；人们自暴自弃，并认为"没有哪种自愿的行动能够控制结果"。见 Martin E. P. Seligman, *Helplessness* (New York: W. H. Freeman, 1992), p. xvii.

6. David Snow and Leon Anderson, *Down on their Luck* (Berkeley and Los Angeles: University of California Press, 1993).

7. Craig Reinarman, Dan Waldorf, Sheila B. Murphy, and Harry G. Levine, "The Contingent Call of the Pipe: Bingeing and Addiction Among Heavy Cocaine Smokers," in Craig Reinarman and Harry G. Levine, eds., *Crack in America* (Berkeley: University of California Press, 1997), p. 79.

8. John P. Morgan and Lynn Zimmer, "The Social Pharmacology of Smokeable Cocaine: Not All It's Cracked Up to Be," ibid., p. 155.

9. 就像马尔文之前的解释一样，伊什梅尔简短的故事强调了这一点："我从 P. S. I. 电脑学校毕业，然后去找工作。我以一分之差没拿到一份工作。当时有十个候选人，里面有三个黑人。所有黑人都没被选中。我和一个白人分数相同。但我没被选中。他被选中了。我因此非常沮丧。我说：'你给了社会他们想要的，但他们仍然拒绝接受你是谁。到底是什么让他比我更好？在这个领域，我能给你你想要的东西。我为什么不能得到这份工作？这让我不得不去抢劫和盗窃。这么做了之后，我坐了五年牢，然后我就直接来到了第六大道。'"

其他民族志研究的数据支持了这一观点。在一份关于布鲁克林区的女性与非正式毒品经济的研究中，丽莎·马赫指出，她的研究对象"在陷入毒瘾之前，很可能曾经是非正式经济的参与者。"（Lisa Maher, *Sexed Work: Gender, Race, and Resistance in a Brooklyn Drug Market* [Oxford: Clarendon Press, 1997], p. 74.）

10. William H. James and Stephen L. Johnson, *Doin' Drugs: Patterns of African American Addiction* (Austin: University of Texas Press, 1996), p. 31.

11. 感谢 Debby Carr 向我指出这一点。

12. 例如，友谊可能会导致一些义务，这些义务可能会导致更多限制，使得人们面临更少的选择。这一有用的观点来自于 Gwendolyn A. Dordick,

Something Left to Lose: Personal Relations and Survival Among the Homeless（Philadelphia：Temple University Press，1997）。她写道，我们不应假定"在做出选择时，无家可归者会表现得像与世隔绝的行动者一样，不受他们与他人关系的限制与影响。"我在之后的章节里会提到其他限制。关于社会与组织性限制的研究，见 Dalton Clark Conley，"Getting It Together，"*Sociological Forum* 11，no. 1（1996）。

13. 正如 Levine and Reinarman 所写的："中产阶级在生活变得太过艰难时，会有心理医生开出百忧解之类的抗抑郁药物……相反，内城穷人和工人阶级失业的可能性要高得多，也更可能生活在传统秩序的边缘。当他们的生活变得太过艰难，他们很少去看心理医生，但他们有时会自我服用药物、逃避，或是利用霹雳可卡因等可以被称为抗抑郁药物的东西来寻求片刻的飘飘欲仙。"

14. 当可卡因和酒精同时使用时，足够的化学证据表明，这会引发大脑神经递质的耗竭，而缺乏这些神经递质会在非毒品使用者中引发抑郁。退伍军人管理局医学中心的上瘾治疗与药物滥用项目主任保罗·卡沙唐特（Paul Casadonte）在一次采访中向我解释了这一点。他继续说道："神经递质耗竭之后，酒精、可卡因上瘾就会与抑郁症混合在一起。除非对这个人的过去非常了解，才能搞清楚何为因、何为果。但是你所描述的抑郁与以下情况很类似，可卡因上瘾者在停止使用可卡因之后感到沮丧和抑郁，或是酒精上瘾者在停止喝酒之后感到沮丧和抑郁。在药物成瘾、抑郁症和其他方面，要想分清社会心理学因素和生物学因素已经不可能了。"此外见 Morgan and Zimmer，pp. 131 – 70；and Ronald L. Akers，*Drugs，Alcohol，and Society*（Belmont，Calif.：Wadsworth Publishing Company，1992），pp. 120 – 21.

15. 在将近半个世纪里，美国社会学都在使用一个出色的框架来解释是什么结构条件导致人们放弃了文化中预设的目标和手段。在一份讨论会论文"Social Theory and Anomie，" in *Social Theory and Social Structure*，rev. ed.（New York：Free Press，1957）中，罗伯特·K. 默顿（Robert K. Merton）区分了美国社会中个体适应结构条件的五种方式：循规蹈矩者会接受主流文化目标以及获取这些目标的主流手段；创新者会接受这些目标但拒绝这些手段；仪式主义者会拒绝目标，但会在表面上接受手段；逃避主义者会拒绝目标和手段；反抗者会试图颠覆现有的结构。

当一个人说出"去他妈的"时，他在这一框架中的什么位置？他不是循规蹈矩者，因为他并不接受主流的目标和手段。他不是创新者，因为他放弃了尝试。他不再装样子采用这些手段，因此也不应分类为仪式主义者。他毫无生气、漠不关心，因此也不是反抗者。这些人最恰当的分类就是逃避主义者。根据默顿的说法，"失败主义、清净无为主义和放弃主义在逃避机制中显现出来，它们最终会导致一个人'逃避'社会中的要求。"在之后的一篇论文中，默顿认为，流浪汉和无家可归者都是逃避主义者。见 Merton in Marshall Clinard, ed., *Anomie and Deviant Behavior: A Discussion and Critique* (New York: Free Press, 1964).

16. 见 W. Cochran and A. Tesser, "The 'What the Hell' Effect: Some Effects of Goal Proximity and Framing for Performance," in Leonard L. Martin and Abraham Tesser, eds., *Striving and Feeling: Interactions Among Goals, Affect and Self Regulation* (Mahwah, N. J.: Lawrence Erlbaum Associates, 1996).

17. Stanley Cohen, "Property Destruction: Motives and Meanings," in Colin Ward, ed., *Vandalism* (London: Architectural Press, 1973), pp. 41 – 49.

18. 如果想看对于羞耻和尴尬作为社会情绪的分析，请参见 Thomas J. Scheff, *Microsociology* (Chicago: University of Chicago Press, 1994).

19. Alfred R. Lindesmith and John H. Gangnon, "Anomie and Drug Addiction," in Marshall Clinard, ed., *Anomie and Deviant Behavior*, pp. 158 – 88.

20. 基于许多实证研究，梅尔文·科恩（Melvin L. Kohn）及其同事指出，工作条件能"辅助或限制在工作中的自我引导"，而这些不同会"影响工人的价值观、对自我和社会的取向以及认知功能"，这种影响"主要通过一个直接过程：在工作中学习并将学到的内容一般化到生活的其他方面中。"见 Melvin L. Kohn and Kazimierz M. Slomczyski (with Karen A. Miller, Carrie Schoenback, and Ronald Schoenberg), *Social Structure and Self-Direction: A Comparative Analysis of the United States and Poland* (Cambridge, Mass: Basil Blackwell, 1990), p. 297. 此外见 Melvin L. Kohn and Carmi Schooler, *Work and Personality: An Inquiry into the Impact of Social Stratification* (Norwood, N. J.: Ablex Publishing Corp., 1983).

21. 见 Kim Hopper, "Economics of Makeshifts," *Urban Anthropology* 14

(1985): 1-3. 另外一种解释将强卖主要作为非法活动看待，见 Loic Wacquant, "Inside the Zone," *Theory, Culture, and Society* 15, no. 2 (1998): 1-36.
22. 社会心理学家梅尔文·科恩（Melvin Kahn）在他的经典著作《阶级与服从》(*Class and Conformity*, Chicago: University of Chicago Press, 1969) 中说："人们在社会层级中的位置对他们的性格有深远的影响；这些影响主要是因为阶层地位会强烈影响与生活更息息相关的方面，例如工作条件；而工作条件又会强烈地影响性格。特别是较高的阶层地位会让人们在工作中有更多自我指引的机会；也就是说，工作的本质更加复杂，不会被人严密监管，也不是日日重复。这种工作中的自我指引体验会进一步使人们更加重视自己及后代的自我指引，对自我和社会的取向也会变得更加重视自我指引。"此外可见 Kahn's "Doing Social Research Under Conditions of Radical Social Change: The Biography of an Ongoing Research Project," *Social Psychology Quarterly* 56, no. 1 (1993): 6.
23. "普查数据显示，从19世纪到20世纪早期，有工资的专业人员和管理人员在纽约市居民中占比不超过5%；现在，他们的比例是30%……通过与众不同的消费模式和生活方式，〔这些高收入工人〕已经成为城市生活中十分引人注目的一部分。"尽管他们"获得的收入太少，不足以进行投资，但对生活节约、习惯存钱的中产阶级来说，收入又太高了。这些新兴高收入者成为新型中间投资的主要竞争者，包括艺术品、古董和奢侈品消费等。"（Saskia Sassen, *The Global City* 〔Princeton: Princeton University Press, p. 335〕）.
24. Erik Olin Wright, *Class Counts* (Cambridge: Cambridge University Press, 1997), p. 203: "在严格的阶层结构中，人们的生活被紧密地绑定在阶层位置上；在这种结构中，并不仅仅是个体流动前景黯然，连社会网络也很少能跨越阶级界限。"

没有银行账户的人

1. 在较为不发达的国家，摊贩们有更多明确的机制来转移转化公共财产。例如 Hermando De Soto 在研究秘鲁利马地下经济时指出，摆摊的空间有额外的法律管制，形式是摊贩们需要为在特定的位置工作而交一笔额外的税款。他报告称，这笔税款的接收者并不会转移任何空间的占有权，但摊贩们认为他们已经转移了这份权利，并照此行事。见 See Hernando De Soto, *The Other Path: The Invisible Revolution in the Third World* (New York：Harper and Row, 1989, p. 68).

2. 他继续说道："我在南卡罗来纳州上学时，看到有人被吊死在树上。我不得不退学，因为我不想吊死在树上。"

有一次，在听到穆德里克的解释之后，我前往图书馆查阅他在南卡罗来纳州长大时当地的情况是怎样的。令我惊讶的是，我完全没有找到那段时间内任何私刑的证据。我向南卡罗来纳大学的沃尔特·B. 埃德加教授（Professor Walter B. Edgar）提到了穆德里克的故事，他是一名研究该州历史的专家；听到穆德里克在 1940 年代上小学时经常看到有人被吊死在树上，他也感到很惊讶。埃德加教授推荐我阅读 I. A. Newby's 1973 年的论文《卡罗来纳州黑人》，里面显示到 1940 年，私刑在南卡罗来纳已经"几乎绝迹"(I. A. Newby, *Black Carolinians: A History of Blacks in South Carolina from 1895 to 1968* 〔Columbia：South Carolina Tricentennial Commission/University of South Carolina Press, 1973〕, p. 242.)。

但是 1940 年之后仍然有针对黑人的可怕暴力，也确实有几桩私刑事件发生。有可能穆德里克曾看到一具尸体吊在树上，或者在他成长的过程中，这一图像在他的意识中挥之不去：如果他在童年时听说过私刑的故事，他可能会栩栩如生地回忆起来，仿佛自己曾亲眼目睹。因此，他因为害怕私刑而害怕上学是可能的。

私刑作为一种强有力的文化符号，至今非裔美国人仍与其意义共存。除了告诉我他回忆中经常发生的事情，穆德里克也许是在为我总结一段充斥暴力和威胁的历史，或是告诉我他的亲人和像他一样的人所面临的种族暴力。也许这一强有力的符号是这个不识字的人所采用的一种文学手法。他不识字，但他仍然能使用这一符号。

几个月后，我试着澄清穆德里克为解释他不识字而告诉我的故事。

"我上学路上经过的沼泽地里，会看到好多黑人被吊死在树上。"他说。

"你是想说他们被私刑处死了吗？"

"私刑!是3K党。是那些披着白床单和牵着马的家伙。我不是只有一天看到这些。有好多天都看到了。"

另一个可能的解释是穆德里克记错了他的年龄——但是,根据埃德加教授的说法,哪怕他是67岁而不是57岁,结果也没有太大不同。1930年代的南卡罗来纳州有更多的种族暴力,但1933年之后,他就不太可能经常看到有人被私刑处死吊在树上了。斯图尔特·托尔内教授(Professor Stewart Tolnay)是关于南方私刑的人口学重要研究的合作者,根据他的说法,在这十年里,哪怕在私刑十分常见的县城,也不太可能让一个孩子在上学路上经常目睹此类事件的证据。

"在你长大时,你从你父母那里听到过这种故事吗?"我问穆德里克。

"故事?这可不是故事。这是真实生活!不是故事。他们吊死的第一个人是个黑人男人,他被控诉强奸了一个白人女人。然后,他们发现强奸犯是个白人男人,他们吊错了人——这把我吓坏了,所以我不去学校了。我怎么可能去呢?像其他人那样被吊死吗?被杀掉?我曾经躲躲藏藏。我们见过火苗窜起,有人在树林里骑着马。我说的可不是游戏。这是真事。要是我妈妈还活着,她会告诉你的。"

虽然我注意到穆德里克对他为何不识字的解释在历史学家(如埃德加教授)和人口学家(如托尔内教授)看来可能在事实上是不可能成立的,我认为这种故事只有经历了某种特殊人生的人才可能想到告诉我或是编造出来。托尔内教授和E. M. 贝克(E. M. Beck)在他们关于私刑的书中指出:"与私刑数量同样令人震惊的是,它极大地低估了针对南方非裔美国公民的暴力总数。我们的私刑名录并不包括那些早年里爆发的城市种族骚乱中的死亡者,也不包括由一两个杀手因种族动机而谋杀的受害者。它同样也不包括那段时间里的南方黑人群体所经历的太过常见的殴打、鞭打、口头羞辱、威胁、训斥以及数不清的侮辱。"Stewart E. Tolnay and E. M. Beck, *A Festival of Violence: An Analysis of Southern Lynchings*, 1882 – 1930 〔Urbana, Il.: University of Illinois Press, 1995〕)。

看起来最重要的是当时南卡罗来纳州的其他历史条件与今天格林尼治村街头的这个男人之间的紧密联系。根据埃德加教授的说法,记录明确、无需猜疑的是,穆德里克成长的年代,南卡罗来纳州的成年黑人中有62%是文盲(相比之下,白人中有18%是文盲)。穆德里克的父母、祖父母和成年邻居可能都不会读写。穆德里克可能上的是只有一间教室的学校，在那里，花在教育上的钱是非常少的。"1915 年，南卡罗来纳州平均每年在一个白人儿童的教育上花费 23.76 美元，在黑人儿童身上则是 2.91 美元。"(Derrick Bell in *Race, Racism, and American Law*, Boston：Little, Brown, 1973.)"到 1931 年，六个南方州（阿拉巴马、阿肯色、佛罗里达、乔治亚、北卡罗来纳和南卡罗来纳）在黑人儿童身上的花费不到白人儿童的三分之一，10 年后，这一数字只上升到 44%。1954 年的布朗诉教育部案判决时，南方整体为一名白人小学生的花费是平均每年 165 美元，黑人则是 115 美元。"

"你长大时，穆德里克，你镇上大部分成年人可能都不识字也不会写字。"

"没错。"

"你父母可能也不会识字和写字，对不对？"

"我妈妈能读写一点。她识字够多了，我们没法去学校的时候，她能教我们。"

"你父亲呢？"

"我这辈子从来没见过我父亲一次。"

"你女儿知道你不识字吗？"

"我女儿知道。"他向我确认。

"但你认得钞票！"我说。

"我认得钞票！"穆德里克笑着喊道，"我头脑很好，我还认识钞票！我知道在发生什么！我比街头好多混账玩意儿都强多啦！"

第六大道如何变成维生的常居地

1. Jacobs, *The Death and Life of Great American Cities*, p. 30.
2. 同上，p. 36.
3. 同上，p. 50.
4. 例如，在她的书出版三年之后，一个名叫 Kitty Genovese 的年轻女子在纽约市被刺死，有 38 个人从他们的窗户里目击此事件。自那以后，社会心理学家对什么条件会使得旁观者无动于衷产生了浓厚的兴趣。Irving Piliavin,

Judith Rodin 和 Jane Piliavin 所做的一项著名研究显示,95%的旁观者会热心帮助地铁上受害的人,但人行道上的证据则并不乐观。在雅各布斯的理想城市里,街上的眼睛意味着人们会在"危机发生"的时候伸出援手,然而,当实验者在 18 个城市模仿汽车盗窃案时,只有不到十分之一的路人向窃贼询问他们在做什么。在地铁里,人们与受害者面对面,狭小的车厢中大家命运相同,然而在人行道上则不是这样。雅各布斯的作品的影响力使得她的思想在大学中一方面仍然被当作是城市规划专业要学习的基本假设,而社会心理学课程则在讨论她的思想中的严重问题。

雅各布斯书中有一些经常被引用的名句,概括了她广为流传但未经证实的论点:"一条常被使用的城市街道往往是一条安全的街道。一条荒废的城市街道往往是不安全的。"(34 页)"城市街道和企业越能够满足的所有合法(严格的法律意义)利益,街道和城市的安全和文明就越好。"(41 页)"城市街道的信任是通过人行道上许许多多的小规模接触日积月累而成。"(56 页)

5. 数据为 1989 年的人口普查块组 006500–1,其中有 2018 名居民,其中 6.6%是非洲裔美国人,3.1%是西班牙裔。我感谢 Lincoln Quillian 教授为我做这个人口分析。

6. 见 U. S. Bureau of the Census, "General Population Characteristics," Table 64, 1990 Census of Population (Washington, D. C.: Government Printing Office, 1990).

7. 见 Joanne Passaro, *The Unequal Homeless: Men on the Street, Women in Their Place* (New York: Routledge, 1996).

8. 关于种族居住隔离的影响的最新研究见解,见 Douglas Massey and Nancy Denton, American Apartheid (American Apartheid) (Cambridge, Mass.: Harvard University Press, 1993). 有关工作和住房歧视的最新数据,见 Joe Feagin and Herman Vera, White Racism (New York: Routledge, 1996). See also Reynolds Farley, *Blacks and Whites: Narrowing the Gap* (Cambridge, Mass.: Harvard University Press, 1984).

9. 见 Farley,同上。

10. 为了解贫困的空间集中化和工作的消失所带来的影响,见 Wilson, *When Work Disappears*. 关于贫困空间集中化的程度和原因的分析,见 Paul

Jargowsky, *Poverty and Place* (New York: Russell Sage Foundation, 1997).

11. 关于法律与种族压迫之间关系的说明,见 A. Leon Higginbotham, Jr., *Shades of Freedom: Racial Politics and Presumptions of the American Legal Process* (New York: Alfred A. Knopf, 1996).

12. See Gerald Jaynes and Robin M. Williams, *A Common Destiny: Blacks and American Society* (Washington, D. C.: National Academy Press, 1989), and Richard Freeman, ed., *The Black Youth Labor Market Crisis* (Chicago: University of Chicago Press, 1986). See also Rebecca Blank, *It Takes a Nation* (New York: Russell Sage Foundation; Princeton, N. J.: Princeton University Press, 1997).

13. 与本书中的采访对象不同,"街头罪犯"仍然是罪犯,对于这个人群的研究见马克·弗莱舍,见 Mark S. Fleisher, *Beggars and Thieves* (Madison: University of Wisconsin Press, 1995).

14. 在第六大道营业的人中,至少有23位提到过因为拥有或散布霹雳可卡因而入狱;其他人不愿讨论入狱经历,但未排除涉及霹雳可卡因的可能性。

15. U. S. Sentencing Commission, "Special Report to Congress: Cocaine and Federal Sentencing Policy," April 1997 [referring to 1993 statistics]. See also Jerome G. Miller, *Search and Destroy: African American Males in the Criminal Justice System* (Cambridge: Cambridge University Press, 1996).

16. U. S. Sentencing Commission, "Cocaine and Federal Sentencing Policy."

17. 我的一些白人中产阶级学生使用粉末可卡因,后来不得不接受戒断治疗,但据我所知,没有一个人因拥有或出售可卡因而入狱,也没有一个人因刑事司法系统而破产并众叛亲离。

18. Christopher Jencks, *The Homeless* (Cambridge, Mass.: Harvard University Press, 1994), p. 53.

19. Roger Waldinger, *Still the Promised City? African-Americans and New Immigrants in Postindustrial New York* (Cambridge, Mass.: Harvard University Press, 1996), p. 173.

20. 这一焦点使得我所讨论的常居地有别于罗伯特·帕克和芝加哥学派所定义的"自然区域"(natural area)。自然区域指的是由无计划的亚文化力量所决定的地理区域。

我所做的则是进行微观人口学的民族志分析，探寻一小群无家可归的人如何迁移并按特定的模式分布，以应对更大的文化、经济和政治力量。

我认为，芝加哥的田野工作者从未进行过这样的分析，他们的研究在人类生态学的框架之内（像是 *The Taxi-Dance Hall* and *The Gold Coast and the Slum*），满足于分布图和功能互补性。然而，民族志研究者可以更进一步去探寻在人口、文化和政治数据之外，通过对日常生活的研究来对这些数据进行补充，从而表明——而非假设——一个系统的运作方式。这是我在本章的目标。

21. Ralph H. Turner and Lewis M. Killian, *Collective Behavior* (Englewood Cliffs, N. J.: Prentice-Hall, 1957), p. 58. 作者用这些词来描述"众人乱闯"（milling）。
22. Jencks, *The Homeless.*
23. 我之所以会询问此问题，是由于阅读了 Joel Siegel, "Wretch Rooms No Comfort: Addicts & Derelicts Turn Them into Rail Road Station Cesspools," *New York Daily News*, September 24, 1989, p. 47.
24. Michael Deutsch prepared the briefs for the Center for Constitutional Rights; Robert A. Solomon and Gerald P. Hauser prepared the brief for Jerome Frank Legal Services.
25. 875 F. Supp. 1055 (S. D. N. Y. 1995).
26. 这些设计元素类似于"防流浪汉型长凳"，见 Mike Davis in his treatise on Los Angeles's "socio-spatial" strategy against the poor and homeless (City of Quartz [New York: Vintage, 1990]).
27. 纽约市议会的职员的采访。
28. Local Law 80 of 1996, "amending the administrative code of the city of New York in relation to a prohibition against certain forms of aggressive solicitation."
29. See *Graff v. City of Chicago*, 9 F. 3d 1309 (7th Cir. 1993).
30. See Albert Cohen, Alfred Lindesmith, and Karl Schuessler, *The Sutherland Papers* (Bloomington: Indiana University Press, 1956); Donald R. Cressey, *Delinquency, Crime, and Differential Association* (The Hague: Martinus Nijhoff, 1964).

31. See James Q. Wilson and George Kelling, "Broken Windows," *Atlantic Monthly*, March 1982, pp. 29–38.
32. 实际上，卫生部有两个执法队伍。卫生执法人员和交警一样只有传唤权。而卫生警察也拥有逮捕权，这权力源于州法，与纽约市和港务局警察一样。但是它们与纽约市警察相互独立、没有关系。
33. 从公共政策的角度来看，防止对于可回收瓶罐的盗窃，是因为清洁街道这一好处必须与城市的经济利益相权衡。瓶罐是回收品中唯一真正值钱的东西。瓶罐的每吨价格相当高，如果拾荒者捡走了这些瓶罐，就相当于城市失去了这笔钱。

露宿街头

1. Jacobs, *The Death and Life of Great American Cities*, pp. 131–32.
2. 威尔逊在20世纪70年代进行的实证研究认为当警方把着重处理诸如行车罚单等轻微罪行时，犯罪率就会下降。Robert Sampson 和 Jacqueline Cohen 以更加复杂的统计技术证实了这一结论，他们总结道："主动积极式警务已被证明对抢劫、特别是成年的黑人和白人抢劫具有显着而相对强烈的逆转影响……因此，在严格的实证基础上，结果表明城市……针对扰乱公共秩序的更积极主动的警方战略也会大大降低抢劫率。"（Robert J. Sampson 和 Jacqueline Cohen, "Deterrent Effects of the Police on Crime: A Replication and Theoretical Extension," *Law and Society Review* 22, no. 1 [1988]: 163–89, 184–85）。
3. 例如，见 Philippe Bourgeois,《寻求尊重》(In Search of Respect) (Cambridge: Cambridge University Press, 1995)。
4. Jencks,《无家可归者》, 44页。
5. 在考虑这些无家可归者的独特性时，我会关注四个概念——人口、（社会）组织、环境和技术，POET（population, organization, environment, and technology）——这正是 Otis Dudley Duncan 曾说的地域人口统计学（territorial demography）或人类生态学（human ecology）中的必不可少的概念。（见 Otis Dudley Duncan,《人口研究》, The Study of Population Philip

M. Hauser 和 Otis Dudley Duncan 编辑,〔芝加哥:芝加哥大学出版社,1959〕,第 678—716 页。）人口有四个特点作为其特征。首先,它的个体在一个特定空间中构成了人口单位,这个单位的特点与其中任何一个个人都不同。这个单位使无法独自生存的人在一个群体中"挺住"。其次,人口单位存在于一个环境中,尽管环境对他们的影响巨大,他们仍然依靠作用于环境而生存下去。第三,人口单位会发展出特定的技巧和技术以谋求环境的支持。第四,这些维生的活动会产生出一个错综复杂的社会组织。我所发展的这一理论框架,有赖于 Kim Hopper 的早期作品,在 "Economies of Makeshift," *Urban Anthropology*, vol. 14（1985）:1–3 中,他提出了理解"无家可归与其他生存活动相联系的特殊方式"的重要性（214 页）。

6. Morgan 和 Zimmer,"The Social Pharmacology of Smokeable Cocaine," 145 页。
7.《椅子》(*The Chair*) Galen Cranz（纽约:W. W. Norton,1998）。
8. 关于此问题的更广为接受的观点,见 Jim Baumohl 编辑的《美国的无家可归者》(Phoenix:Oryx,1996)。
9. 因此,我对于第六大道的考察,并不是通过仅仅几种不同的方法概括无家可归者的状况,或将其与我不熟悉的群体进行比较,而是要了解格林尼治村的人行道在此刻是如何被使用的。然而,在这个过程中,我们也可能会得知,对于其他无家可归的街头人群,我们可以通过什么样的问题去了解他们——也就是说,一个特定的环境中,是什么因素使它能够成为这个人或这一群人的维生的常居地。毕竟,只有通过收集更多更好的证据,才能知道其他类型的无家可归者的选择是否有类似的复杂性。
10. 见詹克斯,《无家可归者》,44 页。

内急之时

1. 见 Marc Linder 和 Ingrid Nygaard 所做的具有高度原创性的分析,《禁止无效:休息时间和公司时间的小便权利》（Ithaca:ILR 出版社,1998 年）。

纠缠女性

1. 本章很大程度上是基于 Mitchell Duneier 和 Harvey Molotch 的《交谈城市麻

烦：互动中的破坏行为、社会不平等和"城市互动问题"》,《美国社会学期刊》104，第 5 期（1998 年 3 月）: pp. 1263 – 1295。

2. 卡罗尔·布鲁克斯·加德纳，《擦身而过：性别和公共骚扰》（伯克利：加州大学出版社，1995 年）。

3. 安德森，《街头智慧》 Streetwise。

4. 雅各布斯，《美国大城市的死与生》，56 页。

5. 此外，雅各布斯独具慧眼地指出了："在各个〔少数〕族群和他们居住的诸多城市地区之中，文明和安全程度存在巨大差异。"（同上书，39 页。）

6. William H. Whyte《城市》（纽约：Anchor Books，1988 年）。

7. 例如，见卡罗尔·布鲁克斯·加德纳，《擦身而过：性别和公共骚扰》；达芙妮·斯派恩，《性别化的空间》（教堂山：北卡罗来纳大学出版社，1992 年）；伊丽莎白·威尔逊，《城市中的斯芬克斯》（伯克利：加州大学出版社，1991 年）。

8. 这个领域始于 Harvey Sacks 与 Emanuel Schegloff 和 Gail Jefferson 的合作。Schegloff（1996）最近的一篇介绍中阐述了对话分析的基本规则，以及它如何不同于这一学科中更传统的方法，至少可以有所补充。他明确指出，对话分析包含了对于谈话和行为中的"起初并不起眼的特征的关注"，而"无关于"任何公民或传统社会学的任何政治或理论目的。

尽管我也运用这些规则，但与对话分析的研究相反，我的目的则是与一系列实质性问题有关：即人们如何通过运用这些被对话分析所描述的对话程序，在街头造成麻烦。这是一种具有政策面向的对话分析的应用。

9. 研究发现，对话分析的研究十分有力，甚至跨越不同的语言和民族都仍然成立——除了西欧的语言之外，还有日语（Gene Lerner 和 T. Takagi, "On the Place of Linguistic Resources in the Organization of Talk-in-Interaction: Aco-investigation of English and Japanese Grammatical Practices," *Journal of Pragmatics* 30〔1998〕）、波斯语和其他六种印欧语言（Deirdre Boden, *The Business of Talk: Organization in Action*〔Cambridge: Polity Press, 1994〕）。对话分析具有十分多样的基础，因此为我考察的街头对话的独特属性提供了一个适当的模板。我将街头对话的技术特性与对话分析中的对话通常如何进行相比较。我在此仅仅借鉴了对话分析学者所使用的最常见的和最直接的一些研究结果。

10. Harvey Sacks, Emanuel Scheglof 和 Gail Jefferson, 《最简单的谈话转换组织系统》,《语言》50（1974）: 696—735。
11. Duneier 和 Molotch,《交谈城市麻烦》。
12. 对话中回应的用时并不一定是一个问题, 也可以是一个解答。例如, 一个负面答案之前的沉默就不是问题, 而是可以预料到会发生的。同样, 如果有人说:"在你回答之前好好想想", 那么两秒钟的停顿就很可能发生, 不会引人注目。
13. Michele Wakin 建议我使用这个说法。
14. Harvey L. Molotch 和 Deirdre Boden, "Talking Social Structure," *American Sociological Review* 50, no. 3（1985）: 273 – 88; Don Zimmerman 和 Candace West, "Doing Gender," *Gender and Society* 1（1977）: 125 51.
15. Douglas Robins, Clinton Sanders 和 Spencer Cahill, "Dogs and Their People: Pet-Facilitated Interaction in a Public Setting," *Journal of Contemporary Ethnography* 20（1991）: 3 – 25.
16. 感谢 Gene Lerner 向我指出这一点。
17. Emanuel Scheglof:《话语作为一种互动的成就: 如何使用'啊哈'以及句间短语》, 收入 Deborah Tannen 编辑,《分析话语: 文本和谈话》(乔治敦大学语言和语言学圆桌会议, 华盛顿特区, 1981)。
18. Gail Jefferson,《谈话中大约一秒钟的"最长沉默标准"作为一个可能的度量方式及其说明》, 收入 C. Roger 和 P. Bull,《对话: 一个跨学科的视角》(英国 Clevedon: 多语言问题, 1989)。
19. 这在对话分析术语中被称为"锁定"（latching）(见 Gail Jefferson,《普通对话中精确用时: 结束序列中的重叠标签位置称呼用语》,《语义学刊》Semiotica 9（1973）: 47 – 96)。
20. 见 Gardner, *Passing By*.

指责: 地下交易?

1. Gresham M. Sykes 和 David Matza,《中和技术: 一种犯罪理论》,《美国社会学评论》22（1957）: 664 – 70。

2. Dianne Vaughan,《挑战者发射决定》(芝加哥：芝加哥大学出版社，1997)。
3. Jerome Skolnick, *Justice Without Trial* (New York: Wiley, 1966), pp. 45 - 48. 据 Irving Piliavin 和 Scott Briar 指出 ("Police Encounters with Juveniles," *American Journal of Sociology* 70 [April 1966]): "与其他年轻人相比，[黑人]和外观与犯罪的刻板印象相符合的男性，更容易被巡警拦截和审讯——即使在没有证据证明犯罪的情况下——通常，对同一罪行，他们也会受到更严厉的处分。"另见 Robert Sampson, "Effects of Socioeconomic Context on Official Reaction to Juvenile Delinquency," *American Sociological Review* 51 (December 1986): 876 - 85.

空间战争：争夺合法性

1. 在对于纽约皇后区科罗纳的社区研究中，Steven Gregory 对阿斯托利亚 (Astoria) 的无家可归者作出了类似的反应："'社区'和'生活质量'这些区域性概念是通过执法和区域监控等手段而形成的，而居民被邀请以这些概念来表述他们的兴趣、身份和目标。总之，国家准备通过执法实践来回应社区问题，这使得社会运动家也通过控制社区空间的策略逻辑去表达、去体会他们的关切议题。"(Steven Gregory, *Black Corona* [Princeton: Princeton University Press, 1998], p. 232.)
2. 34 街 Partnership 公司, "Introductory Statement," in *Capital Improvement Bonds*, ser. 1993, p. 1.
3. 见 Heather MacDonald, "BIDs Really Work," *City Journal* 6, no. 2 (Spring 1996): 29 - 42.
4. 与此同时，在经过一整年的正式请求之后，市议会还没有准许我查阅根据《信息自由法案》有权看到的文件。1997 年 7 月，我见到了议员 John Sabini, 告诉他我获得基本文件的困难。他亲自出马进行干涉，于是在我最初提出要求的几乎两年后，我才终于获得了市议会的记录。
5. 这是由房地产利益集团("增长机器")为实现其目标而促成的精英联合的一个实例，在 John Logan 和 Harvey Molotch *Urban Fortunes* 中有所描述 (Berkeley and Los Angeles: University of California Press, 1997)。

6. 同上。
7. 同上。
8. 关于正式法和非正式法之间关系的最好的民族志，见 Bonaventura de Sousa Santos，《新常识》（纽约：Routledge，1996 年）。关于"法外"规范的学术文献的启发性讨论，见 Robert Ellickson，《无法律的秩序》（剑桥，马萨诸塞州：哈佛大学出版社，1991 年）。
9. Anderson，《街头智慧》，第 70—71 页，引用 St. Clair Drake 和 Horace Cayton 在《黑色大都会》中所发展的概念（纽约：Harcourt，Brace，1945）。
10. 关于争端的广度和狭窄，见 Max Gluckman，《北罗得西亚的巴罗策司法程序》（曼彻斯特：曼彻斯特大学出版社，1955 年）；Santos，《新常识》。
11. 第六辖区的警察为了标识他们对摊贩能使用的确切空间的解释，在每个街区的路缘上喷涂橙色或黄色的箭头，标明摊贩可以在这里放置桌子。这样做的目的是向摊贩和巡警标明摆摊的区域。越出这些界线——主要是画给这个街区的常驻摊贩的——的任何人便是明显违反了市政法规。有时候标界并不准确（给摊贩的空间比他们所要求的少），但摊贩从未提出异议。

第六大道上的圣诞节

1. 有关这种运动的完整描述，见 George L. Kelling 和 Catherine M. Coles 的《修复破窗》（纽约：自由出版社，1996 年）。
2. 1996 年地方法第 80 号"修改纽约市有关禁止某些形式的攻击性推销的行政法规"。
3. 对此问题的精彩讨论，请见 Paul Stoler，《空间，地点和领域》，《美国人类学家》98，4 号刊（1996）：776-88。
4. 见 Kelling 和 Coles，《修复破窗》。
5. 此处的分析建立在其他也关注这一现象的人的著作的基础之上，如 Elijah Anderson 的 "The Code of the Streets," *Atlantic Monthly*, May 1994, pp. 81-94；Philippe Bourgeois, *In Search of Respect: Selling Crack in El Barrio* (New York: Cambridge University Press, 1995)。
6. 自从戈夫曼的《互动仪式》一书（芝加哥：阿尔丁，1967 年）出版以来，社会学家一直关注着地位不一致如何导致尴尬，而尴尬这种情绪则源自于通过他人的视角来负面地看待自己。自从 Thomas J. Scheff 的 *Microsociology* (Chicago：University of Chicago Press, 1990) 出版发表以来，一些社会心理学家越来越将尴尬和屈辱视为"最为社会性的情绪，它们产生于从别人的角度看待自己，检视自己的行为"。

7. Thomas J. Scheff，私人交流。
8. Anderson，*Streetwise*，p 190。
9. 当然，这位警官强调他总是礼貌地对待伊斯梅尔，很可能是因为我在场。不能否认他有可能是为了给我留下好印象。但是，在我无法施加影响力的情况下，我也看到了很多这种行为的例子。实际上，我在街上目睹的一些其他互动也显示出警察方面的一些努力，强调某种程度的"尊重"。
10. 这与其他民族志中的描述一致。Egan Bittner 写道："想要获得〔言论自由〕，最安全的方式是在应对巡警的时候，不去挑战他提问和发布命令的权利。"（《警察工作的各个方面》〔波士顿：东北大学出版社，1990〕45 页）的确，Anderson 说："在警察面前，警察显然占上风，黑人青年就会收敛自己。他们遵从警察或者尽量避免遇到他们。"
11. Bittner，《警察工作的各个方面》，159 页："社区警务部门认识到，像对待工厂工人一样对待警察的组织结构和行政程序失败了，警察的工作与工厂工作不同，不是简单而常规的，而是复杂的；通常由一到两名警察在外进行，没有直接的监督，在处理问题时必须有很大的自由裁量权。当警察面对复杂的生死决策时，他们的成功不取决于直接监督或强制使用特定的规则，而取决于在具体情况中如何应用他们通过长期教育和指导而获得的常识和技能。社区警务力图发展行政技巧，以更好地承认警察工作的复杂性。例如，警长是导师和教练，而不是监督员。他们的重点在于协助警员解决邻里问题，而不是监督警员依从组织规则。"
12. 鉴于当地社区理事会和商业改善区对警察施加压力，让他们去控制所谓街头人群的行为，该警察认为他在采取此类行动时是在为社区的利益代言。
13. 在阅读 David Garland 的巨著《惩罚与现代社会》（芝加哥：芝加哥大学出版社，1990 年）之后，我开始留意到这种可能性，并受到启发开始寻找它的证据。另见 Joel Feinberg，"The Expressive Function of Punishment," in *Doing and Deserving* (Princeton：Princeton University Press, 1970)。

14. 正如 Donald Black 在一篇经典文章中所指出的（"Crime as Social Control," *American Sociological Review* 48〔1983〕: pp. 34-45）："在现代社会中许多被打上犯罪行为的标签，并且作为犯罪行为来处理的行为，都类似于某些冲突管理的模式……这些模式在传统社会中很少或不涉及法律（在政府对于社会的控制的意义上）。"将 Black 关于现代社会犯罪的观察应用于警察，我们可以更好地理解生活质量是如何被管控的。

15. 我认为揭示涉事警官的姓名与本章的目的不符。如果揭示他的名字，就似乎表明这些事件是某个具体个人的错，而不是一个警察系统的恶果。

16. 事实上，在街对面，有一家报摊在营业。这是我在这个街区多年来第一次听到与报摊的比较。在这里，一个无家可归者权益组织可能有更加坚实的事实证据，可以在法庭上争辩说，将伊什梅尔在圣诞节的销售行为单列出来特殊处理，是不合理的行为，并且不遵守同等保护措施。他们也可能会争辩说，警察在无人看管的情况下会没收伊什梅尔的杂志和财物，但当报摊主走出去用洗手间或去麦当劳买汽水时，他们绝不会没收报摊的财物。而我经常看到报摊主这样短暂离开。报摊主和伊什梅尔出于同样的目的使用公共土地，即售卖印刷品，而正如无人值守的报摊不会干扰人行道的公共使用，无人看管的桌子也不会影响。我们可以争辩说，将伊什梅尔和报摊区别对待的理由是，扣押伊什梅尔的财产，惩罚了他不受社区欢迎但不违法的行为。受到惩罚的行为不是售卖印刷品，而是露宿街头无家可归的生活方式。惩罚生活方式当然是不合法的州政府目标。毫无疑问，报摊主会反对把自己与伊什梅尔比较，因为他是持照经营，并且有一个经过五个机构的批准才能建立的永久性建筑。

17. 我故意选择了这本期刊，因为那时它是通过邮件派送的（而不是在报摊上出售），所以它没有标明价格。在之前的几个月里，第六区的警察经常要求摊贩出示报税号。如果摊贩无法拿出报税号，警方就让他们收起桌子走人。我那天没有预料到自己会参与摊贩售卖，因此没有带自己的报税号。我决定在桌子上放一个标志，表明这些杂志是免费的。标志上写道："圣诞快乐。免费杂志。每人限一份。"

18. Paul Chevigny,《刀刃：美洲的警察暴力》（纽约：新闻出版社，1995年）33页。

19. Egan Bittner,《贫民窟的警察：一项治安的研究》，转收于 Bittner,《警察工作的各方面》（波士顿：东北大学出版社，1990年）。

20. 同上，701页。
21. 同上，708页。
22. 同上，711页。
23. 同上，715页。
24. Scheff 写道："相互的服从和尊重中产生了自豪感和同伴感，进一步产生更多的服从，再进一步产生更多积极情绪，等等。"《微观社会学》，76页。
25. Anderson，《街头智慧》，第70—71页引用 St. Clair Drake 和 Horace Cayton 在《黑色大都市》Black Metropolis（纽约：Harcourt, Brace, 1945）中提出的概念。
26. Kelling 和 Coles，《修复破窗》15页。
27. 同上，161页。
28. 同上。
29. 他们写道："斯坦福大学心理学家菲利普·津巴多于1969年报道了一些实验，测试了破窗理论。他将一辆没有车牌的汽车掀开前引擎盖，停在布朗克斯的街道上，再将一辆同样的汽车停放在加利福尼亚州帕洛阿尔托的一条街道上。布朗克斯的汽车在被'遗弃'的十分钟内就遭到'破坏者'的攻击……而帕洛阿尔托的车一个多星期都没人动过。然后，津巴多自己用大锤砸了车的一部分。很快，路人就加入了。几个小时后，车被翻得底朝天，完全被砸毁了。一旦有'没人在乎'的迹象出现，社群阻隔——相互尊重的意识和文明的义务——被降低，破坏行为就可能发生在任何地方。"（威尔逊和凯林，《破窗》，收录于 James Q. Wilson《思考犯罪》〔纽约：Vintage, 1985〕, 78页）。
30. 关于此问题的一项杰出研究，可参见 Wesley Skogan，《无序与衰落》Disorder and Decline（伯克利和洛杉矶：加州大学出版社，1990），该书着重介绍住宅为主的区域，而不是第六大道那样商住结合。

简街一瞥

1. 1984年纽约市《地方法案17号》。

2. 我们所看到的诸如 Romps 这样的公共角色的利他主义和救助行为可以用社会心理学中一系列长期研究的发现来解释,这些发现一致表明"比起与自己不同的人,人们更可能帮助与他们自己相似的人。"(David A. Schroeder, Louis A. Penner, John F. Dovidio 和 Jane A. Piliavin,《帮助和利他主义心理学》〔纽约:McGraw-Hill, 1995〕, 48 页)
3. Anderson,《街头智慧》。
4. 同上。
5. 当然,格林尼治村的黑人居民可能会觉得黑人罗普不那么有威胁。居住在附近的一位黑人教授告诉我说,她的丈夫也是一位黑人教授,他们曾邀请哈基姆和爱丽丝参加他们的新年聚会。哈基姆说他很愿意去,但是没法为爱丽丝的外孙们找到托管。
6. 对此极有见地的分析请参见 Jennifer L. Hochschild《面对美国梦》(普林斯顿:普林斯顿大学出版社, 1998);Bob Blauner,《黑人生活、白人生活》(伯克利:加州大学出版社, 1992 年)。
7. 施罗德等人,《帮助心理学》。
8. 在此,我试图给这个关于越轨行为的突出观点添加一个维度,越轨行为有时是回应社会对待异常行为的最初反应,社会的反应使得一个人难以作为一个正常人而继续下去,因此越轨行为就会有所恶化。这个观点认为,社会的初始反应将人进一步推向越轨行为。这就是所谓的"二次越轨"(secondary deviance),这是标签理论的附加理论,标签理论认为越轨首先是其定义的产物,因此相同的行为并不总是得到相同的回应。见 Edwin Lemert,《人类越轨行为、社会问题和社会控制》(Englewood Cliffs, N. J.:Prentice-Hall, 1972)和霍华德 S. 贝克尔,《局外人》(纽约:自由出版社, 1963)。根据标签理论,越轨的特性并不是来源于越轨者的特性,而是来源于互动与定义的过程。通过关注空间和时间性,我们可以提供一个框架来观察可能的结果是如何变化的。通过系统地看待这些事情,我们还可以对于相关观点增加一些观察:通过将观众分离,保证越轨者做出"越轨行为"的时候,会贴标签的人看不见此行为,从而可以避免越轨行为的后果以及被贴上越轨的标签。纽约市有固定住所的居民通过操纵空间和/或时间,或通过将空间、时间作为资源,来实现这种观众的隔离。

9. John Hagan 和 Patricia Parker，《白领犯罪与惩罚》，《美国社会学评论》50，3 号刊（1985 年 6 月）：312 页。

附录

1. Erving Goffman，《田野工作》，Lyn H. Lofland 编辑，《当代民族志期刊》18，2 号刊（1969 年 7 月）：123–32。戈夫曼说，他重申了约翰·洛夫兰的观点，编者注中指出这一观点是：田野工作者可能很难确切"知道"他们如何产生分析。
2. Paul Laurence Dunbar，《我们戴上面具》，《底层生活抒情诗》（Seacaucus, N. J.: Citadel Press, 1997），167 页。我感谢 Aldon Morris 向我推荐 Dunbar 的诗歌。
3. 另外两本书中讨论了贝克尔的其他一些技巧，这些书多年来对我很有帮助：Howard S. Becker，《行业诀窍：如何在研究的时候思考你的研究》（芝加哥：芝加哥大学出版社，1998 年）；和他的《社会科学家写作》（芝加哥：芝加哥大学出版社，1986）。
4. 对于期刊中的一些优秀例外，见 Bob Blauner，《编辑"第一人称"社会学的问题》，《定性社会学》10, no. 1（1987 年春季）；Marjorie DeVault，《从女性的角度谈话和聆听：采访和分析的女性主义策略》，《社会问题》37, no. 1（1990 年 2 月）。
5. 对当代新闻摄影的分析影响了我对这些问题的思考，请见 Dianne Hagaman，《我如何学会不成为摄影记者》（列克星敦：肯塔基大学出版社，1996 年）。
6. 关于为什么采访有时并不够的讨论，请见 Paul Lichterman，《寻找政治社群》The Search for Political Community（Cambridge: Cambridge University Press, 1996），第 237—42 页。
7. 卡尔 R. 波普，《科学发现的逻辑》（纽约：哈珀和罗，1968 年）。转引自 Gary King, Robert O. Keohane 和 Sidney Verba，《社会调查的设计》（普林斯顿：普林斯顿大学出版社，1994 年），第 1 页。14。
8. Michael Burawoy 等，《现代大都市中的权力与抵抗》（伯克利：加州大学出版社,1991年)。

9. 斯蒂芬·斯坦因伯格,《城市村民》。Yvonne M. Lassalle 和 Maureen O'Dougherty,《寻找哭泣的世界:不平等的民族志中的主体经济与代表政治》,《激进历史评论》Radical History Review 69(1997):243-60。关于强调这个问题的其他方面的重要著作,见 Avery Gordon《幽灵问题》(Ghostly Matters)(明尼阿波利斯:明尼苏达大学出版社,1996年)和乔治·马库斯,《当代世界体系中的民族志的当代问题》,詹姆斯·克利福德和乔治 E. 马库斯,《写作文化》(伯克利,加州大学出版社,1986),第165—193 页。

10. Burawoy,《被解放的民族志》。

11. George E. Marcus,《历经风雨的民族志》(Ethnography Through Thick and Thin)(普林斯顿:普林斯顿大学出版社,1998年)。有关探讨"统治关系"的重要性的程序性讨论,请见 Dorothy Smith,《有问题的日常世界》(波士顿:东北大学出版社,1988年)。

12. 在思考这些问题时,我深受 Alessandro Portelli 著作的影响,其中包括《朱利亚峡谷街战役:口述历史和对话艺术》(Battle of Valle Giulia)(麦迪逊:威斯康辛大学出版社,1997年)。

13. 我并没有试图让她对这段谈话专门进行解释,或者试图用她的看法来替代实际谈话的细节。我访谈的目的也不是创建对话数据。

14. 见詹姆斯·克利福德和乔治·马库斯编辑,《写作文化》(伯克利:加州大学出版社,1986年);Ruth Behar 和 Deborah A. Gordon,《女性写作文化》(伯克利:加州大学出版社,1995年)。另见 Norman Denzin,《解析民族志》(Thousand Oaks, Calif: Sage, 1996)。

15. 例如,见 Marjorie DeVault,《解放方法》(Philadephia:Temple University Press, 1999);Kum Kum Bhavnani,《描摹线条:女性主义研究与女性主义客观性》,《女性研究国际论坛》16,2 号刊(1993):95-104;Shulamit Reinharz, Lynn Davidman 协助,《女性主义社会研究方法》(纽约:牛津大学出版社,1992年);Michelle Fine,《扰乱之声:女性主义研究的可能性》(Ann Arbor:University of Michigan Press, 1992);Patricia Hill Collins,《黑人女性主义思想:知识、意识和赋权政治》(Boston:Unwin Hyman, 1990)。

16. Elliot Liebow,《告诉他们我是谁：女性无家可归者的生活》（纽约：企鹅，1993）。
17. 例如，见 Alex Kotlowitz,《这里没有孩子》（纽约：Doubleday，1991 年）和 William Finnegan《冷酷新世界》（Cold New World）（纽约：兰登书屋，1998 年）。
18. Elliot Liebow,《塔利的街角：街角男性黑人的研究》（Boston：Little, Brown，1968），253 页。
19. 同上。

致　谢

当我开始为这本书做研究时，芝加哥大学的 Edward Shils 教授去世了。在这本书中，我力图运用他给我的教导，希望他对这样的成果能够满意。

FSG 的编辑 Jonathan Galassi 和 Paul Elie 对这个项目投入极大。Jonathan 从一开始就帮助我构思这个项目，并且在我需要他帮助的时候总是能够回应。Paul Elie 给出了详细的建议，大大改进了最终的手稿。在 FSG 出版社中，我还要感谢 Pete Miller, Frieda Duggan, Brian Blanchfield, Toleda Bennet 和 Cynthia Krupat。

我非常感谢霍华德·S.贝克，在我在西北大学读大学时，他教授了我参与式观察的方法，后来，在本书的各个方面，他都为我提供了建议；感谢芝加哥大学的 Gerald Suttles 和 Roger Michener 以及西北大学的 William Sampson 和 Christopher Jencks；并感谢 Lynbrook 高中的 Davenport 先生，Fleishacker 先生和 Beyrer 博士——这些老师都十分热心。

在过去六年中，我有幸与完美无缺的城市社会学家哈维·莫罗奇共同教授民族志的研究生课程。他不仅教给我对话分析的方法，并与我共同写作了一篇文章——很大程度上基于本书中对话分析的一节——他对这本书的投入就像这是他自己的作品一样。对此,我想表达深深的感激之情。

  这本书的成书并没有得到基金会的资助或研究人员的帮助,因此我没有可感谢的基金会,但我很高兴能够感谢那些让我在田野工作中借宿他们家的人:我的室友——纽约大学法学院的 Josh Goldfein 和 Yvonne Brown——总是为我准备一张沙发或一张床。没有他们的支持,这一切都不可能实现。Jane,Robert 和 Rachel Toll 以及 Elinor Snyder 在他们的备用卧室里招待我。Toll 一家人不仅带给我重要的友谊,他们在费城为市中心青年提供"来吧,教育"(Say Yes to Education)计划也给了我很大激励。

  我还要向一些同事和学生表示衷心的感谢,他们竭尽全力帮助我,从阅读几页手稿到阅读整个章节,或是在讲座或走廊聊天中对我的想法提供评论:Erik Wright,Jane Piliavin,Bob Blauner,Stephen Steinberg,Bob Hauser,Franklin D. Wilson,Constance M. Penley,Phil Gorski,Adam Winkler,Karl Taeuber,Gene Lerner,Don Zimmerman,Deirdre Boden,Debby Carr,Doug Maynard,Hal Winsborough,Jack Sutton,Tom Scheff,Robert Bookman,Chas Carnic,Adam Gamoran,Irv Piliavin,Bobbi Wolfe,Bob Haveman,Alex Jeffers,Larry Wu,Gary Sandefur,Tess Hauser,Boa Santos,Chuck Halaby,Morton Goldfein,John Foran,Noah Friedkin,Rob Mare,Hella Heydorn,Gay Seidman,Rich Appelbaum,Marino Bruce,Allen Hunter,Bert Adams,Bruce Straits,Kum Kum Bhavnani,Avery Gordon,Christopher Newfield,France Winddance Twine,Jonathan Warren,Regina Austin,Sarah Fenstermaker,Bill Sewell,Melissa Bomes,Nina

Eliasoph，Lincoln Quillian，Jane Collins，Marino Bruce，Nora Schaeffer，Eve Darian-Smith，Pam Oliver，Jonathan Rosenbaum，Beth Le Poire，Gerald Marwell，Lisa Torres，Bill Bielby，Dick Flacks，Roger Friedland，Mardi Kidwell，Michele Wakin，Beth Schneider，Ed Donnerstein，John Mohr，Mark Suchman，Audrey Sprenger，Yumiko Kida，Christopher Kollmeyer，Janette Kawachi，Darcie Vandegraft，Mardi Kidwell，Eric Grodsky，Rachel Luft，Mika Lo，Ari Rosner，Neil Gross，Devah Pager，Thomas Macias，Leonard Nevarez，Christabel Garcia-Zamor，Clifford Westfall，Katherina Zippel，Alair MacLean，Kelly Musick，Darren Good，Alex Jeffers，和 Ronnie Goldberg。

我在90年代初就读于纽约大学法学院，我感谢那里研究法律社会学的氛围，这样的氛围启发了我进行本书中大部分研究。我特别感谢 James B. Jacobs，David Garland，和 Peggy Cooper Davis，以及这个杰出院校中的许多优秀的老师。院长 John Sexton 和副院长 Oscar Chase 一向非常支持。

在纽约为我提供支持的还有 Penny Hardy，Cressida Leyshon，Jenny Wolfe，Nolan Zail，Barry Alexander Brown，Scott Sillers，Sebastian Hardy，Jeff and Monica Cohen，Andrew White，Yadon Thonden，Elizabeth Wood，Alison Brooks，Sherman Douglas，Paul Zarowin，Amy Katz，Josh Leitner，William Powell，Mercedes Elam，华盛顿广场酒店的 Angelo Scotto and Jason Duterte，TSR Wireless 的 Majec Williams and Jason Goldfarb，Francis Johnson，Amir Al-Islam，Donna Peters，Lamont Muhammad，Greg Thomas，

Harriet Francis、Phyllis Vickers、Cathy Bowman，和 Stephen Dunn。在华盛顿特区，我要感谢 Maria Foscarinis、Robert Tier、David Weiner，和 Sean Enright。在芝加哥，Mary Knoblauch、Bob Roth、Cleo Wilson、Phyllis Johnson、Judy Marriot、Jonathan Segal、Doug Mitchell、Mr. London、Susan Allen、Spiros and Mary Argiris 以及 Valois " See Your Food" Cafeteria 的所有常客，Andrea Ellington、Brenda Butler、Bill Mullen、Chris Brailey、Walter Kale、Steve Marino、Barbara Brotman，和 Jack Cella，他们在芝加哥神学院合作社（Seminary Coop）书店和 57 街书店工作。在费城，Dianne Weiss 和 Ellen Solms。在圣巴巴拉，Glenn Wharton、Joan and Bill Murdoch、Karen Shapiro、Mickey Flacks、Chris Allen、Nancy Willstatter、Kim Summerfield、Marie Vierra、Linda Le Cam、Suzanne Labrucherie、Evely and Ron Shlensky、Lael Mohr、Suzanne Soule、Alexandra and Josh at Bread D'Angelo；Emilios's 的 Michael、Rob、Alice、Emilio、Roy of Roy's and Tim、Max、Barbara，和 Montecito Del Mar Motel 的 Chad。在麦迪逊，Ginny Rogers、Deanna Moore、Toni Schulze、Sandy Ramer、Barb Schwoerer、Janet Short、Ellen Jacobson、Carol Mooney、Janet Donlin，和 Mark at Sunroom。

这本书十分有幸能够由我们这一代最完美的文学经纪公司代理：Janklow and Nesbit 的 Cullen Stanley。从这本书还是一页纸的出版计划开始，她以无穷的精力、无微不至的关心和明智的忠告给予我很多帮助，我理应表达感激之情。我还要感谢 Tifanny Rihards、Bennett Ashley、Kate Schaeffer 和 Lynn Nesbit

的努力。感谢 Irwin 和 Margo Winkler 将我介绍给 Lynn。

我要感谢哈基姆·哈桑——知识分子和我的朋友——他的慷慨和良心；感谢爱丽丝为这本书得以可能而做的一切；以及在第六大道上工作的所有人，他们让我有幸成为他们生活的一部分。

奥维·卡特阅读了这份手稿的每一稿，他拍摄的照片影响了每一个后续版本。自从我们在《斯利姆的桌子》（*Slim's Table*）的合作以来，他教会了我很多东西。我期待着以后多年的合作。

我感谢我的父母，我十岁时，在我央求多次后，他们给我买了我的第一台磁带录音机，一台从 Radio Shack 买的 Realistic 牌录音机。他们当时可没想到这对我之后的影响有多大，我当时也不会想到。我的父亲热爱和支持我曾经尝试过的所有事情，为此我感谢他。我还要感谢我的妹妹 Candi Stamm 和她的丈夫 Philip Stamm，感谢 Gary King、Muriel 和 Arthur King。

我将这本书献给我的母亲，以及第六大道和美国其他人行道上所有人的母亲。献上爱。

图书在版编目（CIP）数据

人行道王国／（美）米切尔·邓奈尔著；马景超，
刘冉，王一凡译. —上海：华东师范大学出版社，2019
ISBN 978-7-5675-8667-3

Ⅰ.①人… Ⅱ.①米… ②马… ③刘… ④王… Ⅲ.
①社会生活—概况—美国 Ⅳ.①D771.28

中国版本图书馆 CIP 数据核字（2019）第 022405 号

SIDEWALK
by Mitchell Duneier
Copyright © 1999 by Mitchell Duneier
Simplified Chinese translation copyright © 2019
by East China Normal University Press Ltd.
through Bardon-Chinese Media Agency
All rights reserved including the rights of reproduction in whole or in part in any form.

上海市版权局著作权合同登记 图字：09-2016-358

人行道王国

著　者　米切尔·邓奈尔
摄　影　奥维·卡特
译　者　马景超　刘　冉　王一凡
策划编辑　顾晓清
项目编辑　夏文彦
封面设计　周伟伟

出版发行　华东师范大学出版社
社　　址　上海市中山北路3663号　邮编 200062
网　　址　www.ecnupress.com.cn
网　　店　http：//hdsdcbs.tmall.com/
邮购电话　021-62869887

印 刷 者　苏州工业园区美柯乐制版印务有限公司
开　　本　890×1240　32 开
印　　张　15.5
字　　数　311千字
版　　次　2019年3月第1版
印　　次　2021年11月第6次
书　　号　ISBN 978-7-5675-8667-3/C.263
定　　价　79.80 元

出 版 人　王　焰

（如发现本版图书有印订质量问题，请寄回本社客服中心调换或电话021-62865537联系）